Der römische Schriftsteller Gaius Petronius Arbiter gab sich 66 n. Chr. den Tod. Aus Neid hatte man ihn beschuldigt, an der sogenannten Pisonischen Verschwörung gegen den Kaiser Nero beteiligt gewesen zu sein.

An dessen Hofe spielte er die Rolle des *arbiter elegantiae*, des Schiedsrichters des guten Geschmacks.

Von seinem Abenteuer- und Schelmenroman *Satiricon* haben sich nur Teile erhalten – vor allem das Hauptstück *Das Gastmahl des Trimalchio*. Wilhelm Heinse übersetzte den Text 1773 unter dem Titel *Begebenheiten des Enkolp*. Seine Übersetzung wurde dem heutigen Sprachgebrauch angenähert.

Trimalchio, ein ehemaliger Sklave, ein Emporkömmling, gibt ein Gastmahl, um damit vor seinen Gästen zu protzen. Diese setzen sich aus Nichtstuern und ehemaligen Kollegen des Trimalchio zusammen. Das Ganze ist eine überaus lebendige Satire auf den Snobismus. Die Form dieser Satire steht in einer antiken Erzähltradition, wie der Blick auf die horazschen Satiren zeigt. Das Buch gibt den ungemein lebendigen Eindruck vom Leben in einer campagnischen Kleinstadt der Nerozeit. Höhepunkt der Geschichte ist, als sich alles im Zustand der größten Betrunkenheit befindet, die Verlesung des Testaments des Trimalchio.

insel taschenbuch 169

Petronius

Satiricion

PETRONIUS
SATIRICON

oder

Begebenheiten des Enkolp

Übersetzt von Wilhelm Heinse

Insel Verlag

Bearbeitung von Mechthild Bansemer

insel taschenbuch 169
1. Auflage 1980

Vertrieb durch den Suhrkamp Taschenbuch Verlag
Umschlag nach Entwürfen von Willy Fleckhaus
Satz: LibroSatz, Kriftel
Druck: Nomos Verlagsgesellschaft, Baden-Baden
Printed in Germany

ERSTER BAND

LESERINNEN UND LESER!

HIER übergeb' ich Ihnen den Roman des Petron, in die deutsche Sprache übersetzt. Ohne allen Zweifel ist Ihnen allen der Name dieses Aristippischen Wollüstlinges schon bekannt; ob Sie aber alle sein sogenanntes Satiricon gelesen haben werden, kann ich nicht so gewiß wissen, da es durch Mönche, die vermutlich aus dem sündlichsten Samen gezeugt waren, und durch Erklärer und Verbesserer so sehr verunstaltet worden, daß es schwerlich zu lesen ist.

Ich wünsche und hoffe, daß Sie durch diese Übersetzung den Mann besser kennenlernen mögen. Man hat zwar auch sechs französische Übersetzungen von diesem Roman, aber ich weiß nicht, welcher feindselige Dämon die Verfasser davon verhinderte, daß sie, wie ich und andere Leute glauben, sehr selten den Gedanken des Petron und den Ton, in welchem er ihn sagte, getroffen haben; – und dennoch glaubte jeder, daß er den Petron am besten übersetzt, so – wie auch ich es glaube.

Wir sind alle Menschen. Entschuldigen wir die notwendigen Fehler der Menschheit! Man kann nicht, ohne eine Sünde zu begehen, von dem geringsten Erdensohne verlangen, daß er sich selbst für unwissend und kein Genie halten solle.

Sie dürfen nicht darüber erröten, wenn man Sie bei Lesung dieser Übersetzung antreffen wird. Ich weiß es sicherlich, daß diesen Roman die keuschesten aller Göttinnen, die Grazien, selbst gelesen haben. Schalkhaft spotten sie in einem gewissen Gedichte, welches man ihnen entwendet, über den Enkolpion, daß er bei der reizenden Circe – sich nicht besser aufführte. Die Erzählungen des Boccaccio, La Fontaine und Crebillon sind weit ärger; und welche Dame unter Ihnen und welcher Herr wird sich schämen, diese gelesen zu haben, zu lesen und noch vielmal lesen zu wollen?

– »Das wollen wir schon besorgen, Herr Übersetzer; wenn nur die Übersetzung gut gemacht ist! –«

Sie ist ganz vortrefflich, das werden Sie sehen! –

Nun muß ich Ihnen vor allen Dingen was von den Lebensumständen des Petron erzählen. Wir wissen nur aus dem Tacitus, einem sehr heiligen und strengen Geschichtsschreiber, was gewisses von ihm. Dieser erzählt seinen Lebenslauf, wie folgt.

– »Er brachte den Tag mit Schlafen zu und die Nacht mit Geschäften und den Freuden des Lebens. Andere Menschen werden durch Fleiß berühmt, dieser aber wurde es durch seine Untätigkeit.[1]

Man konnt' ihn für keinen Hurer und Verschwender halten, der wie die meisten das Seinige verpraßte, sondern für einen gelehrten Wollüstling. In seinen Reden und ausgelassenen Handlungen war eine gewisse Nachlässigkeit, welche unter dem Schein einer edlen Einfalt jedem angenehm war. Doch zeigte er sich als Prokonsul in Bithynien und gleich darauf, als Konsul, wie ein Mann, der fähig sei, wichtige Geschäfte mit Munterkeit auszuführen.

Nachdem er frei davon war, so zog ihn sein Hang zum Vergnügen wieder auf das Blumenlager einer verfeinerten Wollust, und er wurde unter die wenigen Günstlinge des Nero als Oberaufseher über seine Vergnügungen aufgenommen, und Nero hielt nichts für angenehm, als was ihm sein Petron dafür empfohlen hatte.

Tigillin wurde deswegen auf ihn eifersüchtig als seinen Nebenbuhler, der ihn weit in der Kenntnis der Wollüste übertraf. Er griff also die Grausamkeit, die Hauptleidenschaft des Monarchen an, beschuldigte den Petron, daß er ein Mitverschworener des Scevin sei, bestach einen Sklaven, daß er ihn angab, und damit ihm alle Mittel zur Verteidigung benommen wären, ließ er den größten Teil seiner Familie in Bande werfen.

Von ungefähr reiste der Kaiser zu dieser Zeit nach Campanien bis nach Cumen; woselbst Petron aufbewahrt wurde. Dieser konnte den Zustand zwischen Furcht und Hoffnung nicht länger erdulden; doch nahm er sich nicht plötzlich das Leben, sondern ließ sich die Adern öffnen und, wie es ihm gefiel, wieder verbinden und wieder öffnen. Während dieser Zeit unterhielt er sich mit seinen Freunden, *aber nicht von ernsthaften Dingen, als wenn er den Ruhm eines standhaften Weisen erlangen wollte, sondern er scherzte mit ihnen. Nichts wurde von der Unsterblichkeit der Seele und den Lehrsätzen der Philosophen gesprochen, sondern leichtfertige Gedichtchen, liebliche Verschen wurden gesungen.* Einigen von seinen Sklaven gab er Geschenke, und einige ließ er züchtigen. Er ging unter grünen Lauben spazieren und schlummerte bisweilen, so daß er seinen gezwungenen Tod in den besten natürlichen verwandelte.

In seinem Testament schmeichelte er weder dem Nero, wie es die meisten seiner Vorgänger gemacht hatten, noch dem Tigillin, noch irgendeinem andern Günstling, sondern beschrieb die schändlichen Handlungen des Tyrannen unter den Namen von Buhlern und Buhlerinnen und schilderte ihm jede seiner neuerfundenen Arten von Hurereien und übersandte versiegelt diese Schrift dem Nero und zerbrach den Ring, mit welchem er sie versiegelt hatte, damit man nicht andere damit in Gefahr stürzen könne.

Nero konnte lang nicht ausfindig machen, woher er die Begebenheiten seiner Nächte erfahren hätte; endlich fiel der Verdacht auf die Silia, die sehr wohlbekannte Gemahlin eines Senators, welche er selbst zu allen Arten von Wollust gebraucht und die eine sehr gute Freundin von Petron war. Sie wurde aus Rom verbannt, weil sie zu ihrer eignen Schande nicht verschwiegen, was sie gesehen und erduldet hatte. –«

Selvio erzählt Tacitus von Petron. Höchstwahrscheinlich ist es also, daß der Verfasser dieses Satiricons der nämliche Petron sei.

Verschiedene Gedanken darinnen sind Kinder, von einem Geiste geboren, den eine Aspasia unter dem süßesten ionischen Himmel erzogen zu haben scheint. Was für reine Empfindungen der Wollust sind nicht in der schönsten römischen Musensprache in diesem Gedichtchen besungen:

»Welch eine Nacht, ihr Götter und Göttinnen!
Wie Rosen war das Bett! Da hingen wir
Zusammen im Feuer und wollten in Wonne zerrinnen!
Und aus den Lippen flossen dort und hier
Verirrend sich unsre Seelen in unsre Seelen!
Lebt wohl, ihr Sorgen! Wollt ihr mich noch quälen?
Ich hab' in diesen entzückenden Sekunden,
Wie man mit Wonne sterben kann, empfunden!«

Anakreon, Horaz, Ovid, Chaulieu und Dorat und selbst Tibull haben die Wollust nie so schön empfunden besungen! – wenn ich eben jetzt nicht zu parteiisch bin, wie ich nicht glaube. Man halte nur dieses einzige Gedichtchen zu den Zügen, welche Tacitus von seinem Petron gemacht hat, so wird man den nämlichen Mann finden, oder ich müßte nicht empfinden können. Auch hier findet man diese reizende Nachlässigkeit, welche unter dem Schein einer edlen Einfalt jedem angenehm war. Er starb beinahe wirklich, wie er hier sterben wollte. So starb vermutlich Aristipp, Horaz und Maecenas; und wie sie und Ovid sterben wollten, Laidion. –

Er lebte mehr nach der Philosophie des Aristipp als des Epikur, welcher letztere nur ein hochmütiger Schüler des Aristipp war und dessen Lehrsätze für seine eignen ausgab. Wie Boccaccio und der jüngere Crebillon in der Lehre von der Liebe verschieden sind, so waren vielleicht Epikur und Aristipp es in allen. Dieser Unterschied läßt sich mehr empfinden als deutlich beschreiben.

Die *Gelehrten* behaupten, daß dieser Roman die nämliche Schrift sei, welche er dem Nero in seinem Testament übersandt habe. – Ich weiß nichts davon. Wenigstens find' ich nicht viel von dem darinnen, was nach dem Berichte des Tacitus darinnen stehen sollte. Circe könnte Silia sein; und wahrscheinlich kann man das machen; und Quartilla eine andere Buhlerin des Nero. Aber schwerlich wird man in dem Enkolp, Eumolp oder Trimalcion den Nero finden können. Die gewisse Geschichte des Nero zeigt uns einen ganz andern Mann. Ich überlass' es, wie es sich geziemt, der Willkür der Leserinnen und Leser, in den Personen dieses Romans zu finden, wen sie wollen, da sich nichts gewisses darüber sagen läßt.

Petron hat ja außer seinem Testament noch mehr

geschrieben, wie wir von den Alten wissen; und es ist nicht wahrscheinlich, daß er das schöne Gedicht auf den bürgerlichen Krieg dem Kaiser in seinem Testament als eine Satire mit übersendet habe. Vielleicht übersandte er ihm nur einige Fragmente von diesem Roman, welche insbesondere ihn betrafen; z. B. die Begebenheiten des Enkolp mit der Circe und der Quartilla, nachdem er den ganzen Roman vorher seinen Freunden übergeben hatte, und noch andere Stücke davon, welche verlorengegangen sind – doch das sind Mutmaßungen, und weiter nichts. Und soviel denn von dem Verfasser dieser Schrift.

Nun muß ich mich wohl bei den strengen, tugendhaften Weisen verteidigen, daß ich diese Schrift übersetzt habe. Ich habe alle Hochachtung und Verehrung gegen diese Männer in meinem Busen, die man von einem edel denkenden Menschenkinde verlangen kann. – Die weinerlichen, triefäugigen Dudeldumianer rechne ich freilich nicht zu diesen Weisen; diese verdienen höchstens ein mutwilliges Gelächter. – Nein, bei jenen Männern will ich mich verteidigen, die so denken, wie der Verfasser des Jahres 2440, welcher den Petron, so wie die Sappho und unsern vielgeliebten Anakreon, samt dem Catull und ihresgleichen aus einer Republik, die von Weisen regiert wird, verbannt.

Meine Herren!

Wenn das menschliche Geschlecht den Grad von Vollkommenheit noch bei meinen Lebzeiten wird erreicht haben, welchen Konfuzius und Sokrates und alle ihre Nachfolger ihm wünschen – welchen Xenophon und der träumende Plato und Morus und der Verfasser des Jahres 2440, und besser als alle Helvetius und reizender als alle Wieland in ihren goldenen Spiegeln den sehenden Erdenbürgern zeigten, – und Pindar, Virgil und Horaz und Gesner, Wieland, Gleim und Jakobi und der achtzehnjahrhundertige Voltaire denen, die da hören, vorsangen. – Dann will ich grausamer als Gregor der Griechenverbrenner, unerbittlicher als der Pfarrer im Don Quichotte mithelfen, ins Feuer zu werfen – alle Ausgaben des Petron, Lucian, Boccaccio, Molza, Casa des Erzbischofes, Lazarelli, Berni, Bembo des Kardinals, Aretin, Dolce, des sechssinnigen Grecourt und des geliebten La Fontaine und Crebillon – alle Komödien außer zweien von Lessing – alle Tragödien außer denen des Shakespeare – und . . . und . . . und . . . – und alle Romane – außer meinem Don Quichotte, Tom Jones und Agathon! (das könnt' ich unmöglich tun, und wenn man mich mit der Tortur dazu zwingen wollte, daß ich nur einen davon, wie gewisse Zensoren an der D**, mit Füßen träte – welche Distelgeister!) – und kurz!

Alle Bibliotheken zusammen irgend hundert Bücher noch ausgenommen. Denn fast alles, was gut und schön geschrieben worden ist, entfernt uns von dem Genuß der unschuldigen Freuden der Natur, wie Sirenengesänge den Ulysses, auf Klippen, an welchen unsere Glückseligkeit den erbärmlichsten Schiffbruch leidet; und dann waren die Griechen die weiseste Nation, das auserwählte Volk der Grazien und Musen, und hatten wenig Bücher, mit welchen Pedanten der Jugend ihr jugendliches Leben hätten stehlen können.

Aber da wir sehen und hören, daß alles Singen und Sagen der Weisen nichts fruchtet, daß alles seinen alten Gang geht – daß die schnurgeraden ordentlichen Republiken des göttlichen Plato und des Bürgers des Jahres 2440 niemals gewesen sind und nie sein werden, solange uns nicht ein Pygmalion die Gnade antut, uns in stählerne oder hölzerne Maschinen zu verwandeln, und solange nicht alle Gegenden des Erdbodens den fünfundvierzigsten Grad der Breite erhalten, so wollen wir uns denn auch keines Verbrechens schuldig gemacht zu haben glauben, wenn wir eine sehr wohlgeratene Übersetzung des Petronischen Romans den ehrlichen Deutschen zu Nutz und Vergnügen drucken lassen. – Wir würden es so nicht über das Herz bringen können, einige von unsern Lieblingsautoren, welche wir oben den strengen Herren zu Gefallen genannt haben, auch in einem Elysium, wo sie selbst wären, ins Feuer zu werfen. –

Man dürfte wenig Bücher lesen, wenn man keines lesen dürfte, woraus ein Narr oder Geck Gift für seines Geistleins Seligkeit holen könnte. Die besten Bücher können schaden. Wie mancher hat sich schon durch die Gesichter in der Offenbarung Johannis, einem der heiligsten Bücher, nach der gründlichen Meinung der allergrößten Gottesgelehrten, die Nerven in seinem Gehirn verrückt! Soll man es deswegen nicht lesen und sich daraus herzlich erbauen? Hat nicht der tapfre Schweizer Lavater in diesem Buche die besten Gründe für das tausendjährige Reich der christlichen Kirche und die herrlichsten Aussichten in seine herrlichen Aussichten in die Ewigkeit gefunden?

Wieviel gute Lehren kann man aus den Erzählungen des Boccaccio und der Margarethe von Navarre und des Hanns La Fontaine und Rosts und Wielands lernen? Wie sehr kann man sich auch darüber erbauen und sich freuen? Welch eine selige Wonne kann man bei dem *Sofa* des Crebillon und seinem beliebten *Schaumlöffel* empfinden? Wenige unter uns Weibeskindern verstehen freilich die Kunst, wie die Bienen den Honig zu suchen! Aber liegt die Schuld an uns unschuldigen Übersetzern, Erzählern und Dichtern?

Die Dichter, Maler und Romanschreiber haben ihre eigne Moral. Es wäre eine sehr unbillige Forderung, wenn man von ihnen verlangte, sie sollten lauter Grandisonen, Madonnen und Kruzifixe und Messiaden zur Welt bringen. Die Moral der schönen Künste und Wissenschaften zeigt die Menschen, wie sie sind und zu allen Zeiten waren, in hervorstechenden Handlungen, allen Menschen zum Vergnügen, zur Lehre und Warnung.

Es ist einem Genie also erlaubt, alles zu beschreiben und zu malen, was geschehen ist und geschehen sein kann. Es ist ihm erlaubt, die schönsten, und häßlichsten Handlungen und Gedanken der Menschen in den ausdrückendsten Worten zu erzählen und zu malen. Nur dann allein ist er strafbar, wenn er die abscheulichsten Laster als gute Handlungen anpreist.

Nun ist die Hauptfrage: Was ist eine gute, was ist eine böse Handlung, was ist Tugend?

Jetzt ist das weiter nichts als ein Wörtchen, womit die Schurken und Heuchler dieser Erde die unschuldigen Kinder, von der Natur zur Freude geschaffen, unglücklich zu machen suchen. Denn sie wissen nicht, was sie ist, und haben die süße Wonne nie empfunden, mit welcher sie alles, was in uns empfindet, entzückt.[2] Ein Tugendhafter ist ein Geschöpf, welches bei jeder Gelegenheit in seinem reinen Busen ein süßes Wallen empfindet, welches ihn reizt, allen Geschöpfen Freude zu verschaffen und sich selbst zu freuen und alles Elend zu entfernen.

Und auf diese Art kann man ein tugendhafter Mann sein und komische Erzählungen machen, wie Chaulieu und Voltaire dichten, und kurz: den Petron übersetzen. Diese Tugend reizt uns freilich nicht, einfältigen Vorurteilen, die zur Schande des menschlichen Geschlechts schon viele Galilei und Cervantes unglücklich gemacht haben, Weihrauch als Göttern zu opfern. *Der Tugendhafte verehrt nur dann die Vorurteile, wenn sie glücklicher machen als die Wahrheit, an deren Stelle sie stehen.*

Ein Dichter richtet sich nach der Moral des Volkes, dessen Landsleute er reden und handeln läßt, – das ist: nach deren Sitten und Gebräuchen. Die Knabenliebe war z. B. bei den Griechen und den meisten alten Völkern erlaubt, und der göttliche Plato will in seiner Republik seine Helden mit dem Genuß der schönsten Knaben belohnen. –

– »Was die Heiden für abscheuliche Ungeheuer waren! Welche Bestien müssen die übrigen gewesen sein, da einer von ihren Weisen, der als der tugendhafteste ausgeschrien ist, solche Verbrechen und Lastertaten in der besten Republik hat verordnen können! Und noch dazu zur höchsten Ehrenbezeugung und Belohnung! Und sollte man nicht die Ungeheuer aus unserm Lande jagen, welche die Glückseligkeit der Griechen immer so sehr ausposaunen und erheben? –«

Gleich will ich Ihnen antworten, Herr Lactanzianer![3]

Die Griechen und alle aufgeheiterten Nationen – ich muß es nur einmal sagen, da es keiner von unsern Genien noch gesagt hat und sagen will – hielten die Teile des Leibes, weswegen wir armen Erdensöhne und Töchter – wir wissen selbst nicht, warum – uns so sehr zu schämen pflegen, nicht für das Allerheiligste im Himmel und auf Erden, mit welchen man bei Lebensstrafe ja nichts anders berühren dürfe, als ein Mann ein einziges Teilchen an einem einzigen gewissen Weibe und ein Weib ein einziges Teilchen an einem einzigen gewissen Manne, das und den man sich nach seinem Gefallen auswählen könnte, außer den Personen, welche Gott verboten hätte, damit das Blut nicht vermischt würde. O heiliger Sokrates, bitte für uns! möchte man hier mit dem Erasmus ausrufen.

Davon, mein Herr, wußten die Griechen nichts. Wie konnten sie es auch wissen, da sie es weder an den Gestirnen des Himmels noch in dem Schoße ihrer Mutter Erde lesen konnten? Soviel allein konnten sie aus den Gesetzen der Natur wissen, daß man von einem Manne in seiner Blüte nicht mehr verlangen könne, als daß er jedes Jahr ein Kind dem Staate zeuge, weil ein Weib neun Monate zu der Geburt desselben nötig habe, und doch wenigstens drei Monate vom Jahre ausruhen wolle. Sie verlangten also auch nicht mehr von einem Manne. Die Zeit, welche die Männer nach Vollbringung dieses wichtigen Werks übrig hatten, wendeten sie zu ihren bessern Vergnügen an, und die Gesetze des Staates erlaubten es ihnen. Wer will ihnen beweisen, daß ihre Vergnügungen mit schönen Ganymeden sie nicht mehr hätten entzücken sollen als mit ihren Weibern? Jeder Mensch hat den Maßstab seines Vergnügens in seiner eignen Brust; und jeder von diesen Maßstäben ist verschieden. – Selbst einer von den größten Weisen unter den Alten, ein Kenner des wahren Guten und Schönen, Lucian, zieht die Knabenliebe der Frauenliebe in seinem Gespräche über die Liebe vor; und Zeno, der Luther und Calvin der stoischen Sekte, welche Montesquieu für die weiseste hält, die je auf Erden war, sagte in seinen Streitschriften: »Es ist kein Unterschied, ob man bei einem Knaben oder Mädchen den Trieb zur tierischen Wollust stillt; es ist gleich anständig, man mag lieben, wen man will.« Ferner lehrte Chrysipp öffentlich in seiner Republik: »Ich halte es für das beste, wenn man die Sachen so einrichtet, daß eine Mutter mit ihrem Sohne, ein Vater mit seiner Tochter und ein Bruder mit seiner Schwester Kinder zeugen kann.«[4] Der guten, wohltätigen Natur hat nun diese Mannigfaltigkeit der Neigungen der Menschen so beliebt; und du Geschöpf von ihr willst deine Mutter tadeln?

Wie man sich doch in der Hitze übereilen kann! Vergeben Sie mir diese harte Stelle! Ich bitte Sie um unsrer schwächlichen Menschheit willen! Nein, meine Matronen und Herren! Nein, nein! Ich billige die Knabenliebe gar nicht! Das, weswegen ich dem Heuchler Augustus noch gewogen bin, ist hauptsächlich dieses, daß er *legem Scantinam* erneuerte und *legem Juliam* gab und *legem de adulteriis et pudicitia* und *legem de maritandis ordinibus* – in welchen Gesetzen allen die härtesten Strafen auf die Knabenliebhaberei gesetzt waren. Die Knabenliebe ist geradezu wider die Fortpflanzung des menschlichen Geschlechts und läßt keine blühende Nachwelt erwarten. Nein! Ich billige die Knabenliebe gar nicht! Ich liebe das schönere Geschlecht zu sehr, als daß ich seinen Verlust dabei so gelassen mit ansehen könnte; und wer hat einen so verderbten Busen, daß er bei einer reizenden Glycerion nicht mehr Wonne des Lebens zu empfinden glauben kann, als bei einem schönen Ligurin oder Bathyll? Nur ein Schatten von der Empfindung, ein Kind der Liebe dem Staate zu geben, ist mehr als alles, was Anakreon und Horaz und Virgil und, was die Damen betrifft, Sappho von ihrer Wollust gesungen haben.

Petron selbst dachte ebenso, wie ich hier denke. Seine Erzählung von den Begebenheiten des Giton ist weiter nichts als eine Satire. Aus verschiedenen satirischen Zügen auf die Knabenliebhaber will ich nur die Begebenheit mit der reizenden Circe anführen. »Hier, zeigt Petron«, hätte wenigstens einer von den grauhaarigen Erklärern, den Burmännern, Salaßen, Erhardten und Heinsen ausrufen können, damit ich es nicht tun müßte, »was die Unmäßigkeit in der Knabenliebe für bittere Folgen habe!« Die größte, höchste Wollust seines Lebens mußte Enkolpion einbüßen, weil er immer bei seinem Giton geschlafen hatte, und war nicht imstande, eine Liebesgöttin, die ihn mit den feurigen Armen lechzender Begierden umschlang, glückselig zu machen!

Auf diese Art macht' Petron seine Satiren! Diese greifen das Herz und den Verstand an! Er poltert und predigt nicht Bußpredigten wie Juvenal! Von diesen wußte er, wie wir alle wissen, daß sie leider(!) nichts helfen.

Noch muß ich auch den Kunstrichtern etwas zum Vorbericht sagen.

Meine Herren!

Aufrichtig will ich es Ihnen gestehen, daß ich wenig von den Eigenschaften besitze, die man gewöhnlicherweise von einem Übersetzer verlangt. Einer von den ersten und schönsten Geistern der deutschen Nation schrieb mir, da ich ihm Nachricht von dieser Übersetzung gegeben hatte, zur Antwort: »Ich halt' es Ihrem Genius für leichter, selbst ein Satiricon von irgendeinem Kaiser im Monde zu schreiben.« Aber die Übersetzung war schon beinahe fertig.

Wir haben noch wenig erträgliche Übersetzungen von den griechischen und römischen Schriften. Die Franzosen haben dadurch ihre Sprache bereichert und vervollkommnet und Weisheit, Sitten und Kenntnisse der aufgeheitertsten Genien der Griechen und Römer ihrer Nation mitgeteilt, so wie auch die Italiener und Engländer. – Warum sollten wir Deutschen nicht auch anfangen, die Meisterstücke dieser Alten zu übersetzen, da ihre Weisheit, auf fremden Boden verpflanzt, so schöne, gesundmachende Früchte bringt.

Ich habe den Petron gewählt, weil die Franzosen sechs Übersetzungen davon, und wir noch keine haben; und weil. . . und weil. . . und weil mir viele Stellen in dieser Schrift so sehr gefallen, daß ich sie gern unsrer Nation in ihrer Sprache sagen wollte.

Mir war nichts angelegener bei dieser Übersetzung, als jeden schönen Gedanken und schönen Ausdruck und jeden starken Gedanken und starken Ausdruck in seiner ganzen Schönheit und ganzen Stärke in unsre Sprache zu übertragen. Finden Sie einige Gedanken und Ausdrücke, meine Herren, wo dieses nicht geschehen ist, so bitt' ich Sie, mir dieselben anzuzeigen; ich verspreche Ihnen, wenn sie recht haben mit Ihren Anmerkungen darüber, wenn sie mir zu Gesichte kommen, bei der zweiten Ausgabe diese Übersetzung zu verbessern. Ich bin wohl eins von den gutherzigsten Geschöpfen – ich muß nur *à la Montagne* mich ein wenig selbst loben –, die auf dieser Erde herumwandeln, und weiß sehr wohl, daß ich Fleisch und Blut und Mängel und Gebrechen wie alle Menschen habe. Meine eigne Erfahrung und nicht allein Lucian und Sextus haben mich das gelehrt. Beleidigt man mich mit Bosheit, dann wehr' ich mich wie ein Grieche, wie ein Spartaner; sagt man mir was gar zu Einfältiges, so tu' ich, als wenn ich es nicht gehört hätte, wie ich schon oft es getan habe, oder lasse meiner Laune, mit welcher mich die Natur, ich weiß noch nicht, ob zum Glück oder Unglück, reichlich beschenkt hat, ihren Willen; lehrt man mich aber etwas Gutes, das ich noch nicht gewußt habe, dann möcht' ich dem Manne, der es tut, das Herz aus dem Leibe mitteilen.

Ich habe bei der Übersetzung selbst die Ausgabe des Petron von Burmann gebraucht, nicht wegen der eignen Anmerkungen des Seligen; denn dieser hat nichts oder höchstens sehr wenig von den Schönheiten des ›Satiricon‹ empfunden und ihn sehr selten verstanden, wie es fast bei allen Variantensammlern zu sehen ist – wenn er noch lebte, so würd' ich das nicht sagen, aber er ist schon vor dreißig Jahren gestorben und hört's nicht –, sondern weil er das meiste, was darüber angemerkt worden, zusammengetragen und das Original selbst, ziemlich gereinigt, herausgegeben hat.

Das noch im vorigen Jahrhundert gefundene Fragment, welches die Trimalcionische Mahlzeit ergänzt, wird jeder für echt halten, der es ohne Vorurteile gelesen. Es ist keinem Manne jetzt möglich, wie ich glaube, etwas in dieser Schreibart, in welcher es geschrieben ist und geschrieben werden mußte, dem Petron nachzumachen. Der Streit darüber ist auch unter den Gelehrten nun völlig entschieden. Ich hab' es also auch als ein echtes Fragment des Petron übersetzt.

Was aber das betrifft, was Nodot herausgegeben, so sag' ich, wie jeder, der nur ein wenig Latein und nur etwas weniges vom Petron gelesen hat, sagen muß, daß es Nodot aus seinen wenigen Kenntnissen, die er von der römischen Literatur hatte, und aus dem Vorrat von Gedanken seines ganz kleinen Geistes, ungefähr wie ein moderner Töpfer einen Arm und einen Fuß an eine schöne Bacchantin, an den alten Enkolp geklebet hat. Er hat auch weiter nichts gewagt, als den Zusammenhang zu ergänzen, wie ihn die Überbleibsel vom ›Satiricon‹ deutlich anzeigen. Ich habe sein Fragment deswegen auch mitübersetzt, und zwar sehr frei, damit diese Übersetzung einigermaßen sich als ein Ganzes lesen lasse.

Burmann hat den armen Nodot noch bei dessen Lebzeiten so ausgeschimpft und gebrandmalt, daß ich oft Mitleid mit ihm gehabt habe. Er konnte keinem Straßenräuber, keinem Mörder ärger begegnen. Er spricht völlig die Sprache der... Kunstrichter mit ihm.

Sein Fragment ist noch ganz erträglich gemacht, nur der Anfang taugt leider gar nichts. Das Latein ist das schlechteste, und die Gedanken und die ganze Erfindung sind erbärmlich. Fabricius Vejento ist hier wie ein Pflaster auf dem Auge zu sehen.

Es ist nicht wohl begreiflich, wie Nodot die Augen der Mitglieder von einigen Akademien mit seinem Fragment so sehr verblenden konnte, daß sie es für eine echte Geburt des petronischen Geistes erklärten! Wie konnte Charpentier es wagen, eins von den schönsten Werken des Weisen der Grazien, des Xenophon, zu übersetzen, da er so wenig Empfindung des griechischen Schönen hatte und zuerst die französischen Liebeshändel des Enkolp mit der Doris und Tryphäna mit *ungeheuren* Lobsprüchen erhob, als wenn sie das schönste Stück im ganzen Satiricon wären! –

Wenn Sie nicht so gewaltig strenge wären, meine Herren, so weiß ich wohl, was ich getan hätte. Ich hätte nämlich das Nodotische Fragment gänzlich weggelassen, das ganze Manuskript im Herkulaneum oder sonstwo gefunden und Ihnen nur einstweilen die Übersetzung davon mitgeteilt und einen Strauß gewagt. Aber weil Sie so gewaltig streng und unbarmherzig sind, so hab' ich den Herrn Fabricius Vejento auch an der Spitze meiner Übersetzung stehen lassen.

Übrigens muß ich Ihnen noch entdecken, daß ich Hoffnung habe, von einem meiner guten Freunde in Sizilien ein Manuskript von diesem ›Satiricon‹ zu erhalten, an welchem, wie er schreibt, nur sehr wenig von dem Wurm der Zeit abgenagt ist; den Schatz, welchen ich darinnen finden werde, will ich Ihnen mitteilen, wenn ich wieder zurück nach Deutschland komme. –

Nun empfehl' ich mich denn allen denen, welche dieses und diesen ersten Roman mit untermischten Versen lesen, und bitte jede schöne Seele um Verzeihung, wenn sie die Petronischen Beschreibungen von den schamlosen Handlungen der Römer und Römerinnen, welche zu den Zeiten der ersten Kaiser von der Würde der Menschheit in die unreinsten Strudel der Wollüste hingerissen waren, ärgern sollten. Sie mögen bedenken, daß die Charitinnen, die Göttinnen der unschuldigen Freuden, sehr selten auf diesem schmutzigen Irrsterne, der Erde, verehrt wurden. Es strahlen einige Perioden in der Geschichte der Menschheit hervor, in welchen sie nur von einem kleinen Häuflein von Geistern, die vom

Himmel abstammen, angebetet wurden. Auch in dem goldenen Zeitalter dieser Erde, wo in Griechenland jeder empfindliche Busen ihre seligen Einflüsse empfand, wo sie dem Sokrates, Xenophon, Pindar, Damon, Phidias und Apelles und Aspasien und auch Laidion bisweilen leibhaftig erschienen, gab es immer einen Aristophan oder weinerlichen, boshaften Sophisten oder eine freche Buhlerin, welche sie zu verscheuchen suchten, und denen es gelang, ihre Lieblinge zu ermorden oder aus dem Schoße ihres Vaterlandes zu verjagen; wie es zur Schande der Athenienser mit dem Sokrates und Phidias und beinahe auch mit Aspasien geschehen ist.

Auch in unserm Deutschland ahmt man jetzt den Römern nach, und man könnte in verschiedenen großen Städten ein Satiricon von noch ausgewähltern Bastarden der tierischen Liebe anfüllen. Aber wenige Menschen würden es als ein Satiricon lesen, so wie vielleicht wenige diese Übersetzung als ein Satiricon lesen werden.

Zürnen Sie nicht über mich armen Übersetzer! Ich durfte ja dieses ›Satiricon‹ nicht besser machen, als es ist; Sie kennen ja unsere Kunstrichter! –

Ich hoffe durch diese Gedanken mir die Anbeterinnen und Anbeter der Sokratischen Grazien zu Freundinnen und Freunden gemacht zu haben. Ich verzweifle nicht daran. Sie haben die besten Herzen und können nicht lange zürnen. –

Lebe wohl, geliebtes Vaterland! Möchte man nicht wieder von dir sagen können, was ich kurz vor der Ermordung unsers großen Winckelmann in einer vielleicht zu jugendlichen Hitze sagte, weil ich doch eben von der Verehrung der Grazien in Deutschland gesprochen habe.

Ins Land der schönen Phantasien
Hat Deutschland seinen Men'gs und Winckelmann gegeben –
Es darf darum sich wahrlich nicht erheben!
Singt Metastasio nicht auch für uns in Wien?
Hat uns das Land der schönen Phantasien
Jomelli nicht nach Schwaben gar gegeben?
Die Deutschen reiften erst in Welschland zu Genien,
Und diese wurden uns, so wie sie sind, gegeben.
Es ist die Frage nur, was mehr zu tadeln ist?
Hier sagte Sokrates: Italien du bist
Ein Henker deiner Charitinnen!
Und du, o Deutschland, deiner Huldgöttinnen!

Geschrieben in Augsburg im Mai 1772 während meiner Reise nach Italien, um den Winckelmannschen Apollo zu betrachten.

SCHON so lange hab' ich euch versprochen, meine Begebenheiten zu erzählen, daß ich es nicht länger verschieben kann. Wir wollen uns nicht allein, da wir glücklicherweise heute beisammen sind, von gelehrten Sachen unterhalten, sondern auch durch Scherze und angenehme Erzählungen ergötzen.

Sehr scharfsinnig hat Fabricius Vejento die Vorurteile, welche sich in die Religion eingeschlichen haben, angegriffen und entdeckt, mit welcher betrügerischen Wut, wahrzusagen, die Priester von Geheimnissen und Wundern plaudern, von welchen sie nicht ein Wörtchen wissen. Aber[1] ergreift unsere Sprecher eine andere Art von Wut, die da schreien; »Für die Freiheit des Vaterlandes empfing ich diese Wunden! Dieses Auge habt ihr mich gekostet! Gebt mir einen Führer, der mich zu meinen Kindern bringe, denn meine entzweigehauenen Kniescheiben können mich nicht mehr aufrecht erhalten!«

Noch erträglich wäre das, wenn es jungen Anfängern den Weg zur Beredsamkeit bahnte; so aber richten sie so viel mit diesem Schwulste von Worten und dem leeren Geräusche von Sentenzen aus, daß die Jünglinge glauben, wenn sie vor Gericht kommen, in einen anderen Erdenkreis versetzt zu sein. Auf diese Art müssen sie in den Schulen zu Narren gemacht werden, weil sie nichts darinnen sehen und hören, was bei uns andern Menschen im Gebrauch ist, sondern Seeräuber, die mit Ketten am Ufer stehen; Tyrannen, welche Befehle schreiben, in welchen sie den Söhnen gebieten, ihren Vätern die Köpfe herabzuschlagen; Orakel, zu den Zeiten der Pestilenz gegeben, daß man drei oder vier Jungfrauen opfern solle – lauter Bündelchen von Honigwörterchen, lauter Perioden und Gedanken, die nach lieblichen Brühen und Gewürzen riechen.[2]

Deren Seelen damit genährt werden, können ebensowenig weise sein, als diejenigen einen scharfen Geruch haben, welche in den Küchen wohnen. Mit eurer Erlaubnis sei es gesagt: wir haben zuerst unter allen die wahre Beredsamkeit verloren; denn indem wir mit leichten und leeren Schällen etwas Kindisches hervorbringen wollen, haben wir es dahin gebracht, daß das Ganze der Rede entnervt und schwächlich geworden ist.

Mit solchen Deklamationen übte man die Jünglinge noch nicht, da Sophokles und Euripides Worte erfanden, mit welchen sie ihre großen Gedanken einkleiden wollten. Kein finstrer Pedant hatte das Genie ausgelöscht, da Pindar und die neun lyrischen Poeten mit Homerischen Versen donnern konnten. Und damit ich nicht allein die Poeten zum Zeugnis anführe, gewiß weder Plato noch Demosthenes bildeten sich auf diese Art. Eine erhabene und, wenn ich mich des Worts bedienen darf, eine keusche Rede ist nicht geschminkt und aufgeschwollen, sondern steigt durch ihre natürliche Schönheit empor.

Noch vor weniger Zeit wanderte diese aufgedunsene und regellose Geschwätzigkeit von Asien nach Athen und hauchte die in die Höhe steigenden Genien der Jünglinge wie eine Pestilenz an; zugleich wurde die wahre Beredsamkeit geschändet und überschrien.

Wer gelangte nach dieser Zeit zur Höhe des Thucydides? wer zum Ruhme des Hyperides? Nicht einmal ein

Gedicht von einer gesunden Farbe kam zum Vorschein, sondern alles, gleichsam von einerlei Speise genährt, konnte nicht bis zum Alter reifen.

Ebendenselben Weg mußte die Malerei gehen, da die Ägypter so verwegen waren, diese große Kunst ins Kleine zu bringen.[3]

Dieses ungefähr sprach auch ich einst, da Agamemnon zu uns kam und mit neugierigem Auge nachforschte, wem die Versammlung so fleißig zuhörte. Er litt nicht, daß ich länger unter der Galerie redete, als er selbst in der Schule geschwitzt hatte, sondern sagte zu mir: »Jüngling, weil du eine Rede wider die gemeinen Vorurteile hältst, und, welches man sehr selten antrifft, gesunden Menschenverstand hast, so will ich dir das Geheimnis der Kunst entdecken.

Unsere Lehrer fehlen nicht so sehr, als du glaubst, bei diesen Redeübungen; sie müssen mit den Wütenden rasen. Wenn sie sich nicht nach dem Geschmacke der Jünglinge richteten, so würden sie endlich, wie Cicero weislich sagt, allein in ihren Schulen sein. Wie Schmeichler, welche nach den Tafeln der Reichen gelüstig sind, auf nichts eher denken, als auf das, was sie ihren Zuhörern am gefälligsten zu sein glauben. – Denn auf eine andere Art würden sie ihr Verlangen nicht stillen können, wenn sie den Ohren nicht einige hinterlistige Nachstellungen gemacht hätten. – Ebenso auch ein Lehrer der Beredsamkeit; wenn er nicht gleich einem Fischer denjenigen Köder in den Hamen gehängt hat, von welchem er weiß, daß die Fischchen darnach begierig sind, so wird er ohne Hoffnung der Beute auf den Felsen verweilen.

Sie sind zu entschuldigen. Die Älteren aber verdienen

die Peitsche der Satire, welche ihren Kindern mit den strengsten Befehlen verbieten, zur echten Kunst hinaufzusteigen. Ihre Hoffnungen beruhen auf einem närrischen Ehrgeiz, und um ihre Wünsche, so schnell als möglich erfüllt zu sehen, treiben sie sie mit rohem Geiste vors Gericht, und diese aufwachsenden Knaben sollen dann die wahre Beredsamkeit haben, welche sie selbst für das Allerhöchste halten. Wenn sie Grade in dem Studium derselben gestatteten, so, daß die Lehrlinge durch Lesung der besten Schriften anfingen, sich zu bilden, daß sie ihre Geister durch die Lehren der Weisheit in eine gute Verfassung brächten, Fehler ohne Barmherzigkeit ausstrichen, lange das studierten, was sie nachahmen wollten – kurz! wenn ihnen nichts schätzbar wäre, was den kindischen Leidenschaften der Jugend schmeichelt; so würde jene wahre, starke Beredsamkeit das alte Gewicht ihrer Majestät haben. So aber spielen die Knaben in ihren Schulen, und vor Gericht werden sie verspottet; und was schändlicher als alles ist, *keiner will im Alter gestehen, was er vergebens erlernt hat.*

Damit du nicht glauben mögest, daß ich den leichtfertigen Lucilius wegen seiner Verse aus dem Stegreife verachte, so will ich selbst wie er dir dieses stärker in Versen zu sagen versuchen.

Der Jüngling, welchen hohe Kunst entzücket,
Der selbst Homer und Demosthen will werden,
Der lerne Mäßigkeit und die Paläste
Und stolzen Schlösser zu verachten – Wollust
Lock' ihn mit Phrynens Armen nicht zu Schmäusen.
Falerner Schläuche dürfen nicht das Feuer
Von seinem Geiste löschen bei Verführern.

Sein Händeklatschen laß er nie erkaufen.
Er mag Athen, die Lieblingsstadt Minervens,
Tarent und der Sirenen Lust, Neapel
Zu bilden seinen Geist erwählet haben,
So soll er hier zuerst den Musen opfern,
Den Nektar des Homers begeistert trinken!
Dann lern' er, was einst Sokrates gelehret!
Und nun ergreif' er Demosthenens Waffen!
Aufmerksam wird das ganze Rom ihn hören,
Wenn er wie Demosthen nun römisch redet,
Wie Cicero erhaben, unbezwinglich –
Aus seinen Lippen wird die Suada reden!
Und wie Virgil wird dann er mit Entzücken
Uns Krieg und große Heldentaten singen.
O darnach strebe Jüngling! Nektar wird dann
Aus deinem Busen quellen! Wie Apollo
Wirst du in Rom vergöttert herum wandeln!«

Indem ich fleißig dieses mit anhöre, bemerkt' ich nicht, daß Ascylt sich aus dem Staube gemacht hatte; und indes ich noch, ganz erhitzt von diesem Gespräche auf und abgehe, kam ein Schwarm von jungen Gelehrten in die Galerie, von einer Rede, wie es schien, welche ein Gewisser aus dem Stegreife den Vorschlägen des Agamemnon entgegengesetzt hatte. Während der Zeit, da diese Jünglinge über den Inhalt derselben spotten und den ganzen Vortrag davon lächerlich machen, schlich ich mich glücklich davon und lief dem Ascylt nach. Aber da ich weder genau auf den Weg Achtung gab noch mich besinnen konnte, in welcher Gegend unsre Wohnung wäre, so kam ich immer wieder dahin, wo ich schon gewesen war. Endlich, vom Laufen ganz ermüdet und schon vom Schweiße triefend, ging ich zu einem alten Weibchen, welches grüne Ware verkaufte, und fragt' es: »Liebes Mütterchen, ich bitte dich, weißt du etwa, wo ich wohne?« Es lächelte über diese possierliche Frage: »Warum sollt' ich es nicht wissen?« sagte das Mütterchen, stand auf und fing an, vor mir herzugehen. Ich hielt es für eine Wahrsagerin. Bald darauf, da wir in einen abgelegenen Ort gekommen waren, eröffnete das höfliche Weibchen eine verborgene Tür, und sagte: »Hier mußt du wohnen!«

Indem ich ihr sagte, daß ich das Haus in meinem Leben noch nicht gesehen hätte, sah ich einige unter Überschriften und nackenden Buhlerinnen[4] schüchtern herum spazieren. Endlich, aber leider zu spät! sah ich ein, daß man mich in ein V. .nest gebracht habe. Ich verfluchte die Alte, welche mir diesen Streich gespielt hatte, und verhüllte mein Gesicht und floh mitten durch den Saal in einen andern Teil des Hauses. Und siehe! Da ich am Ende desselben war, lief mir Ascylt ebenso abgemattet und halbtot in die Hände. Drauf schwören hätt' ich wollen, er sei von ebendieser Alten hierhergebracht worden. Ich mußte über ihn lachen und küssend fragt' ich ihn, was er an einem so saubern Orte täte? Er wischte sich den Schweiß mit den Händen ab und, »wenn du wüßtest«, sagte er, »was mir begegnet ist.« – »Nun? Was Neues?« fragt' ich ihn.

Noch keuchend erzählt' er mir darauf: »Da ich durch die ganze Stadt hin und wieder lief und nicht ausfindig machen konnte, an welchem Orte ich unser Quartier zurückgelassen, kam ein Hausvater zu mir und erbot sich auf das höflichste zu meinem Wegweiser. Durch dunkle und abgebrochene Wege bracht' er mich endlich hierher, drückte mir ein Stück Geld in die Hand und verlangte von mir, daß ich ein wenig sein Ganymed sein möchte. Schon war ein Kämmerlein dazu gemietet, schon hatt' er die Hände über mich geworfen, und wenn ich nicht der Stärkere gewesen wäre, so wäre leider das Unglück geschehen.«

Während dieser Erzählung überraschte uns der nämliche Hausvater, von einer artigen Dame begleitet. Zärtlich blickt' er den Ascylt an und bat ihn, er möchte doch nur wieder hereingehen; er versicherte ihm bei allem, was heilig sei, daß er nichts zu befürchten habe, und wann er nichts mit sich wollte anfangen lassen, so sollte er wenigstens selbst was anfangen.

Die Dame machte sich an mich und bat inständig, daß ich mit ihr gehen möchte. Das taten wir dann endlich auch alle beide. Wir kamen unter die Überschriften und sahen viele von beiderlei Geschlechte in den Zellen sich einander die Zeit vertreiben; alle schienen mir *Satirion*[5] getrunken zu haben.

Kaum hatten sie uns erblickt, so lockten sie mit buhlerischer Frechheit uns zu sich und gleich ergriff ein halbnackender Faun den Ascylt, warf ihn auf ein Bett und fing an zu arbeiten. Ich sprang ihm zu Hilfe, und da wir unsere Kräfte vereinigten zwangen wir ihn, wieder abzuziehen. Ascylt ging hinaus und floh davon und ließ mich ihrer Geilheit zum Raube. Aber da ich stärker als alle diese schwächlichen Geschöpfe war, kam ich noch unbeschädigt davon.

Beinahe hatte ich die ganze Stadt durchstrichen, als ich wie durch einen Nebel den Giton in dem Winkel eines Gäßchens an der Türschwelle unserer Herberge gewahr wurde; in einem Augenblicke war ich bei ihm.

Wir gingen miteinander auf unser Zimmer, und da ich ihn fragte, ob der Bruder die Mittagsmahlzeit für uns bestellt habe, so setzte sich mein Liebling aufs Bett und fing an zu weinen, daß ihm die Tränen über die Bäckchen herabrollten. Ich wurde ganz bestürzt darüber und frag, was ihm widerfahren sei. Endlich und endlich, wiewohl ungern, nachdem ich Bitten mit Drohungen vermischt hatte, sagte er: »Dort dein Bruder oder Kamerad oder wer er sonst ist, kam erst vorhin hierhergelaufen und wollte – und wollte mich mit aller Gewalt entblößen. Und da ich aus Leibeskräften schrie, so zog er den Degen und sagte, wenn du Lucretia bist, so hast du einen Tarquin gefunden!«[6]

Nach dieser Nachricht hielt ich dem Ascylt die Faust vor die Augen und sprach zu ihm: »Was antwortest du? du Hure wie ein Weib? was sagst du dazu? Du, aus dem kein reiner Atem geht?«

Ascylt stellte sich, als wenn er sich darüber entsetzte; gleich darauf aber streckte er wütend die Hände nach mir aus und schrie weit heftiger als ich: »Willst du nicht schweigen, verruchter Klopfechter, der du mit genauer Not, weil du ein Mörder deines Wirtes warst, der Strafe des Amphitheaters entgangen bist? Nächtlicher Straßenräuber, der du nicht einmal damals, als du noch nicht so ausgemergelt warst, mit einem reinen Frauenzimmer zu tun gehabt hast? Du, der du mich in jenem Garten zu ebenso schändlichen Dingen gebrauchtest, zu welchen dir jetzt dieser arme Junge dienen muß?«

»Also deswegen hast du dich aus der Galerie heimlich davongemacht?« »Was sollt' ich da tun, Erznarr«, sagte er darauf, »da ich beinahe Hungers sterben wollte? Es wäre wohl der Mühe wert gewesen, dieses Gewäsche mitanzuhören! Traumausdeutungen und dergleichen Possen! Bei allen Göttern, du bist ein Schurke! Du lobst sogar einen hungrigen Poeten, um ihn um eine Mahlzeit zu bringen!«

Darauf brach ich aus einem nicht allzufeinen Zank in ein lautes Gelächter aus, und unsere aufgebrachte Galle wurd' ein wenig ruhiger.

Da mir aber dieser Streich doch nicht aus dem Sinne kommen wollte, so sagt' ich zu ihm: »Lieber Ascylt ich sehe wohl, daß wir uns nicht zusammen schicken, es ist am besten, wir teilen, was wir haben, und jeder sucht sich so gut fortzubringen, als er kann. Du bist in den Wissenschaften erfahren, und ich, damit ich deinem Blicke nicht hinderlich sei, will etwas anderes ergreifen. Außerdem würden uns hunderterlei Dinge täglich veruneinigen und uns in der ganzen Stadt berüchtigt machen.«

Ascylt war nicht dawider. »Aber heute«, sagte er, »weil wir versprochen haben, als Gelehrte bei einem Schmause zu erscheinen, wollen wir deswegen nicht diese Nacht verlieren. Morgen aber, weil du es doch so haben willst, will ich mich nach einem andern Quartiere und einem Freunde für mich umsehen.«

»Tu es nur fein bald«, sagt' ich zu ihm, »denn das Zaudern ist allezeit bei Dingen, die man verlangt, verdrießlich.«

Diese plötzliche Trennung verursachte die Liebe; schon längst hatt' ich mir diesen beschwerlichen Wächter vom Halse gewünscht, damit ich mit meinem lieben Giton wieder auf dem alten Fuß umgehen könnte.

Dem Ascylt ging die Sache im Kopfe herum; er redete kein Wort, und hastig ging er zur Tür hinaus. Diese plötzliche Entfernung ließ mich nichts Gutes vermuten, denn seine ungestüme Hitze war mir bekannt, wie seine wütende Liebe. Ich ging ihm also auf dem Fuße nach, um seine Anschläge auszuforschen und ihnen zu widerstehen, aber er verschwand vor meinen Augen, und vergebens suchte ich ihn lange auf.

Nachdem ich ihn in der ganzen Stadt aufgespürt hatte und nicht fand, kam ich wieder zurück zu meinem Giton. Ich hing an dem Knaben mit den feurigsten Umarmungen und genoß der Wollust meiner Wünsche, bis zur Neige. Ganz in Entzückung noch verloren war ich, als Ascylt mit aller Stärke die Türen voneinanderriß und mich in den Umarmungen meines Lieblings überraschte. Von seinem Gelächter und Händeklatschen wurde das ganze Zimmer erschüttert; er nahm uns die Decke und sagte: »O du frommes, heiliges Brüderchen! Was machst du denn da? Ich glaube gar, du bist in dem Dienste der Vesta begriffen?« Bei den Worten blieb er nicht allein, sondern machte seinen Riemen los und prügelte mich kein klein wenig herum, mit vielen Stichelreden. »Nein«, sagte er, »liebes Brüderchen! So wollen wir nicht teilen!–«

Diese unvermutete Sache zwang mich, die Beleidigung und die Schläge zu verschmerzen. Ich spottete also über den Vorfall, und sehr klüglich; denn sonst hätte ich mit einem streiten müssen, der ebensostark war, und in meiner damaligen Verfassung weit stärker als ich. Mit einem verstellten Lächeln stillte ich seinen Zorn. Er mußte selbst darüber lachen. »Und du Enkolp«, sagte er, »in Wollüsten ersoffen, denkst nicht daran, daß wir kein Geld mehr haben und daß unsere Habseligkeiten keine Bohne wert sind? Im Sommer ist in den Städten nichts zu schaffen! Das Land wird uns besser bekommen. Weißt du was, wir wollen unsere guten Freunde daselbst heimsuchen!«

Die Not zwang mich, den Vorschlag gutzuheißen und den Schmerz zu verbeißen. Wir bürdeten also dem Giton ein paar Säckchen auf, gingen zu der Stadt hinaus und wanderten nach dem Schlosse des Lykurg, eines römischen Ritters.

Da Ascylt ehedem ein Brüderchen von ihm gewesen war, so wurden wir gnädig aufgenommen, und die daselbst versammelte Gesellschaft wurde in ihren Vergnügungen lebhafter.

Wir fanden daselbst ein reizendes Mädchen, Tryphäna, welches mit einem Schiffshauptmann, Lykas, gekommen war, der unweit des Meeres liegende Güter besaß.

Was wir an diesem angenehmen Orte für Vergnügungen genossen haben, ist unbeschreiblich, obgleich der Tisch des Lykurg sehr mäßig eingerichtet war. Sagen muß ich euch, daß wir gleich anfänglich uns alle in einander verliebten. Die schöne Tryphäna bezauberte mich, und ohne langen Widerstand gewährte sie mir meine Wünsche. Allein kaum konnt' ich an ihren Lippen hangen, als Lykas, mißvergnügt, daß ich ihm seine Wollust raubte, eine Entschädigung dafür von mir verlangte; denn sie war seine alte Liebe. Er fing also an, mich anzugreifen und verfolgte mich mit einer unbändigen Leidenschaft. Da aber Tryphäna mein ganzes Herz allein besaß, so schlug ich dem Lykas alle Hoffnung ab. Er wurde dadurch hitziger und verfolgte mich heftiger, schlich sich zur Mitternacht in mein Schlafzimmer und, da ich seine Bitten verschmähte, wollte er Gewalt brauchen. Ich schrie, so sehr ich konnte; das ganze Haus wurde davon aufgeweckt, Lykurg stand mir bei und ich wurde von dem beschwerlichen Überfalle befreiet.

Wie ihm endlich das Haus des Lykurg zur Erfüllung seiner Wünsche nicht bequem schien, so versucht' er mich zu bereden, daß ich bei ihm meine Wohnung nehmen möchte; und da ich ihm dieses gerade abschlug, so bedient' er sich, dieses zu erhalten, der Tryphäna. Diese bat mich desto lieber darum, je freier sie daselbst zu leben hoffte. Ich folgte also der Liebe.

Aber Lykurg, welcher die alte Bekanntschaft mit dem Ascylt wieder erneuert hatte, ließ ihn nicht von sich gehen. Deswegen wurden wir einig, daß er immer beim Lykurg bleiben möchte, wir aber dem Lykas folgen. Bei diesem wurde beschlossen, daß ein jeder nach Gelegenheit Beute zu unserer gemeinschaftlichen Casse machen sollte. Lykas war unglaublich froh darüber, daß wir in seinen Vorschlag einwilligten. Er beschleunigte unsre Abreise. Wir sagten einander das gewöhnliche Lebewohl, und an ebendiesem Tage kamen wir noch auf sein Landgut.

Lykas hatte die Sachen so fein geordnet, daß er unterwegs neben mir und Tryphäna dem Giton zur Seite saß. Wegen der ihm sehr wohl bekannten Unbeständigkeit dieses Mädchens hatte er dieses so bewerkstelligt und hatte sich auch nicht betrogen, denn sie brannte gleich vor Liebe zu dem Knaben, welches ich sehr leicht bemerken konnte. Lykas gab mir auch dieses sehr genau zu verstehen, und ich mußt' es leider glauben.

Deswegen bezeigt' ich mich ihm auch gefälliger, und er wurde ganz entzückt darüber; denn er glaubte gewiß, ich würde sie deswegen verachten und ihm desto eher Gehör geben.

In dieser Verfassung waren wir in dem Hause des Lykas. Tryphäna liebte den Giton aufs äußerste, und Giton war ihr mit Leib und Seel' ergeben. Beides war mir im mindesten nicht angenehm. Lykas aus Begierde, mir zu gefallen, ersann täglich neue Vergnügungen, welche Doris, seine schöne Gemahlin um die Wette vermehrte.

Diese machte ihre Sachen so gut, daß sie gleich anfänglich Tryphänen aus meinem Herzen verbannte; mein Liebäugeln gab ihr meine Liebe zu verstehen, und voll von schalkhafter Zärtlichkeit waren ihre Gegenblicke, so daß diese stumme Sprache der Liebe, vor der Zunge, die Sympathie unsrer Seelen verstohlenerweise ausdrückte.

Die Eifersucht des Lykas, welche mir schon bekannt war, verursachte mein Stillschweigen, und die Liebe selbst hatte die Neigung ihres Mannes gegen mich der Gemahlin kundgemacht. Sobald wir Gelegenheit hatten, miteinander zu sprechen, entdeckte sie mir es. Aufrichtig gestand ich ihr die Wahrheit und erzählt' ihr zugleich, wie streng ich ihm immer begegnet wäre.»Wir müssen hierbei ein wenig listig sein!« sagte die Schlaue; und nach ihrem Rate war die Gewährung des einen mit dem Besitze des andern verbunden.

Unterdessen, da der erschöpfte Giton wieder Kräfte sammeln sollte, machte sich Tryphäna wieder an mich; aber weil sie kein Gehör bei mir fand, so verwandelte sich ihre Liebe in Wut. Hitzig verfolgte sie mich überall und entdeckte endlich meinen Umgang mit Mann und Frau. Der Umgang des Mannes mit mir war ihr gleichgültig, dieser entzog ihr nichts. Aber die heimlichen Liebeshändel der Doris behagten ihr nicht, und diese machte sie dem Lykas bekannt; und da die Eifersucht die Liebe bei ihm überwog, so rüstete er sich zur Rache. Aber Doris, welcher die Magd der Tryphäna alles verraten hatte, enthielt sich unsrer heimlichen Zusammenkünfte, um den Sturm abzuwenden.

Wie ich dieses merkte, so verflucht' ich die Falschheit der Tryphäna und die undankbare Seele des Lykas und entschloß mich wegzugehen. Das Glück war mir günstig, denn das reichbeladene Schiff der Göttin Isis war den Tag zuvor an einer benachbarten Klippe gestrandet.

Ich besprach mich deswegen mit dem Giton, welcher sehr vergnügt über meinen Entschluß war, weil ihn Tryphäna, da er an Kräften erschöpft, nicht mehr zu achten schien. In aller Frühe gingen wir also nach dem Meere zu und kamen desto leichter auf das Schiff, weil wir den Bedienten des Lykas bekannt waren. Aber da sie uns immer mit ihrer Gegenwart beehrten und wir keine Gelegenheit hatten, Beute zu machen, so ließ ich den Giton zurück, stahl mich glücklich davon, schlich mich auf das Vorderteil des Schiffs, wo die Statue der Isis stand, raubte das kostbare Gewand[7] und das silberne Sistrum davon und andere reiche Kleider, welche dem Steuermann zugehörten, stieg heimlich auf einer Schiffsleiter hinab, vom Giton allein bemerkt, welcher sich auch davonmachte und heimlich mir nachfolgte.

Wie er zu mir kam, zeigte ich ihm den Raub. Nun beschlossen wir, in aller Eile Ascylten aufzusuchen. Aber es war nicht eher wohl möglich, als den Tag darauf in das Haus des Lykurg zu kommen. Ich erzählte kürzlich dem Ascylt den Diebstahl, und wie wir ein Spiel der

Liebe gewesen waren. Er gab uns den Rat, Lykurgen für uns einzunehmen und ihn zu verführen, daß die neuen Ausschweifungen des verliebten Lykas unsere heimliche und plötzliche Abreise verursacht hätten. Welches wir denn auch taten, und Lykurg schwor, daß wir immer unter seinem Schutze wider unsere Feinde sein sollten.

Unsere Flucht blieb verborgen, bis Tryphäna und Doris aufgestanden waren; denn wir versäumten keinen Morgen, auf das höflichste bei ihren Nachttischen unsere Aufwartung zu machen. Da wir also wider unsere Gewohnheit ausblieben, so ließ uns Lykas aufsuchen, vornehmlich an dem Strande. Und da erfuhr er dann, daß wir auf das Schiff der Isis gegangen wären; der Diebstahl aber wurde nicht dabei erwähnt, indem man selbst auf dem Schiffe noch nichts davon wußte, da der Schiffsschnabel nach dem Meere zu sah und der Steuermann noch nicht auf das Schiff zurückgekommen war.

Da man endlich nun von unserer Flucht gewisse Nachricht hatte und sich Lykas darüber ärgerte, so fiel sein ganzer Zorn auf seine Frau, von welcher er glaubte, daß sie die Ursache davon sei. Ich will der Scheltworte und der Grobheiten seiner Hände gegen sie nicht erwähnen, denn ich weiß die besonderen Umstände nicht davon. Ich will nur erzählen, daß Tryphäna, welche schuld an allen diesen Verwirrungen war, dem Lykas den Rat gab, uns bei Lykurgen aufzusuchen, weil wir daselbst vielleicht unsere Zuflucht genommen hätten; sie wollte ihn selbst mit dahin begleiten und uns, wie wir es verdienten, die Wahrheit sagen.

Den Tag darauf reisten sie ab und kamen auf das Schloß, aber wir waren eben nicht da; denn Lykurg hatte uns mit sich zu einem Feste des Herkules in ein benachbartes Städtchen genommen. Sobald sie es erfuhren, reisten sie uns nach und trafen uns in der Vorhalle des Tempels an. Ihre unvermutete Gegenwart machte uns ein wenig bestürzt. Lykas beklagte sich in den härtesten Ausdrücken bei dem Lykurg über unsere Flucht, aber er wurde so verdrießlich und so verächtlich von ihm aufgenommen, daß ich, mutiger dadurch gemacht, mit überlauter Stimme ihm alle seine Bubenstücke und geilen Anfälle vorwarf, die er bei dem Lykurg sowohl als bei sich auf mich gemacht hatte.

Tryphäna wollte ihm beistehen, aber sie kam mir jetzt eben recht. Ich predigte der ganzen Versammlung, die auf meinen Lärm herbeigelaufen war, ihre Schandtaten. Zum Beweis der Wahrheit führt' ich den ausgemergelten Giton hervor und zeigte mich, wie ich von der alles verschlingenden Geilheit dieses Weibes beinahe den Tod davongetragen hätte.

Die ganze Versammlung schlug ein helles Gelächter darüber auf; sie kamen darauf aus aller Fassung, dachten auf Rache und gingen ganz beschämt von dannen. Wie sie bemerkt hatten, daß wir den Lykurg eingenommen, so beschlossen sie, ihn auf seinem Schlosse zu erwarten, um ihn aus seinem Irrtum zu bringen. Da aber das Fest etwas spät beendigt wurde, so konnten wir nicht mit ihm nach Hause kommen, und er führte uns auf ein Landgut, welches in der Mitte des Weges lag, und verließ uns den andern Morgen, da wir noch schliefen, weil er Geschäfte zu Hause zu verrichten hatte. Daselbst traf er denn den Lykas und Tryphänen an, welche auf ihn warteten und ihm nun so viele Schmeicheleien vorsagten, bis sie ihn dahin brachten, daß er uns ihrer Rache übergäbe. Lykurg war von Natur grausam und treulos und dachte schon darauf, wie er uns in ihre Hände spielen könnte. Er riet dem Lykas, sich mit einiger Mannschaft zu versehen, unterdessen wollte er selbst uns schon auf dem Landgute festhalten.

Darauf kam er zu uns und begegnete uns schlimmer, als uns selbst Lykas hätte begegnen können, und nachdem er uns sehr rednerisch ausgescholten, daß wir bei ihm den Lykas so sehr verleumdet hätten, befahl er, daß man uns in die Kammer einsperren sollte, wo wir geschlafen, den Ascylt ausgenommen, von welchem er aber nicht ein Wörtchen zu unserer Verteidigung anhören wollte. Nach diesem führt' er ihn mit sich nach Hause, uns aber übergab er Hütern bis auf weitern Befehl.

Unterwegs suchte Ascylt das harte Herz des Lykurg zu erweichen; aber alle Bitten und Liebe und Tränen vermochten nichts über ihn. Er hielt es also für das sicherste, uns selbst aus der Gefangenschaft zu erlösen; zankte sich mit dem Lykurg, und da er nicht bei ihm schlafen wollte, so konnte er desto leichter ausführen, was er beschlossen.

Da alles im Hause in dem ersten Schlafe begraben lag, warf Ascylt unsere Sachen auf seine Schultern, stieg durch den Riß einer Mauer, welchen er zuvor bemerkt, und kam mit der Morgendämmerung auf das Landgut, ging sonder Hindernis hinein und auf unsere Kammer, welche die Wächter verschlossen hatten. Die Eröffnung aber war nicht schwer, es war nur ein hölzerner Riegel, welchen er mit einem Eisen voneinanderzwängte. Der Riegel fiel herab und weckte uns auf, denn wir ließen bei unserm Unglück uns nichts vom Schlafe abgehen.

Da aber die Wächter wegen der Nachtwache in einem tiefen Schlafe lagen, so wurden wir allein von dem Schall aufgeweckt. Ascylt kam zu uns und erzählte uns kurz, was er unsertwegen getan. Es bedurfte keines mehrern. Indem wir in aller Eile uns ankleideten, kam mir in Sinn, die Wächter totzuschlagen und das Landgut zu plündern. Ich entdeckte dieses dem Ascylt; das Plündern gefiel ihm, aber er sagte, daß es ohne Blutvergießen geschehen könne; denn er kannte alle Zugänge und Gelegenheiten des ganzen Hauses und führte uns gleich in ein Kleiderbehältnis, welches er sehr leicht öffnete. Alles was an Kostbarkeiten da war, wurde eingepackt, und darauf schlichen wir uns in aller Frühe davon, vermieden alle öffentlichen Wege und ruhten nicht eher aus, als bis wir sicher zu sein glaubten.

Dann schöpfte Ascylt wieder Atem und vergrößerte die Freude, mit welcher er das Landgut des Lykurg, eines Erzgeizhalses, geplündert. Und wahrhaftig! er hatte auch Ursache, sich über seine Sparsamkeit zu beklagen, denn er hatte ihm für keine einzige Nacht was gegeben und mußte noch dazu an einem trocknen und hungrigen Tische speisen. Ein solcher Filz war Lykurg, daß er bei einem übermäßigen Reichtume sich sogar die Notwendigkeiten des Lebens versagte.

Im Wasser will fast Tantalus versinken,
Und dennoch darf er nicht ein Tröpfchen trinken!
Wie unglückselig ist nicht Tantalus,
Daß er darinnen schmachten muß!
Ihn hungert's – Äpfel schwimmen vor dem Munde,
Er schnappt nach ihnen und – sie fliehen vor dem Munde! –

Dies ist wohl eines Reichen Bild,
Der alles, was er sieht, begehret
Und fürchtet, nie den Hunger stillt,
Ihn selber lieber gar verzehret.

Ascylt wollte noch diesen Tag in Neapel sein; ich aber sagte ihm: »Es ist sehr unklug, daß wir an einen Ort gehen, wo wir wahrscheinlicherweise können ausgeforscht werden. Wir wollen uns also entfernen und auf einige Zeit das Land durchstreichen; wir haben ja, um gut zu leben.« Dieser gute Rat wurde angenommen, und wir nahmen den Weg auf einen Flecken, welcher in einer entzückenden Gegend lag, wo nicht wenige von unsern Bekannten die Wollust der schönen Jahreszeit genossen. Kaum aber waren wir auf die Mitte des Weges gekommen, so fing es an zu regnen, als wenn es mit Krügen gösse. Wir mußten, um unterzukommen, in ein benachbartes Dörfchen fliehen; und wie wir in die Schenke kamen, trafen wir verschiedene an, welche eben auch, um den Regen zu vermeiden, sich dahinbegeben hatten.

Die Menge verhinderte, daß man uns nicht beobachtete. Wir sahen uns allenthalben sehr begierig um, ob wir nicht etwas in dem Gewimmel stehlen könnten. Indem hob Ascylt ein Säckchen von der Erde auf und steckte es zu sich, ohne daß es jemand gewahr wurde, in welchem wir hernach viele Goldstücke fanden.

Dieser glückliche Anfang machte uns mutig; aber aus Furcht, daß man danach suchen möchte, schlichen wir uns durch ein Hintertürchen davon. Bei diesem Türchen trafen wir einen Sklaven an, welcher Pferde sattelte; dieser ging von den Pferden ins Haus, weil er etwas vergessen hatte. Wie er weg war, stahl ich einen prächtigen Mantel und löste die Riemen auf, mit welchen er an den Sattel gebunden war. Dann flohen wir längs den Häusern in den benachbarten Wald.

Wie wir weit genug in dem Walde und in mehr Sicherheit waren, so machten wir allerhand Anschläge, um das Gold zu verbergen, damit wir nicht entweder des Diebstahls beschuldigt oder selbst geplündert werden könnten. Endlich wurden wir einig, es in den Bund eines alten Rocks zu nähen, welchen ich um mich hängte; und Ascylt mußte den Mantel besorgen; und so beschlossen wir, durch krumme Wege in die Stadt zu gehen. Wie wir aber aus unserm Schlupfwinkel herausgingen, so hörten wir hinter uns rufen: »Sie sollen uns nicht entwischen! Dorthinein hab' ich sie gehen sehen! Wir wollen uns teilen, damit wir sie desto eher fangen können.« Diese Stimme fuhr uns wie ein Donnerschlag durch Mark und Gebeine. Ascylt und Giton flohen durch das Dickicht nach der Stadt zu; ich aber sprang in der größten Eile wieder in den Wald hinein und in der größten Bestürzung verlor ich den Rock mit den Goldstücken, ohne daß ich es merkte.

Ermüdet und so abgemattet, daß ich nicht einen Schritt weitergehen konnte, verbarg ich mich unter die Zweige eines Baumes, wo ich zuerst den Verlust des Rockes gewahr wurde. Der Schmerz darüber gab mir wieder neue Kräfte. Ich stand auf, um den Schatz zu suchen; und wie ich lange vergebens herumgelaufen war, begab ich mich in den dunkelsten Schlupfwinkel des Waldes von Strapazen und Traurigkeit ganz niedergeschlagen. Wie ich vier Stunden daselbst zugebracht hatte, so suchte ich einen Ausgang, dieser fürchterlichen Einöde überdrüssig.

Im Herausgehen erblickt' ich einen Bauern. Hier mußt' ich allen meinen Mut zusammennehmen. Kühnlich ging ich auf ihn los und fragte in, wo man nach der Stadt zu ginge und klagte ihm, daß ich schon lange in dem Walde herumirre. Mein Zustand ging ihm zu Herzen, weil ich durchaus von Kot bespritzt und blässer als der Tod aussah. Er frage mich, ob ich jemanden in dem Walde gesehen? Keine Seele! gab ich zur Antwort. Dann führt' er mich auf das leutseligste in die Straße. Hier traf er zwei von seinen Bekannten an, welche ihm zur Nachricht brachten, daß sie alle Wege des Waldes durchgelaufen wären, ohne etwas außer dem Rocke zu finden, welchen sie ihm hier zeigten.

Ich konnte mir unmöglich das Herz nehmen, ihn wiederzufordern, wie man leicht glauben kann, ob ich gleich sehr wohl den Wert davon wußte. Darauf wurde mein Schmerz heftiger; ich seufzte über den geraubten Schatz, und da ich immer schwächlicher wurde, so ging ich langsamer als gewöhnlicherweise, ohne daß die Bauern auf mich achtgaben.

Ich kam deswegen sehr spät in die Stadt, und da ich zur Herberge hineinging, so fand ich den Ascylt auf einem Bette halbtot ausgestreckt liegen; ich selbst fiel auf ein andres Bett und war nicht imstande, ein Wort hervorzubringen. Erschrocken darüber, daß er den mir anvertrauten Rock nicht sah, fragt' er mich hastig, wo ich ihn hätte; Ich aber ganz ohnmächtig entdeckt' ihm mit betrübten Augen, was ich mit der Stimme nicht sagen konnte; und da endlich nach und nach meine Kräfte wiederkamen, erzählt' ich ihm den ganzen Unglücksfall. Er aber glaubte, ich scherze; und obgleich ein ganzer Strom von Tränen meine Aussage bekräftigte, so zweifelte er nichtsdestoweniger an der Wahrheit davon und glaubte, ich wollte ihn um das Gold betrügen. Giton, der dabeistand, war ebenso traurig als ich darüber, und der Schmerz meines Lieblings vergrößerte meine Traurigkeit. Und noch mehr wurd' ich gefoltert, wie ich daran dachte, daß man uns nachstelle.

Ascylt war deswegen unbesorgt, da ich ihn daran erinnerte, weil er sich glücklich aus der Gefahr gewickelt hatte. Er war völlig überzeugt, daß wir sicher wären, indem man uns nicht kenne und nicht gesehen habe. Doch wollten wir uns krank stellen, damit wir desto länger in unserm Schlafzimmer verweilen könnten, ohne daß man einen Argwohn deswegen auf uns fasse. Aber der Geldmangel zwang uns, wider unsern Entschluß, eher auszugehen, um etwas von unserm Geräte aus Not zu Geld zu machen.[8] –

Schon fing der Tag an abzunehmen, da wir auf den Markt kamen, auf welchem wir einen Haufen von verkäuflichen Sachen antrafen, die eben nicht kostbar waren, deren wandelbare Sicherheit aber die Dunkelheit der Zeit leicht verhehlen konnte. Da wir auch selbst unsern gestohlenen Mantel mitgebracht hatten, so bedienten wir uns der besten Gelegenheit, und hielten in einem Winkel den äußersten Zipfel davon hervor, ob vielleicht das kostbare Gewand einen Käufer an sich ziehen könnte.

Es währte nicht lange, so trat ein Bauer, der meinen Augen nicht unbekannt war, mit einem Weibchen etwas näher hinzu und betrachtete den Mantel genauer. Hingegen heftete Ascylt seine Betrachtung auf die Schultern des Bauern, der zu dem Mantel Lust zu haben schien, und schwieg plötzlich ganz erschrocken stille. Auch ich konnte den Kerl nicht ohne einige Bewegung ansehen; denn er schien mir der nämliche zu sein, welcher den Rock in dem Walde gefunden hatte. Er war es auch wirklich. Aber da Ascylt befürchtete, es möchten ihn seine Augen betrügen, so ging er, als ob er ihn kaufen wollte, etwas näher hinzu, damit er keinen unbesonnenen Streich beginge, nahm den Rock von den Schultern und befühlt' ihn sehr genau. O bewundernswürdiges Spiel des Glückes! Der Bauer hatte sich noch nicht einmal die Mühe genommen, die Nähte zu befühlen, und hatte ihn verächtlich wie einen Bettlerslumpen feil.

Ascylt, wie er den mir anvertrauten Rock unversehrt sah, machte sich nichts aus dem Verkäufer, führte mich aus der Menge ein wenig beiseite und sagte zu mir: »Brüderchen, weißt du, daß der Schatz uns wieder in die Hände gefallen ist, worüber ich mich beklagte? Alles Gold ist noch in jenem Röckchen, wie es scheint; was sollen wir tun? Oder mit welchem Rechte wollen wir unsere Sache uns wieder zueignen?«

Auf einmal fiel mir ein Stein vom Herzen. Ich war nicht sowohl wegen des Goldes als deswegen vergnügt, weil mich das Glück von dem schimpflichsten Verdacht befreit hatte. Ich sagte, daß wir nicht nötig hätten, hinterlistig zu handeln, sondern daß wir gerichtlich darum streiten könnten; und wenn der Bauer die fremde Sache ihrem rechten Herrn nicht ausliefern wollte, so müßte man Arrest darauf legen.

Allein was hilft das Recht, wo nur das Geld regiert,
Und wo ein armer Mann stets den Prozeß verliert?
Die wie Catonen und wie Fabiusse leben,
Die werden selbst für Geld oft falsches Zeugnis geben.

Der Ritter gibt das Recht dem, der's gekaufet hat.
Und einer Krämerei gleicht unsre Richterstatt.

Deswegen befürchtete Ascylt die Gesetze. »Und wer«, sagte er, »kennt uns an diesem Orte? Aber wer wird uns auf unser Wort Glauben beimessen? Ich halt' es für das Beste, wenn wir den Rock kaufen, ob er gleich uns gehört, da wir ihn sehr gut kennen. Wir wollen lieber etwas weniger für den Schatz geben, als uns in einen zweifelhaften Streit einlassen.« Aber alles Geld, was wir hatten, bestand in wenig Münze, welche zum Einkauf einiger Wurzeln bestimmt war. Damit uns aber inzwischen die Beute nicht aus den Händen ginge, so wollten wir den Mantel lieber etwas wohlfeiler verkaufen; der größere Wert machte, daß wir diesen Verlust nicht so sehr empfinden durften.

Sobald wir den Preis gesagt hatten, kam das Weib, welches bei dem Bauern mit einem Schleier vor dem Gesichte stand, betrachtete den Mantel auf allen Seiten, riß ihn dann mit beiden Händen zu sich und schrie aus vollem Halse: »Räuber! Räuber!«

Wir im Gegenteil darüber bestürzt fielen über den zerrissenen und schmutzigen Rock her, damit wir nicht müßig dazustehen schienen, und schrien mit eben der Begierde, daß sie uns diesen Rock gestohlen. Aber wir kamen in keine Vergleichung mit ihnen, und das Volk, welches auf dieses Geschrei um uns zusammengelaufen war, lachte ganz natürlich über uns. Auf jener Seite wollte man ein kostbares Gewand wiederhaben, und auf dieser einen zerrissenen Kittel, der nicht einmal wert war, mit guten Lappen ausgeflickt zu werden. Ascylt aber hemmte bald das Gelächter, und sagte, da alles still war: »Wir sehen, daß einem jeden das Seine lieb ist! Sie mögen ihren Mantel wieder nehmen und uns unsern Rock überlassen!«

Obgleich der Bauer und das Weib mit diesem Tausche zufrieden waren, so legten sich doch Advokaten dazwischen, welche gleich nächtlichen Spitzbuben den Mantel erbeuten wollten, und befahlen, daß beides bei ihnen niedergelegt würde; morgen sollte der ganze Streit von den Richtern untersucht werden, nicht der Sachen wegen, über welche wir uns stritten, sondern um herauszubringen, auf welcher Seite der Verdacht des Diebstahls stattfände; denn daran sei am meisten gelegen.

Schon sollten die Sachen einem Dritten übergeben werden; und hier trat, die Götter wissen, was für ein Kahlkopf, der ehemals auch etwas mit Prozessen zu tun gehabt hatte, mit aufgeworfener Stirne hervor und ergriff den Mantel, welchen er künftigen Tag wieder herauszugeben versprach. Übrigens war es sonnenklar, daß diese Spitzbuben nichts anders suchten, als den Mantel wegzufischen und ihn unter sich zu verteilen; denn sie waren schon davon überzeugt, daß wir aus Furcht, des Verbrechens schuldig gemacht zu werden, nicht vor Gericht erscheinen würden. Und das war denn auch völlig das, was wir wollten. Ein Zufall half, den Wunsch beider Teile zu erfüllen. Der Bauer, welcher sich darüber erzürnte, daß wir unsern Lumpen herausforderten, schmiß den Rock dem Ascylt ins Gesicht und befahl, daß wir befreit von aller Klage den Mantel überliefern sollten, welcher allein den Streit ausmachte.

Nun hatten wir, wie wir glaubten, unser Geld wieder, und eilten, so geschwind wir konnten in unsere Herberge zurück, schlossen die Türen zu und lachten nicht weniger über den Scharfsinn des versammelten Volkes als des Bauern und der Frau, daß sie uns so überlistig das Geld wieder zugestellt hatten.

Wie wir den Rock auftrennten und die Goldstücke herauszogen, so hörten wir jemanden den Wirt fragen, was für Leute in sein Haus gekommen wären? Ich erschrak darüber, und wie er wieder fortgegangen war, ging ich hinab zu dem Wirt, um zu wissen, was es wäre. Und da erfuhr ich denn, daß es der Knecht des Prätors gewesen sei, welcher nach seiner Amtspflicht dafür sorgte, daß die Namen der Fremden in die öffentlichen Register eingetragen würden. Dieser habe zwei Fremde in dieses Haus gehen sehen, deren Namen noch nicht aufgeschrieben wären, und deswegen hätte er sich um ihr Vaterland und ihre Beschäftigungen erkundigen wollen.

Der Wirt erzählte mir dieses so gewissenhaft, daß ich besorgte, wir möchteh hier nicht sicher sein; und damit wir nicht erwischt würden, wollten wir lieber ausgehen, und erst bei Nacht wiederkommen.

Wir gingen also fort und befahlen dem Giton, die Mahlzeit zu besorgen.

Da wir im Sinne hatten, die öffentlichen Wege zu vermeiden, so gingen wir durch die einsamen Gegenden der Stadt. Gegen Abend begegneten uns in einem abgelegenen Orte zwei schöne, vornehm gekleidete Damen, welchen wir mit langsamen Schritten bis an eine Kapelle nachfolgten. Sie gingen hinein, und wir hörten daraus ein ungewöhnliches Murmeln, wie Töne, die aus hohlen Gewölben hervorschallen. Die Neugierde trieb uns an, auch in dieses Kapellchen zu gehen. Wir erblickten darinnen verschiedene Weiber, welche in ihrer rechten

Hand große lederne Priapen[9] hielten. Mehr war nicht erlaubt zu sehen; denn sobald sie uns gewahr wurden, erhoben sie ein so großes Geschrei, daß davon das ganze Gewölbe der Kapelle erschüttert wurde. Sie suchten uns darauf zu ergreifen, aber wir flohen mit geflügelten Füßen in unsere Herberge.

Sobald wir die von Giton besorgte Mahlzeit verzehrt hatten, geschah kein kleiner Schlag an unsere Türe, und da wir ganz blaß vor Angst fragten: »Wer da?«, so wurde uns geantwortet: »Mache auf! Gleich sollst du es erfahren!« Indem wir leise darüber uns besprachen, fiel das Schloß von selbst herab und die Türen fuhren plötzlich auseinander. Ein verschleiertes Weib trat herein, und es war das nämliche, welches kurz zuvor bei dem Bauern gestanden hatte.

»Und ihr meintet, mich zu verspotten?« sagte es; »ich bin das Mädchen der Quartilla, deren geheimen Gottesdienst ihr gestört habt. Sehet! sie selbst kommt zu euch und bittet, daß es ihr erlaubt sei, mit euch zu reden. Macht euch keine argen Gedanken deswegen! Sie hält euren Irrtum weder für ein Verbrechen, noch wird sie ihn bestrafen. Vielmehr verwundert sie sich, welcher Gott ihr so artige Jünglinge zugeführt habe.«

Indem wir noch schwiegen und nicht wußten, was wir dazu sagen sollten, kam sie selbst herein, von einem kleinen Mädchen begleitet, setzte sich auf mein Bett und weinte ziemlich lange. Wir sprachen auch nicht eine Silbe zu diesem allen, sondern, ganz außer uns, ließen wir den Tränen den Lauf, welche ihren Schmerz ausdrücken sollten. Da dann endlich dieser stolze Tränenregen herabgefallen war, so ließ sie ihren Mantel von dem majestätischen Haupte herabsinken und drückte hitzig ihre Hände zusammen, daß alle Finger knackten.

»Welch eine Verwegenheit ist das?« sagte sie, »und wo habt ihr diese Geschichtchen und die vorhergegangenen Spitzbübereien gelernt? Bei allen Göttern! Ich habe Mitleid mit euch! Ungestraft hat noch niemand gesehen, was nicht erlaubt war; zumal da unser Land so voll von gegenwärtigen Gottheiten ist, daß man eher einen Gott als einen Menschen finden kann! Doch damit ihr nicht glaubt, daß ich aus Rache hierhergekommen sei, muß ich euch sagen, daß ich mehr durch eure Jugend als durch die mir geschehene Beleidigung gerührt werde; denn unvorsichtigerweise, wie ich noch jetzt glaube, habt ihr dieses unaussöhnliche Verbrechen begangen.

Mich selbst, die ihr diesen Abend so verspottet habt, hat ein so gefährlicher Frost überfallen, daß ich einen Anfall von Fieber befürchtete. Ich suchte deswegen eine Arznei im Schlafe, und darinnen ist mir befohlen worden, euch aufzusuchen, um den Anfall der Krankheit zu schwächen, indem ich euch das Mittel zeigen müßte, welches ihr dabei brauchen solltet.

Aber wegen des Mittels bin ich nicht so sehr beunruhigt; denn eine größere Sorge wütet in meinem Busen, welche mir beinahe das Leben rauben will. Nämlich, ihr möchtet aus jugendlicher Zügellosigkeit bekanntmachen, was ihr in der Kapelle des Priap gesehen habt, und die Geheimnisse der Götter unter das Volk bringen. Ich falle deswegen mit gefalteten Händen vor eure Knie und bitte und flehe, daß ihr diesen nächtlichen Gottesdienst nicht zum Gespött und Gelächter macht und die Geheimnisse so vieler Jahre ausplaudert, welche nicht einmal die Ordensschwestern alle wissen.« –

Nach dieser Beschwörung rollten die Zähren wieder aus den Augen, und von tiefgeholten Seufzern erschüttert, fiel sie mit Gesicht und Brust auf mein Bett. Zu gleicher Zeit voll von Mitleiden und Furcht sagt' ich ihr, gutes Muts, und wegen beiden, was sie verlangte, versichert zu sein. Keiner von uns würde diese Geheimnisse entdecken, und wenn ihr überdies Gott ein Mittel wider das Fieber gezeigt hätte, so wollten wir dieser göttlichen Vorsicht auch sogar mit Gefahr unseres Lebens zu Hilfe kommen. –

Nach diesem Versprechen erheiterte sich ihr Gesicht, sie gab mir häufig Küsse, und die Tränen verwandelten sich in Lächeln. Darauf kämmte sie meine herabwallenden Locken mit ihren Fingern. »Nun! so mach' ich denn Friede mit euch!« sagte sie, »und lasse den angefangenen Streit fahren. Wenn ihr nicht ja zu der Arznei gesagt hättet, welche ich von euch verlange, so waren schon viele auf morgen bereit, welche meine Beschimpfung und meine Würde würden gerächt haben.

Erhaben ist es zu verzeihn!
Und schändlich ist's, verachtet sich zu sehen!
O, das soll immer meine Ruhe sein,
Daß, welchen Weg ich will, auch mächtig bin zu gehen!
Ein Weiser stillt den Streit
Sehr klüglich durch die Gefälligkeit,
Und ohne Köpf' herabzuschlagen,
Weiß er den Sieg davonzutragen!«

Darauf schlug sie die Hände zusammen und fing plötzlich so heftig zu lachen an, daß wir ihretwegen besorgt waren. Ebenso macht' es auch die Magd auf der andern Seite; und ebenso das kleine Mädchen, welches zugleich mit ihr hereingegangen war. Alles erschallte von einem mimischen Gelächter. Wir konnten nicht begreifen, woher diese schleunige Veränderung der Seelen entstanden; bald sahen wir uns an, und bald sie.

Endlich nahm Quartilla wieder das Wort und sagte: »Ich habe Befehl gegeben, daß keinem Sterblichen der Zutritt in diese Wohnung heute verstattet werde, damit ich das Mittel wider das Fieber, ohne durch etwas unterbrochen zu werden, von euch empfangen könne.«

Wie sie dieses ausgesprochen hatte, so stutzte Ascylt ein wenig; ich aber, kälter als Alpenschnee, konnte kein Wort hervorbringen. Doch machte die Begleitung, daß ich nicht noch was Traurigeres erwartete; denn es waren nur drei Weibchen, die, wenn sie sich etwas unterfangen wollten, zu schwächlich waren, gegen uns nämlich, denen, wenn wir weiter auch nichts Männliches an uns hatten, doch das Geschlecht zustatten kommen mußte. Und gewiß! wir waren auch ganz gut zum Streite gerüstet. Ich hatte sogar die Einteilung schon gemacht, wenn's losgehen sollte; ich selbst nahm die Quartilla auf mich, Ascylt die Magd und mein Giton das kleine Mädchen.

Indem ich dieses reichlich überlegte, umarmte mich Quartilla, damit ich anfangen sollte, ihr Fieber zu stillen. Da aber ihre Hoffnung fehlschlug, so ging sie wütend hinaus, kam gleich darauf wieder zurück mit unbekannten Kerlen, und von diesen wurden wir angepackt und in den prächtigsten Palast geführet.

Hier verließ uns alle Standhaftigkeit; wir waren so sehr niedergeschlagen, daß uns vor dem nicht mehr zweifelhaften Tode grün und gelb vor den Augen wurde.

Endlich sagt' ich zu ihr: »Gnädige Frau, wenn du noch etwas Traurigeres im Sinne hast, so vollbringe es nur geschwind, denn unser Verbrechen ist doch wohl nicht so groß, daß wir schon von der Erwartung sterben sollen!«

Die Magd, welche Psyche hieß, breitete mit allem Fleiß ein Bettchen aus und strich und rieb meine Weichen, in welche aber der Frost von einem tausendfachen Tode geschlagen war. Ascylt kroch mit seinem Kopf in einen Mantel, indem er nun sehr wohl einsah, wie gefährlich es sei, wenn man die Geheimnisse anderer entdecken wolle.

Unterdessen machte Psyche zwei Bänder von ihrem Busen los[10] und band uns Hände und Füße damit zusammen. »Auf diese Art«, sagt' ich, »wird deine Frau nicht zur Erfüllung ihrer Wünsche gelangen können, wenn wir so gefesselt liegenbleiben sollen.« »Du hast recht!« sagte die Magd, »aber ich habe andere und sichere Mittel bei der Hand!« Und plötzlich brachte sie ein Gefäß voll Ständelwurzelessenz herbei, und durch viele Possen und leichtfertige Reden brachte sie mich dahin, daß ich beinahe alles, was im Gefäß war, ausleerte; und weil kurz zuvor Ascylt ihren Liebkosungen kein Gehör gegeben hatte, so schüttete sie den Rest ohne sein Wissen auf seinen Rücken.

Wie alles vorbei war, rief Ascylt: »Bin ich nicht wert, daß ich auch einmal trinke?« Psyche, welche ich durch mein Lachen verraten hatte, klatschte mit ihren Händen: »Freilich, mein junger Herr«, sagte sie, »hab' ich dir's vorgesetzt!« Und zu mir: »Und du allein hast alles ausgesoffen?«

»Im Ernste« fragte Quartilla,« Enkolp hat alle Ständelwurzelessenz ausgesoffen?« Und lachte auf das schalkhafteste aus voller Brust darüber. Endlich konnte sich sogar Giton des Lachens nicht mehr enthalten, zumal da das kleine Mädchen sich an seinen Nacken hing und dem schönen Jungen, welcher sich gar nicht dawidersetzte, unzählige Küsse gab.

Wir wollten in unsern Leibesnöten um Hilfe schreien, aber wer sollte uns hören? Und da ich: »Bürgerrecht, ihr Römer!« rufen wollte, kam Psyche auf der einen Seite und stach mich mit einer Haarnadel in die Backen, und auf der andern Seite wollte das kleine Töchterchen mit einem Pinsel, welchen es selbst in Ständelwurzelessenz getaucht hatte, den Ascylt umbringen.

Endlich kam noch ein Buhltänzer dazu, mit einem myrtenfarbenen Mäntelchen geputzt und hoch aufgegürtet. Bald trieb er unsere Schenkel voneinander und wollte den Jupiter machen, und bald besudelte er uns mit dem eckelhaftesten Gezünzle, bis endlich Quartilla, mit einer Zauberrute in der Hand und hoch aufgeschürzt, unserer Marter ein Ende zu machen befahl. Dann mußten wir beide auf das feierlichste schwören, daß dieses entsetzliche Geheimnis ewig unter uns bleiben sollte. Darauf traten verschiedene Aufwärterinnen herein und salbten uns, die wir vom Angstschweiß troffen, mit herzstärkenden Ölen.

Wie wir von unserer Müdigkeit nach und nach zu uns selbst kamen, so zogen wir die herbeigebrachten Tischkleider an und gingen in den Speisesaal, in welchem drei Betten zubereitet waren und prächtige Tafeln mit herrlichen Speisen besetzt. Wir lagerten uns also auf Befehl zum Mahle, ließen uns die ersten Gerichte überaus wohl schmecken und vergaßen nicht, unsere Gurgeln mit Falerner auszuwaschen. Und da wir noch von vielen andern Gerichten reichlich zu uns genommen hatten, fielen wir, weil es uns so gütlich tat, in einen sanften Schlummer. »Ei! ei!« rief Quartilla, »so, ist euch der Schlaf in den Sinn gekommen? Wisset ihr nicht, daß diese Nacht die Mette des Priap[11] muß gefeiert werden?« Und da Ascylt, von so vielen Strapazen eingeschläfert, nicht erwachen wollte, so kam die Magd, welche noch nicht gut auf ihn zu sprechen war, weil er ihr kein Gehör hatte geben wollen, und schmierte über sein ganzes Gesicht Kühnruß, und da er nichts davon empfand, bemalte sie ihm Lippen und Schultern mit toten Kohlen.

Auch mich, von so vielen Übeln abgemattet, hatte jetzt ein kleines Schlummerchen angewandelt, und in und außer dem Saale war alles im Hause eingeschlafen. Einige hatten sich denen, welche in den Betten schliefen, vor die Füße hingelagert, andere hatten sich an die Wände gelehnt, und noch andere schnarchten auf den Türschwellen mit zusammengesteckten Köpfen. Auch die Lampen wollten einschlafen und flimmerten aus Mangel der Nahrung kaum noch ein wenig Licht von sich, als zwei syrische Sklaven, welche eine Flasche erbeuten wollten, sich an den Tisch schlichen. Indem sie sich heißdurstig die Flasche zwischen den silbernen Gefäßen aus den Händen reißen wollten, zerrissen sie sie. Der Tisch fiel samt dem Silber um, und ein Becher fiel auf den Kopf einer Magd, welche in einem Bette daneben schnarchte, und schlug ihr ein Loch hinein; zugleich fing sie heftig an zu schreien, weckte einen Teil der

Betrunkenen auf und verriet die Diebe. Nachdem diese Syrer, welche Beute hatten machen wollen, sahen, daß sie im Garne wären, so fielen sie blitzschnell an ein Bett, daß man glauben konnte, sie wären schon dagewesen, und schnarchten, als wenn sie schon lange geschlafen hätten. Auch der Erztruchseß wurde davon aufgeweckt und goß in die sterbenden Lampen frisches Öl; die kleinen Mundschenken wischten sich die Augen aus und gingen wieder zu ihrem Dienste.

Indem trat eine Zymbelspielerin herein, schlug ihre Zymbeln zusammen und weckte alles auf. Der Schmaus wurde wieder erneuert, die noch taumelnde Quartilla befahl zu trinken, und die Zymbelschlägerin ermunterte uns, ihrem Befehle mit Vergnügen zu folgen.

Nun trat noch ein getreuer Bruder von dem Buhltänzer, der abgeschmackteste Kerl auf der ganzen Welt, herein. Er schickte sich völlig für dieses Haus. Nachdem er ein Händeklatschen zum Vorspiel gemacht hatte, so sang er folgendes Liedchen:

»Her ins Gewehr! Hierher ihr ausgelernten Brüder,
Die eine Meisterhand in Delos einst verschnitt!
Auf! Rüstet euch zum Streit und salbet alle Glieder!
Spannt an den Fuß und lauft! Die Ferse fliege mit!
Ihr weichen Brüder her! Ihr müßt von Salbe düften!
Hierher mit glatter Hand, gelenkigen Schenkeln und Hüften!«

Sobald er das Liedchen gesungen hatte, besudelte er mich mit dem unreinsten Kusse; und gleich darauf fiel er über das Bett her, entblößte mich mit Gewalt und wackelte lange ohne Frucht auf mir herum. Schweiß lief wie Bäche von seiner Stirne herab, und zwischen den Runzeln seiner Wangen klebte so viel Schminke, daß man sie für Wände halten konnte, welche der Regen abgespült hat. Ich konnte mich nicht länger der Tränen enthalten, sondern, bis zur äußersten Traurigkeit gebracht, sagt' ich zur Quartilla: »Gewiß, Madame, hast du das diesem Zünzler befohlen?«

Darauf schlug sie lachend die Hände zusammen und schrie: »O, du witziger Kopf! Du Quelle der feinsten Scherze! Was? Du weißt noch nicht, daß der Buhltänzer dafür bezahlt wird?« Darauf sagte ich ihr, damit es meinem Kameraden nicht besser gehen möchte: »Und du kannst es geschehen lassen, daß Ascylt allein in seinem Bette rastet?«

»Du hast recht!« sagte sie und gab dem Tänzer einen Wink. Auf diesen Befehl stieg der Bereiter auf sein andres Pferd und wollte mit Küssen und Schenkeln den Ascylt ermorden. Giton sah diese Dinge alle mit an und wollte vor Lachen zerbersten.

Wie ihn Quartilla ins Gesicht bekam, so war sie begierig zu wissen, wem der Junge sei. Wie ich ihr sagte, er sei mein Bruder; so sagte sie: »Warum hat er mich denn noch nicht geküßt?« Sie rief ihn darauf zu sich, hielt seine Lippen an ihren Mund, steckte darauf ihre Hand unter sein Röckchen, und nachdem sie alles befühlt und betastet hatte, sagte sie: »Er ist noch in der ersten Blüte! Morgen soll er mir ein Vorspiel zum Genuß der vollen Wollust machen! Eine Europa setzet sich nicht von ihrem Stiere auf ein Böckchen.«

Indem sie das sagte, näherte sich Psyche lächelnd ihren Ohren und da sie ihr, ich weiß nicht was, hineingeflüstert hatte, so sagte Quartilla: »Ja! ja! O, vortrefflich! Es ist die schönste Gelegenheit dazu da, warum soll unsere Pannychis nicht entjungfert werden?«

Im Augenblick wurde ein allerliebstes Kind hervorgeführt, welches nicht mehr als sieben Jahre zu haben schien. Es war das nämliche Mädchen, welches mit der Quartilla in unser Zimmer trat. Alle klatschten einmütiglich, und alle brannten vor Begierde, diese Hochzeit mitanzusehen. Ich erstaunte ganz darüber und versicherte aufs heiligste, daß Giton, der schamhafteste Knabe, noch nicht imstande wäre, diese schlüpfrige Szene mitzumachen; und daß dieses Kind noch nicht erdulden könne, was eine Braut ausstehen müßte.

»So!« sagte Quartilla, »ist sie irgend kleiner, als ich gewesen bin, da ich's zum erstenmal probiert habe? Frau Juno soll mich strafen, wenn ich mich entsinnen kann, jemals eine Jungfer gewesen zu sein! Als Kind braucht' ich Kinder dazu, und wie ich nach und nach älter wurde, größere Jungen, und so stieg ich von Grad zu Grad damit, bis ich endlich dieses Alter erreicht habe. Ich glaube auch, daß daher das Sprichwort entstanden sei:

Ein Mädchen, das zuerst ein Kälbchen hat getragen,
Kann nach und nach es auch mit einem Ochsen wagen.«

Damit also meinem Lieblinge ohne mein Wissen nichts zuleide geschehen möchte, so stand ich auf, die Hochzeitsfeierlichkeiten selbst mitzubegehen.

Schon hatte Psyche dem Mädchen das Köpfchen mit einem rosenfarbenen Schleierchen verhüllt; schon trug der Tänzer der Wollust Hymens Fackel vor; schon war das Brautbett bereitet; schon gingen die Weiber, vom Bacchus begeistert, in einem langen Zuge und klatschten und sangen, wie ihnen der Tänzer vorsang.

»Hymen! O, Hymen!
Steige herab vom Olymp!
Gib der reinsten Braut,
Welche du je auf Erden
In das Bett der Wollust geführt –
Gib ihr den süßesten Nektar des Lebens zu trinken!

Hymen! O, Hymen!
Steige herab vom Olymp!
Deine Bräute waren alle
Älter, als dieses Bräutchen!
Steige herab vom Olymp!
Hymen! O, Hymen! O, Hymen!

Öffne doch das Rosenknöspchen
Alle Blätterchen sind verhüllt,
Wenn es soll den Nektartau des Lebens trinken!
Öffne doch das Rosenknöspchen
Hymen! O, Hymen! O, Hymen! O, Hymen«

Quartilla, durch diese Scherze zur Wollust angeflammt, ergriff den Giton und zog ihn ins Hochzeitsbett. Man kann leicht vermuten, daß sich der Schelm nicht lange bitten ließ; auch dem Mädchen wurde nicht Angst bei dem Worte Hochzeit.

Wie sie zusammen im Bette eingesperrt lagen[12], so traten wir vor die Türe des Kämmerleins, und insbesondere guckte Quartilla mit neugierigen Augen durch einen boshaft geritzten Spalt und bemerkte so genau alle Bewegungen des kindlichen Spieles, daß ihr selbst das Maul danach wäßrig wurde. Zärtlich drückte sie mir die Hand, indem sie mich eben diese ihre Augenweide wollte mitgenießen lassen; und weil wir deswegen unsere Köpfe berühren mußten, so regnete sie gleichsam verstohlene Küsse auf mich, wenn wir nicht zusahen, und lächelte lieblich dazu. –

Ich wurde von der Geilheit derselben so ermüdet, daß ich auf Mittel und Wege dachte, wie wir von ihr loskommen wollten. Ich sagte dem Ascylt meine Meinung, welchem sie sehr wohl gefiel, denn er hatte keine Lust mehr, sich von der Psyche noch länger quälen zu lassen. Es würde auch sehr leicht angegangen sein, wenn nicht Giton in die Hochzeitskammer wäre gesperrt gewesen; wir wollten ihn mit uns nehmen und der Ausgelassenheit der Buhlerinnen entziehen.

Indem wir voller Sorge darüber Rat hielten, fiel Pannychis aus dem Bette, und Giton mußte mit hinterdrein; doch blieb er unbeschädigt. Das Mädchen aber, welches eine leichte Wunde an dem Kopf bekommen hatte, schrie so sehr, daß Quartilla, ganz erschrocken darüber, eilends hinzulief und uns Gelegenheit gab, uns davonzumachen. Wir zögerten auch nicht, sondern flohen nach unserer Herberge, und sobald wir da waren, warfen wir uns in die Betten und schliefen die übrige Nacht ohne Furcht.

Da wir den folgenden Tag ausgingen, trafen wir zwei von den Kerlen an, welche uns zur Quartilla gebracht hatten. Sobald sie Ascylt erblickte, griff er den einen tapfer an, und da er diesen zu Boden geworfen und heftig verwundet, kam er mir zur Hilfe, der ich mich mit dem andern herumprügelte. Dieser wehrte sich aber so tapfer, daß er uns beide, aber nur sehr leicht, verwundete, und glücklich entwischte.

Schon war der dritte Tag erschienen, an welchem bei

dem Trimalcion freie Tafel sollte gegeben werden; da wir aber einige Wunden erhalten, so wollten wir lieber nach Hause gehen, als länger uns hier verweilen. Wir eilten also nach Hause, und da unsere Wunden nicht viel zu bedeuten hatten, so heilten wir sie leicht mit Öl und Wein.

Der eine Kerl aber lag noch auf dem Platze, und wir waren voll Furcht, man möchte uns entdecken. Traurig beratschlagten wir uns, wie wir den gegenwärtigen Sturm abwenden wollten, als uns ein Sklave des Agamemnon durch seine Ankunft erschreckte. »Wie?« sagte er, »ihr wißt nicht, was heute vor sich geht? Trimalcion, der prächtigste Mann, hat schon seine Uhr auf der Tafel stehen, und der Trompeter ist schon bestellt, damit er immer wisse, wieviel er von seinem Leben verloren habe.« Wir plauderten also miteinander und kleideten uns an, vergaßen alle Übel und baten den Giton, welcher gern das Amt eines Sklaven bis hierher bei uns über sich genommen hatte, uns in das Bad zu folgen.

Unter vertraulichen und scherzhaften Gesprächen wandelten wir fort und gelangten zu den Spielplätzen. Auf einmal erblickten wir einen alten Kahlkopf in einem roten Gewande, welcher mit langhaarigen Knaben grüne Bälle schlug. Aber nicht sowohl die Knaben, ob es gleich der Mühe wert war, sondern der Herr selbst in seinem roten Rocke und seinen Sohlen, welcher sich das Ballspiel sehr angelegen sein ließ, zog unsere Aufmerksamkeit auf sich.

Kein Ball durfte wieder ins Spiel kommen, welcher einmal die Erde berührt hatte, sondern ein Sklave trug einen Korb voll davon, welcher den Spielern hinreichend war. Wir bemerkten überdies noch etwas Ungewöhnliches. Zwei Verschnittene standen auf verschiedenen Seiten des Zirkels, von welchen der eine einen silbernen Pißtopf in der Hand hatte und der andere die Bälle zählte, nicht diese, welche sie mit dem Spiel ihrer Hände in die Luft trieben, sondern diejenigen, welche auf die Erde herabfielen.

Da wir alle diese Herrlichkeiten bewunderten, kam Menelaus zu uns gelaufen und sagt' uns: »Das ist er, bei welchem ihr speisen werdet! Und was? Ihr habt ja schon den Anfang der Mahlzeit gesehen.« Noch hatte Menelaus nicht ausgeredet, als Trimalcion, der prächtigste Mann, mit den Fingern schnipste. Auf dieses Zeichen setzte der Verschnittene dem Spielenden einen Pißtopf unter. Er leerte nun die Blase aus. Darauf forderte er Wasser in die Hände und trocknete die damit bespritzten Finger an den Haaren eines von den hübschen Jungen.

Es würde mir zu lange gewährt haben, wenn ich auf alles einzelne hätte Achtung geben wollen. Wir gingen also ins Bad, und da wir schon anfingen zu schwitzen, gingen wir ein wenig zu dem kalten über. Schon wurde Trimalcion, von Salbe durchgossen, nicht mit leinenen, sondern mit den feinsten wollenen Tüchern gerieben. Unterdessen zechten drei Bader in seiner Gegenwart Falerner; und da sie während eines heftigen Zankes ihn verschütteten, so nannte dieses Trimalcion eine Gesundheit, ihm zur Ehre getrunken.

Darauf wickelte man ihn in einen Scharlachmantel und setzt' ihn in eine Sänfte. Vor ihm her gingen vier prächtig geputzte Läufer und eine kleinere Sänfte, in welcher seine Wollust sich befand, ein alter triefäugiger Junge, welcher häßlicher als sein Herr Trimalcion selbst war. Wie er zu ihm gebracht wurde, so neigte er sich mit einem ganz kleinen Flötchen zu ihm und blies den ganzen Weg darauf fort, als wenn er ihm etwas Heimliches ins Ohr sagte. Wir gingen hintendrein, schon satt vor Verwunderung, und gelangten mit dem Agamemnon vor die Pforte seines Palastes, an deren Pfeiler ein Täflein mit folgender Aufschrift angeschlagen war:

WELCHER SKLAVE OHNE GEHEISS DES HERRN HERAUSGEHT, SOLL HUNDERT STREICHE EMPFANGEN.

In dem Eingang aber selbst stand ein grün gekleideter Pförtner mit einem kirschfarbenen Gürtel und wusch in einer silbernen Schüssel Erbsen; und über ihm hing ein goldner Käfig, in welchem eine gesprenkelte Elster die Eingehenden bewillkommte. Indem ich alles dieses so angaffe, wär' ich bald hinterrücks umgefallen und hätte meine Beine zerbrochen; denn im Eingange, nicht weit von der Zelle des Türhüters, war ein ungeheurer Kettenkund abgemalt, und mit großen Buchstaben darüber geschrieben:

»NIMM DICH VOR DEM HUND IN ACHT!«

Meine Herren Kollegen lachten mich alle aus. Ich aber, da ich wieder zu mir selbst kam, unterließ nicht, die ganze Wand zu untersuchen. Es war ein Gemälde von einem Sklavenmarkte darauf, und Trimalcion selbst war noch mit Haaren und einem Friedensstabe in den Händen vorgestellt, indem ihn Minerva auf einem Wagen eben nach Rom hineinführte. Ferner war noch dazu gemalt, wie er rechnen gelernt hätte und Schatzmeister geworden wäre. Alles hatte der Maler sehr künstlich mit

Überschriften versehen, damit man wissen könnte, was es bedeuten solle. Am Ende der Galerie hob ihn Merkur bei dem Kinne auf einen erhabenen Richterstuhl. Fortuna mit einem Füllhorn, das auf allen Seiten überfloß, war daneben und die Parzen, welche goldene Fäden spannen.

Noch sah man in der Galerie einen Haufen von Wettläufern mit ihrem Lehrmeister sich üben. Überdies sah ich noch in einem Winkel einen Schrank, in welchem silberne Hausgötter standen und eine Venus von Marmor und ein nicht kleines goldnes Büchschen, in welchem, wie man mir sagte, sein erster Bart aufbewahrt wurde.[13]

Ich fragte den Hofverwalter, was für Gemälde mitten in der Galerie wären, und er gab mir zur Antwort: »Die Iliade und Odyssee und noch einige Fechterkämpfe.« – Es war keine Zeit mehr übrig, alles zu betrachten, denn wir waren nun schon im Speisesaale, in dessen Vorderteil der Zahlmeister seine Rechnungen empfing. Das, worüber ich mich am meisten verwunderte, waren Büschel mit Beilen, welche an den Pfeilern des Saales befestigt hingen, und gleichsam mit einem ehernen Schiffsschnabel sich endigten, auf welchem zu lesen war

»DEM GN. POMPEIUS TRIMALCION
KAISERLICHEN MINISTER CINNAMUS
DER SCHATZMEISTER.«

Unter dieser Aufschrift hing eine doppelte Nachtlampe, und an beiden Pfeilern waren noch zwei Täfelchen befestigt, auf dem einen stand, wenn ich mich recht besinne,

DEN DRITTEN UND DEN LETZTEN TAG
VOR DEM JÄNNER SPEIST UNSER GNEIUS
NICHT ZU HAUSE!

Auf dem zweiten waren der Lauf des Mondes und die sieben Wandelsterne abgemalt, und welche Tage gut, und welche bös waren, mit einem Zeichen bemerkt.

Da wir an diesem allen unsern Geist geweidet hatten und in den Speiseaal treten wollten, schrie einer von den Knaben, welchem dieses Amt war aufgetragen worden: »Mit dem rechten Fuße!«[14] Ohne Zweifel wurd' uns ein wenig bange, damit keiner wider den Befehl sich verginge. Wie wir zu gleicher Zeit miteinander mit dem rechten Fuße hineingeschritten waren, so fiel uns ein entkleideter Sklave zu Füßen und bat uns, wir möchten ihn doch von der Strafe befreien! Sein Verbrechen sei nicht groß, weswegen er in Gefahr stünde, denn im Bade wären ihm die Kleider des Schatzmeisters weggestohlen worden, welche nicht viel wert gewesen.

Wir gingen also mit den rechten Füßen wieder zurück und baten den Schatzmeister, welcher in seiner Amtsstube war und Goldstücke zählte, daß er dem Sklaven die Strafe schenken möchte. Mit stolzer Miene hob er sein Gesicht empor, und sagte: »Aus dem Verluste mach' ich mir gar nichts, aber die Nachlässigkeit dieses Schurken von Sklaven ärgert mich. Er hat mich um die Schlafkleider gebracht, welche mir ein Klient aus Dankbarkeit auf meinen Geburtstag geschenkt hatte; ohne allen Zweifel waren sie echt Tyrisch, und nur einmal gewaschen. Doch es mag sein, wie es will, auf eure Bitte soll der Schurke Gnade haben.«

Wir statteten für diese große Wohltat unsern verbindlichsten Dank ab, und wie wir wieder in den Speisesaal traten, so lief uns eben der Sklave entgegen, für welchen wir gebeten hatten, und überhäufte uns mit Küssen, so, daß wir darüber erstaunten, und bedankte sich für unsere Menschenliebe. »Kurz!« sagte er, »Ihr sollt gleich wissen, wem ihr diese Wohltat erwiesen habt! Der beste Wein des Herrn soll sich für den Mundschenken bedanken.«

Endlich lagerten wir uns denn zu Tische und alexandrinische[15] Buben gossen uns Schnee in die Hände[16], andere wuschen unsere Füße damit und reinigten mit außerordentlicher Behutsamkeit die Nägel. Und nicht einmal bei dieser beschwerlichen Arbeit schwiegen sie, sondern sangen immer dazwischen. Ich wurde dadurch begierig zu erfahren, ob alles im Hause sänge. Also forderte ich was zu trinken. Im Augenblick war ein Knabe da und empfing mich mit einer ebenso falschen Stimme; und so macht' es jeder, von dem man etwas verlangte. Man konnte das Zimmer für ein Theater voll Pantomimen, und nicht für das Speisezimmer eines Hausvaters halten.

Unterdessen brachte man die erste Tracht, welche prächtig anzusehen war. Alle lagen zu Tische, außer dem einzigen Trimalcion, welchem man den ersten Sitz, nach einer neuen Mode, vorbehielt. Sie bestand in einer Art von Auftrage, welcher die Figur eines Esels von Korinthischem Erze hatte. Auf ihm lag ein Queersack mit Oliven, auf der einen Seite waren weiße und auf der andern schwarze. Den Esel selbst bedeckten zwei Becken, in deren Rand der Name Trimalcion und das Gewicht des Silbers eingeschrieben war. Auf kleinen mit Stahl ausgelegten Tellerchen lagen große, in Honig eingemachte Haselnußkerne, mit Magsamen bestreut, und noch rauchende Bratwürste auf einem silbernen Roste, und unter dem Roste syrische Pflaumen mit Granatapfelkernen.

Mit diesen herrlichen Gerichten waren wir beschäftigt, da Trimalcion selbst mit einer Symphonie herbeigebracht und auf einen Haufen kleiner Kopfkißchen gesetzt wurde. Viele lachten unbesonnen über ihn; denn sein geschorener Kopf guckte possierlich aus seinem Scharlachmantel, und an seinen damit beschwerten Nacken hatte man eine Serviette mit Purpur bebrämt gesteckt, von welcher auf allen Seiten Fransen herabhingen. Auch trug er an dem kleinen Finger seiner linken Hand einen großen, mit Gold überzogenen Ring, und an dem äußersten Gliede des folgenden Fingers einen kleinern, welcher mir ganz von Golde zu sein schien und mit vielen stählernen Sternchen belegt war. Damit er noch mehr Reichtümer zeigen könnte, so entblößte er den rechten Arm, mit einem goldenen Bande und einem elfenbeinernen Ringe geziert, den blendende Kettchen zusammenhielten.

Wie er darauf mit einem silbernen Zahnstocher seine Zähne ausstocherte, sagte er: »Angenehm war es mir zwar noch nicht, meine Freunde, zu Tische zu kommen, aber damit ich euch nicht zu lange warten ließe, hab' ich mir alles Vergnügen versagt. Doch werdet ihr mir erlauben, daß ich das Spiel zu Ende bringe.« Darauf kam ein Knabe mit einem Brett von Terebintinischem Holze und mit Würfeln von Kristall, und hier bemerkt' ich den allerfeinsten Geschmack; denn statt der weißen und schwarzen Steine hatt' er goldene und silberne Münzen. Unterdessen, da er alle Steine seines Feindes wegschlug, und wir uns es noch wohlschmecken ließen, wurde ein Brett mit einem Korbe aufgetragen, in welchem eine hölzerne Henne war, die ihre Flügel in einen Kreis ausbreitete, wie sie zu sein pflegen, wenn sie Eier ausbrüten. Zugleich kamen zwei Sklaven und suchten, während einer rauschenden Symphonie, ihr Nest aus, brachten dann Pfaueneier hervor und teilten sie unter die Gäste.

Trimalcion wandte seine Blicke zu diesem Gerichte, und sagte: »Meine Freunde, ich habe einer Henne Pfaueneier unterzulegen befohlen, und, beim Herkules, ich befürchte, daß sie schon besessen seien! Unterdessen wollen wir versuchen, ob sie noch was taugen!«

Darauf ergriffen wir die Löffel, davon einer nicht weniger, als ein halbes Pfund wog[17] und machten damit die Eier auf, welche aus fettem Mehle zubereitet waren. Beinahe warf ich meines aus den Händen, denn es schien mir schon ein junges Pfauchen darinnen zu sein. Wie ich aber von einem alten Gaste hörte: »Darinnen muß wohl was Gutes stecken!«, und ich mit der Hand das Ei gänzlich abgeschält hatte, fand ich den feistesten Ortolan in wohlzugerichtetem und stark gepfeffertem Eidotter liegen. Trimalcion verschob unterdessen das Spiel, und forderte dieses alles auch. Jetzt schrie er mit heller Stimme, daß, wer noch Lust hätte, Honigwein zu trinken, sich nach seinem Gefallen damit bedienen lassen könnte.

Plötzlich wurde darauf ein Zeichen zur Symphonie gegeben, und die Gerichte wurden von einem singenden Chore wie weggezaubert. Da unter diesem Tumulte ein Gefäß herabgefallen war, und es ein Knabe aufhob, so gab Trimalcion, welcher es bemerkte, dem Knaben deswegen Ohrfeigen, und befahl, es wieder hinzuwerfen.

Gleich darauf kam ein Küchenjunge und kehrte das Silber in das Auskehricht.

Darauf traten zwei Mohren mit langen Haaren herein. Sie hatten kleine Schläuche, wie diejenigen zu sein pflegen, mit welchen man den Sand auf dem Amphitheater befeuchtet, und schenkten Wein in die leeren Gläser; denn hier wurde kein Wasser gereicht.

Wegen dieser Tracht wurde unser Herr Wirt gerühmt und gepriesen. Darauf sagte er: »Mars liebt die Gleichheit!« und befahl, daß jedem eine eigene Mahlzeit gebracht würde. Den Augenblick gehorchten die Sklaven seinem Befehle, und indem sie sich fast alle auf einmal entfernten, wurde die Luft ein wenig kühler dadurch gemacht.

Darauf brachten sie gläserne Flaschen, welche man sehr sorgsam vergipst hatte, auf deren Stöpseln diese Aufschrift zu lesen war.

»HUNDERTJÄHRIGER OPIMIANISCHER
FALERNER.«[18]

Indem wir diese Aufschrift lasen, schlug Trimalcion die Hände über den Kopf zusammen und rief:

»Ach! ach! also lebt der Wein länger, als ich Menschlein? – Trinket, Freunde, soviel ihr könnt! Verwandeln wir uns in ihn! Wein ist Leben! Auf meine Ehre! es ist echter Opimianer! Gestern hab' ich keinen solchen hergegeben! Und ich hatte eine viel vornehmere Gesellschaft bei mir.«

Indem wir also tranken und das prächtigste Gastmahl bewunderten, brachte ein Sklave ein silbernes Totengerippe herbei, welches so künstlich zubereitet war, daß man den Rücken und alle Glieder auf allerlei Art bewegen konnte. Nachdem er es auf dem Tische hin und her geworfen hatte, und durch die bewegliche Verbindung einige besondere Figuren entstanden, sang Trimalcion:

»Ach! ach! Wir Armen! Ach!
Ach! Dies Gerippe müssen wir auch werden!
Das ganze Menschlein ist ein Nichts auf Erden!
Sein Leben fließt dahin, als wie ein Schmerlenbach!
Dem finstren Orcus sind wir allesamt zum Raube!
Drum lebet wohl! Und trinkt den Saft der süßen Traube!«

Wir klatschten allgemeinen Beifall dazu. Nun folgte eine Tracht, welche unserer Erwartung nicht entsprach; doch zog sie durch ihre Neuheit aller Augen auf sich. Es kam eine runde Maschine, in welcher die zwölf himmlischen Zeichen in einem Kreis geordnet waren, auf deren jedes der Künstler eine Speise gelegt hatte, welche ihm zukam. Auf den Widder Kichererbsen; auf den Stier ein Stück Ochsenfleisch; auf die Zwillinge Hoden und Nieren; auf den Krebs eine Krone; auf den Löwen eine afrikanische Feige; auf die Jungfrau einen Schinken; auf die eine Schale der Waage eine Pastete und auf die andere einen Kuchen; auf den Skorpion ein Seefischchen; auf den Schützen einen Hasen; auf den Steinbock eine Meerspinne; auf den Wassermann eine Gans; auf die Fische zwei Barben; in der Mitte aber war ein grüner ausgeschnittener Rasen, auf welchem ein Honigwabe lag. Ein ägyptischer Junge trug auf einem silbernen Teller Brot herum und sang mit einer abscheulichen Stimme ein Liedchen zum Lobe der besten Brühen. Wie wir mit keinem allzugroßen Appetit diese Speisen versuchten, so sagte Trimalcion: »Die Speisen machen die Mahlzeiten nicht allein aus, wir müssen auch essen!«

Wie er dieses gesagt hatte, erscholl eine Symphonie, und vier Sklaven nahmen unter Luftsprüngen den obern Teil der Maschine weg, als wenn sie ihn wegbliesen.

Nun kam wieder eine neue Tracht zum Vorscheine. Diese bestand in einem Mischmasch von einem Spanferkel und anderm Fleische und einem Hasen mit Flügeln, damit er dem Pegasus gliche. In den Ecken der Maschine waren vier Faune zu sehen, aus deren Schläuchen Brühe, welche aus den Eingeweiden verschiedener Fische wohl zubereitet war, auf die Fische herunterfloß, die in einem Meerstrudel schwammen.

Wir vergrößerten das Händeklatschen der Familie darüber, und machten uns lachend über diese auserlesenen Dinge her. Trimalcion selbst wurde über diese gute Ordnung vergnügt, und rief: »Lege vor!« Gleich trat ein Vorschneider her, und zerriß nach dem Takte der Symphonie unter vielen Gaukeleien die Speisen; man konnte glauben, er tanze nach einer Sackpfeife auf einem Seile.

Nichtsdestoweniger rief Trimalcion immer mit sehr langsamer Stimme: »Lege vor!« Ich mutmaßte, daß unter dieser öfteren Wiederholung ein Trimalcionischer Scherz stecken müsse, und schämte mich nicht, meinen Nachbar neben mir deswegen zu befragen. Dieser, welcher schon oft an diesem Tische gespeist hatte, sagte mir denn: »Dieser da, welcher das Essen zerteilt, hat den Namen: ›Lege vor‹, sooft also Trimalcion sagt: ›Lege vor‹, so oft nennt und befiehlt er mit einem Worte.«

Ich konnte nichts mehr essen und ließ mich mit diesem in ein Gespräch ein, damit ich mehr erführe. Ich holte weit aus und fragte, wer die Dame wäre, welche dort hin- und herlief. Darauf gab er mir zur Nachricht: »Sie ist die Gemahlin des Trimalcion mit Namen Fortunata. Sie mißt das Geld mit Scheffeln. Und wer war sie vor kurzen? Dein Genius verzeihe mir's! Du hättest keinen Bissen Brot aus ihrer Hand genommen. Jetzt aber, wie? und warum? wissen die Götter, ist sie, wie in dem Himmel, und alles in allem beim Trimalcion. Kurz! wenn es ihr einfallen sollte, am hellen lichten Tage zu sagen: es ist finstre Nacht – so glaubt er's.

Er weiß selbst nicht, was er hat, so ein Erzplutus ist er. Aber diese Prinzessin da gibt dir auf alles Achtung, und wenn du glaubst, sie wäre hundert Meilen von dir, so steckt sie in der Hecke. Sie ist keine Säuferin, mäßig und nicht dumm; aber eine heillose Zunge hat sie; wie einer Elster geht ihr das Mäulchen, wenn sie am Tische liegt. Wen sie liebt, den liebt sie; und wen sie nicht liebt, den liebt sie nicht.

Trimalcion selbst hat Güter, welche kaum ein Reiher überfliegen kann, und Geld auf Geld. In dem Zimmer seines Türhüters liegt mehr Silber, als irgend jemand an Vermögen hat. Und seine Familie – o nein! – ich will des Todes sein, wenn der zehnte Teil davon seinen Herrn kennt! und wem er winkt, der springt zum Fenster hinaus, wenn er es haben will. Du darfst nicht glauben, daß er was einkauft! Alles wächst auf seinem Grund und Boden; Wolle, Wachs, Pfeffer – kurz! wenn du Hühnermilch verlangst, so steht sie den Augenblick da. Wie ihm die Wolle von seinen Schafen nicht gut genug war, so kauft' er Widder von Tarent und ließ seine Herde davon bespringen. Damit er attischen Honig auf seinen Gütern erhielt, mußten Bienen aus Athen herbeigebracht werden, und damit auch zugleich die einheimischen etwas im Vorbeigehen von den griechischen lernen könnten.

Höre nur! Noch binnen diesen Tagen hat er dir aus Indien Pfifferlingsamen verschrieben. Alle seine Maultiere stammen von fremden Eseln. Siehst du die Kissen alle? Alle haben Überzüge von Purpur oder Scharlach. Wie selig muß nicht seine Seele sein!

Nimm dich aber ja in acht, daß du seine Mitfreigelassenen nicht verachtest! Sie stecken alle in der Wolle. Siehst du den, der dort unten am Ende sitzt? Der hat jetzt seine Achtzigtausend! der ist von nichts groß geworden; vor kurzem pflegte er noch Holz zu hacken. Man sagt, ich will es zwar nicht gesagt haben, aber ich hab' es gehört, daß er einen bösen Geist beschworen, ihm einen Schatz zu überlassen, welches denn auch soll geschehen sein. Doch! ich bin nicht neidisch, wenn einem Gott was beschert hat! Aber er steht noch unter der Rute; und weiß sich dabei nicht zu vergessen. So hat er noch neulich dieses angeschlagen:

›GNEIUS POMPEIUS DIOGEN VERMIETET
DEN ERSTEN JULIUS EINEN SPEISESAAL;
DENN DAS HAUS IST JETZT SEIN EIGEN.‹

Und jener, welcher den Platz eines kaiserlichen Freigelassenen dort einnimmt? Wie wohl hat er sich befunden? Ich will ihm nichts Böses nachreden. Er hatte endlich wohl zehnmal soviel, als er anfänglich hatte; aber jetzt steht er auf schwachen Füßen! Er hat weder Treue noch Glauben mehr. Ich glaube, jedes Haar auf seinem Kopfe ist nicht mehr sein eigen. Aber er selbst ist, beim Herkules! nicht schuld daran, denn er ist der beste Kerl von der Welt; die verfluchten Freigelassenen haben ihn ausgezogen. Und ich brauche dir nicht erst zu sagen, daß die Freunde da davonlaufen, wo alles aufgezehrt ist und die Sachen krebsgängig gehen. Und was hat er denn für ein Amt gehabt, daß du ihn so oben ansitzen siehst? Weist du wohl, daß er privilegierter Leichenvogt war? Er pflegte so prächtig wie ein König zu speisen; ganze wilde Schweine samt der Haut; das kostbarste Backwerk, Vögel, Pasteten; bei ihm wurde mehr Wein unter den Tisch geschüttet, als andere Leute im Keller haben. Aber er war ein Meteor, kein Mensch! Da sein Ruin schon völlig war und er verhindern wollte, daß seine Gläubiger nicht den Meister über ihn spielen sollten, so schlug er die Versteigerung seiner Sachen auf folgende Weise an:

›JULIUS PROCULUS WIRD SEINE
ÜBERFLÜSSIGEN SACHEN VERSTEIGERN.‹«

Diese so lieblichen Gespräche unterbrach Trimalcion, denn die Tracht war schon wieder abgetragen, die Gäste hatte der Wein aufgeheitert, und man fing an, sich öffentlich zu unterhalten.

Trimalcion legte sich also auf den Ellenbogen und sagte: »Ihr müßt den Wein angenehm machen! Die Fische müssen schwimmen! Sagt mir einmal, glaubt ihr wohl, daß ich mit dem Gerichte zufrieden gewesen sei, welches ihr im Inneren der Maschine gesehen habt? Kennt ihr den Ulysses? – Nun sagt mir einmal! – Man muß auch bei Tische die Philologie verstehen.

Ruhet sanft, ihr Gebeine meines Patrons, der mich

einen Menschen unter den Menschen hat wollen sein lassen! O! Man kann mir nichts Neues herbeibringen. Von allem hab' ich wie er eine güldene Erfahrung.

Dieser Himmel da, an welchem zwölf Götter im Kreise sich lagern, verändert sich nach ebensoviel Figuren. Jetzt wird er *Widder*. Wer also unter diesem Zeichen geboren wird, der hat viel Vieh und viel Wolle; außerdem einen harten Kopf, eine unverschämte Stirne, ein spitziges Horn. Unter diesem Zeichen werden die Schulmänner und die Ehebrecher geboren.«

Wir bewunderten seine witzige Mathematik; also fuhr er fort: »Dann wird der ganze Himmel ein *Stierlein*. Hier werden die Starrköpfe geboren, Ochsentreiber und die ihrem Bauche opfern.

Unter den *Zwillingen* werden lauter sympathische Seelen geboren, Jochochsen und Anbeter des Priap und Zwischen-zwei-Wändekriecher.

Im *Krebs* bin ich geboren, deswegen steh' ich auch auf vielen Füßen und habe vieles zu Wasser und Lande; denn dieses und jenes paßt auf den Krebs. Deswegen hab' ich auch nichts auf ihn legen lassen als einen sanften Kranz von Rosen, damit ich meinen Schöpfer nicht drücke.

Im *Löwen* werden die Vielfraße geboren und die Herrschsüchtigen.

In der *Jungfrau* die Stutzer, Flüchtlinge und Sklaven.

In der *Waage* Metzger, Salbenmacher und alle Arten von Krämern.

Im *Skorpion* Giftmischer und Assassinen.

Im *Schützen* Spitzbuben, welche mit den Augen liebäugeln und mit den Händen stehlen.

Im *Steinbocke* die Mühseligen, welchen wegen ihrer Übel Hörner wachsen.

Im *Wassermann* die Wirte und Leute, die statt der Seele eine Gurke im Kopfe haben.

In den *Fischen* Köche und Redner.

So geht der Himmel immer wie ein Mühlrad herum und verursacht immer etwas Böses, so wie entweder Menschen gemacht werden oder sterben. Daß ihr aber in der Mitte einen Rasen seht und über dem Rasen eine Honigscheibe – ich tue nichts ohne Ursache! Die Mutter Erde ist in der Mitte, rund ungefähr wie ein Ei, und hat alles Gute in sich, wie eine Honigscheibe.«

»Großer Weiser!« schrien wir alle einstimmig, reckten unsere Finger in die Höhe und schworen, daß Hipparchus und Aratus ihm lange nicht gleich in der Mathematik wären. Endlich kamen Bediente und brachten Leinewand, in welche Netze gestickt waren, und Jäger mit Jagdspießen nebst allem, was zu einer Jagd gehört. Und da wir noch nicht wußten, was es bedeuten sollte, so entstand hinter uns ein entsetzliches Geschrei und spartanische Hunde fingen an, um den Tisch herumzulaufen. Darauf erschien eine Maschine mit einem wilden Schweine von der ersten Größe, und zwar mit einem Hute, in dessen Hauern zwei Körbchen von Palmzweigen geflochten hingen. In dem einen waren schwarze Datteln und in dem andern weiße von Theben. An dieser Sau hingen kleine Mutterschweinchen, von feinem Mehl gebacken, an den Zitzen. Das eine bedeutete eine säugende wilde Schweinsmutter, und die andern einen Nachtisch für die Gäste.

Um das Schwein zu zerlegen, kam nicht der erstere ›Lege vor‹, sondern ein großer bärtiger Kerl mit langen Gamaschen und hieb mit einem Hirschfänger die Wamme der Sau gewaltig entzwei. Im Augenblick war der Saal mit Krammetsvögeln angefüllt, die daraus geflogen waren. Vogler standen schon mit Leimruten bereit und fingen sie als geschickte Jäger über der Tafel weg.

Da Trimalcion befohlen hatte, daß jedem einer davon gebracht würde, so fuhr er weiter fort: »Seht nun auch nach, ob diese wilde Sau ihre ganze Mast verzehrt hat!« Und gleich liefen die Knaben nach den Körbchen zu, welche an ihren Hauern hingen, und teilten schwarze und weiße Datteln nacheinander unter die Gäste aus.

Unterdessen macht' ich viele Betrachtungen darüber, weil ich etwas entfernt saß, warum doch die Sau mit einem Hute hereingekommen wäre; und wie ich alle Fächer meines Hirns ausgesucht hatte und nichts herausbringen konnte, so mußt' ich endlich meinem Dolmetscher entdecken, was mich quälte. Aber er: »Das wird dir auch dein Sklave erklären, denn es ist kein Rätsel, sondern eine offenbare Sache. Diese Sau, da sie gestern sollte verzehrt werden, wurde von den Gästen entlassen und kommt heute als eine Freigelassene wieder zu Tische.« Ich verdammte meine Dummheit und fragte nichts weiter, damit ich nicht das Ansehen gewänne, als sei ich ein Neuling in guter Gesellschaft.

Indem wir so gesprochen hatten, kam ein sehr schöner Junge, mit Weinlaub und Efeu umwunden, und gab sich bald für den Bromius, bald für den Lyäus und Evhius aus und trug in einem Körbchen Trauben herum, und sang die Gedichte seines Herrn mit einer sehr hellen Stimme. Bei diesem Gesange kehrte Trimalcion sein Gesicht zu ihm und sagte: »Lieber Dionys, du sollst *frei sein!*«[19]

Der schöne Knabe zog den Hut von dem Schweine herab und setzt' ihn auf sein Haupt. Drauf fügte Trimalcion wieder hinzu: »Ihr werdet mir nicht widersprechen, wenn ich behaupte, daß Bacchus mein Sohn sei!«[20] Wir erhoben den witzigen Gedanken des Trimalcion und küßten den herumgaukelnden Knaben voll Zärtlichkeit.

Nach diesem Gerichte stand Trimalcion auf und ging in sein geheimes Gemach. Nun waren wir frei! Nun war das Joch dem Geiste abgenommen und wir fingen mit neuem Leben an zu plaudern.

[21]Damas rief zuerst aus, da er einen Becher mit Wein gefordert hatte: »Tag, du bist nichts! Kaum bist du am Himmel, so wird es schon Nacht. Also ist nichts besser, als gerade vom Bette zu Tische zu gehen. – Wahrhaftig! Es hat mich sehr gefroren! Kaum konnte mich das Bad erwärmen. Aber der Wein ist dem Menschen wie ein warmer Pelz! Ich habe ganze Flaschen ausgezecht! Ich bin voll vom Bacchus! Er raset in meinem Gehirne.«

Seleukus fuhr fort: »Und ich bade mich nicht täglich. Das Bad ist eine Walkmühle. Das Wasser hat Zähne, und unser Herz zerrinnt davon; aber wenn ich Honigwein getrunken habe, so widersteh' ich der Kälte wie ein glühender Ofen. Heute konnt' ich aber auch nicht ins Bad gehen, denn ich war bei einer Leiche – der gute Kerl, der schöne Chrysanth hat seine Seele ausgeblasen – Jetzt! jetzt ruft er mich – ich spreche mit ihm! –

Da wandeln wir wie aufgeblasene Schläuche herum, und sind kleiner als Mücken. Diese haben doch noch etwas Gutes! Wir aber – wir sind weiter nichts als Wasserblasen! – O wenn er doch nicht so enthaltsam gewesen wäre! Fünf Tage lang hat er keinen Tropfen Wassers in den Mund genommen – nicht einen Brosamen – und doch ist er aus der Welt gegangen! – Aber die vielen Ärzte haben ihn ums Leben gebracht – Doch, vielmehr sein böses Schicksal! Ein Arzt ist nichts anderes als ein Seelentrost. Aber er ist dennoch hinausgetragen worden, ob er gleich in einem guten Bette wohl gepflegt und gewartet worden ist. Man hat ihn herzlich bedauert. Er hat einigen die Freiheit geschenkt. Sogar seine Frau hat einige Zähren herabrollen lassen, obgleich sehr heimtückischerweise. Was hätte sie anfangen wollen, wenn er sie nicht zärtlich ertragen hätte?

Aber ein Weib gehört zu der Art von Raubvögeln! Man darf keinem gut sein! Man wirft seine Wohltaten in den Born! Aber die alte Liebe ist ein Kerker!«

Phileros, der uns sehr ungelegen kam, rief hier aus: »Laßt uns an die Lebendigen gedenken! Der hat, was ihm gebührt! Ehrlich hat er gelebt, und ehrlich ist er gestorben. Worüber will er sich denn beklagen? Von nichts ist er emporgekommen! Mit den Zähnen zog er einen Pfennig bei jeder Gelegenheit, wo er ihn fand, aus dem Kot! Und was er zugenommen hat, das hat er vom Raube zugenommen – wie eine Honigscheibe. Ich glaube, beim Herkules, daß er hunderttausend Taler hinterlassen hat. Lauter bares Geld! Ich will von der Leber weg reden, denn ich habe so von einem Hühnersteiß gegessen. – Er hatte ein schändliches Maul, war ein Schwätzer, der Neid leibhaftig, und kein Mensch! – Sein Bruder war ein braver Kerl! ein Freund gegen seinen Freund, lebte herrlich und in Freuden! –

Im Anfang hatt' er wenig zu beißen und zu brechen! Aber die erste Weinlese hat ihm wieder auf die Beine geholfen, denn er verkaufte den Wein, wie hoch er wollte; und was sein Kinn eben emporgehoben hat, erbte – und stahl mehr bei dieser Erbschaft, als ihm war hinterlassen worden. – Und dieser Stock, indem er auf seinen Bruder nicht wohl zu sprechen ist, hat, ich weiß nicht welchem Erdensohne sein Vermögen vermacht! – Der geht weit, wer die Seinen übergeht! – Aber er hatte Sklaven, welche ihm in den Ohren lagen, und diese haben ihm den Kopf warm gemacht. Der tut aber niemals wohl, der gleich alles glaubt; insbesondere ein Mann von Geschäften. – Wahr ist's, er hat viel erhalten, solang er gelebt hat! Ihm ist's gegeben und nicht versprochen worden. Er war ganz und gar ein Glückskind! In seiner Hand wurde Blei zu Gold. Aber da ist's leicht, wo alles gerade geht. Und wieviel glaubst du, daß er Jahre auf seinem Buckel getragen hat? – Siebenzig – und noch mehr! Aber er war auch wie von Eisen und Stahl. Man merkte ihm sein Alter nicht an. Sein Haar war schwarz wie ein Rabe. Ich habe den Kerl noch gekannt, da er das Ölschlagen trieb. Da war er noch mutig! Und schon damals ließ er, so wahr ich lebe, nicht einen Hund im Hause! Ja, zu der Zeit hurte er auch! und bei Nacht waren ihm alle Kühe schwarz, und das hat er gut gemacht! Das ist auch das einzige!«

Hier rief Ganymed: »Ihr erzählt da, was weder zum Himmel noch zur Erde gehört! Unterdessen denkt keine Seele daran, was die immerwährende Teuerung verursacht! Heute hab' ich, beim Herkules, keinen Bissen Brot antreffen können. Und warum? Die Dürre dauert fort. Schon leid' ich ein ganzes Jahr Hunger. Die Bauern soll der Schinder holen! Die halten's mit den Bäckern! Wurst wider Wurst! Und so muß das kleine Volk arbeiten, und diese Vielfraße leben immer wie auf der Hochzeit.

O, wenn wir noch jene majestätischen Löwen hätten, die ich hier antraf, da ich zuerst aus Asien kam! Das hieß leben! So ist es ganz Sizilien auch ergangen! Aber die machten's anders! Wie die Gespenster mußten sie herumgehen, als wenn ihnen Jupiter ungnädig wäre! Wenn ich an den Safinius denke! – Der wohnte, wie ich noch ein Junge war, bei dem alten Bogen. Der war Pfeffer, kein Mensch! Wo er hintrat, verbrannte er die Erde! Aber er war ein rechtschaffener Mann, auf den man sich verlassen konnte. Freund gegen Freund, und man konnte mit ihm ohne Sorge im Dunkeln des Fingerns spielen.[22] Aber wer war er auf dem Rathause? Er gab auf seine Kollegen nicht einen Schnips! Er sprach nicht, wie sie es haben wollten, sondern sagte seine Meinung gerade heraus. Ferner! Vor Gericht wuchs seine Stimme wie eine Trompete. Er schwitzte niemals und hustete nicht und spie nicht aus! Er hatte, ich weiß nicht, was Asiatisches.[23] Wie bedankt' er sich so höflich für jeden Gruß! Er wußte die Namen aller auswendig, wie einer von uns. Brot konnte man damals haben wie Steine auf der Gasse. Ihrer zwei konnten damals ein Brot für einen Pfennig nicht aufessen; jetzt ist ein Ochsenauge größer! Ach! O! Ach! Täglich wächst diese Kolonie rückwärts, wie ein Kalbsschwanz! Und warum? Wir haben einen hungrigen Polizeinspektor, der unser Leben für einen Heller verkaufte. Also hat er zu Hause die Hülle und die Fülle, und nimmt täglich mehr Geld ein, als ein andrer an Vermögen hat. Ja, nun weiß ich's, woher er die tausend Goldgulden bekommen hat! – Aber wenn wir keine feigen Memmen wären, sollt' er sich's nicht so gut schmecken lassen! Zu Hause ist das Volk wie ein Löwe, aber draußen demütig wie ein Fuchs. – Nun hab' ich beinah alles bis auf mein Hemde aufgezehrt, und wenn die Teuerung fortwährt, werd' ich endlich wohl noch meine Hütte angreifen müssen; denn was ist zu erwarten, wenn weder Götter noch Menschen sich dieser Kolonie erbarmen? Ich glaube ganz gewiß, daß alles vom Himmel herabkommt. Nicht einer glaubt mehr, daß der Himmel sei! Kein Mensch hält die Festtage ein! Kein Mensch macht sich aus dem Jupiter so viel –! Sondern alle drücken die Augen zu und zählen ihr Geld. – Sonst gingen fromme Matronen noch barfüßig auf den heiligen Hügel, mit fliegenden Haaren und reinen Seelen und baten den Jupiter um Wasser – den Augenblick regnete es, als wie mit Krügen – entweder damals oder in Ewigkeit nicht! Alles war glückselig! Aber jetzt achtet man die Götter wie die Mäuse: die Füße sind ihnen gebunden.[24], und weil wir keine Religion mehr haben, so liegen die Äcker!« –

»Ich bitte dich«, rief hier der reiche Echion, »sprich besser! ›Bald so! bald so!‹ rief jener Bauer, da er seine läufige Sau verloren hatte; was heute nicht ist, kann morgen geschehen! So lebt man in der Welt! Unser Land könnte, beim Herkules, nicht besser beschaffen sein, wenn Leute darauf wären. Daran ist es nicht schuld, daß es jetzt brachliegt. Wir dürfen nicht so verzärtelt sein! Wo wir sind, ist der Himmel in der Mitten. Wenn du von einem andern Orte hierherkämest, so würdest du sagen: ›Hier fliegen einem ja die gebratenen Tauben ins Maul!‹ Bedenke nur! Auf das nächste Fest werden wir ein prächtiges Schauspiel haben. Keine Sklaven werden klopfechten, sondern fast lauter Freigelassene. Unser Titus hat einen großen Geist! Und wenn er getrunken hat, ist er noch größer. Entweder mag das oder jenes sein, so wird es geschehen; denn ich bin sein guter Freund. Er ist keiner von den barmherzigen Rittern! Er würde sein eignes Schwert hergeben, aber gefochten muß es sein, damit er ein Blutbad mitten auf dem Amphitheater sehe. Er hat auch, wovon! Wie sein Vater starb, so hinterließ er ihm drei Millionen. Wenn er vierzigtausend daranwendet, so spürt sein Vermögen nichts davon, und sein Name wird ewig dauern. –

25 Er hat einige Klepper, und seine Frau ist fahrtoll! – Und den Schatzmeister des Glykon, welcher ergriffen wurde, da er ihr eben ein Vergnügen machte. Das Volk wird sich in den Streit mischen, eine Partei auf der Seite der Hörnerträger und die andere der Buhler sein. Glykon aber, ein reicher Kerl, hat den Schatzmeister ins Amphitheater geschickt. Das heißt sich selbst in bösen Ruf bringen. Was hat denn der arme Schelm gesündigt? Er wurde ja gezwungen, es zu tun. Sie, die B..kachel verdiente eher, von einem Stier' in die Luft geworfen zu werden. Aber wer den Esel nicht prügeln kann, prügelt den Sattel. Wie konnte der altkluge Glykon sich einbilden, daß er Freude an der Tochter des Hermogenes erleben werde? Er, der einem Falken im Fluge die Klauen abschneiden konnte? Eine Schlange zeugt kein Turteltäubchen. Glykon, Glykon hat sich und die Seinen beschimpft! Solange er lebt, wird er dieses Brandmal nicht verwachsen! Der Tod allein wird es auswischen. Aber nun mag er's haben! –

Ich habe schon eine Spur davon, daß uns Mammea einen Schmaus geben wird. Schon hat er uns mit einem reichen Geschenk eingeladen. Wenn er das tut, so mag er immer den Norban gänzlich stürzen. Wissen müßt ihr, daß es bei dem immer mit vollen Segeln gehen wird. Und in Wahrheit, was hat uns jener denn für Wohltaten erzeigt? Er hat uns Pfennigsfechter, ausgemergelte Kerl hingestellt, die ein Lüftchen umwerfen konnte. Bei Leichenbegängnissen hab' ich bessere gesehen. Bei Fackeln ließ er welche zu Fuß streiten; man konnte sie für streitende Hühner halten. Der eine war ein einfältiger Kerl, der nicht stehen konnte, und der andere hatte Klumpfüße, und der dritte, welcher schon halbtot von dem Tode seines Vorfahren war, gelähmte Nerven. Ein einziger Thrakier war noch ein wenig ansehnlich, und selbst diesen mußte man mit Zurufen zum Kampfe aufmuntern. Kurz! alle bekamen ein paar Wunden. Es war lauter Lumpengesindel. Der Kampf war eine bloße Flucht. – Darauf sagte er doch: ›Ich habe dir ein Schauspiel gegeben!‹ und ich: ›Ich habe dir geklatscht! Wir wollen zusammen rechnen, ob ich dir nicht mehr gegeben, als ich empfangen habe. Eine Hand wäscht die andere.‹

Agamemnon, du scheinst mir zu sagen: Was kritisiert dieser unerträgliche Schwätzer? Weil du, der du reden kannst, nichts red'st. Du bist freilich nicht von unsrer Zunft, aber deswegen darfst du doch die Gespräche von uns Ungelehrten nicht verspotten! Wir wissen wohl, daß du ein Redner bist! – Aber wir wollen uns nicht zanken! Ich will dich schon noch einmal dazu bringen, daß du mit mir aufs Dorf gehst und in unsere Hütten einkehrst! Wir wollen schon was zu essen finden! Ein junges Hühnchen und ein paar frische Eier. Wir werden vergnügt sein, ob es gleich das Ansehen hat, als wenn dieses Jahr nichts geraten wollte. Wir werden schon so viel finden, daß wir satt werden.

Auch mein Cicaro wächst zu einem deiner Schüler auf; er kann schon vier Reden hersagen und liegt immer über den Büchern. Er hat Genie und ist wohl gemacht, ob er gleich von allzu vielem Studieren bisweilen ein wenig kränkelt. Ich habe ihm schon drei Finken hinausfliegen lassen und ihm weisgemacht, daß sie ein Wiesel gefressen habe, aber er hat sich schon andere Sänger wieder dafür angeschafft. Das Malen ist seine Freude. Mit dem Griechischen ist er fertig. Im Lateinischen kommt er nicht übel fort, ob ihm gleich sein Herr Lehrmeister sehr durch die Finger sieht. Er kann nicht lang an einem Fleckchen sitzen und kommt oft zu mir und verlangt was zu arbeiten; aber es tut mir doch nichts. Ich habe noch einen Sohn, der zwar nicht gelehrt, aber sehr neugierig ist und andere mehr lehrt, als er weiß. In den Rasttagen pflegt er nach Hause zu kommen und ist mit allem zufrieden, was man ihm gibt. Ich hab' ihm einige juristische Bücher gekauft, denn ich möchte gern, daß er was vom Rechte verstünde, damit man ihn dazu in der Familie gebrauchen könnte. Das Ding trägt Brot ein. In den Wissenschaften hat er einen guten Grund gelegt; wenn er nicht daran will, so soll er eine Kunst lernen. Entweder muß er Barbier oder Herold oder gewiß ein Advokat werden; und das muß er, wenn ihn mir nicht der Orkus entzieht. Täglich ruf' ich ihm deswegen zu: Mein erstgeborner Sohn, glaube mir! Was du lernst, das lernst du dir! Betrachte nur einmal den Phileros, den Advokaten! Wenn er nichts gelernt hätte, so könnte er jetzt den Hunger nicht von seinen Lippen jagen! Noch vor kurzem ging er herum hausieren! Jetzt kann er sogar dem Norban die Spitze bieten. Wissenschaften sind ein Schatz, und Kunst geht nicht betteln.« – Dergleichen Pfeile drückten sie ab, da Trimalcion wiederkam, die herabtriefende Salbe von der Stirne wischte, die Hände wusch und gleich darauf sagte: »Ich bitte euch um Verzeihung, meine Freunde! Schon seit vielen Tagen ist mir mein Wagen nicht recht, und kein

Arzt kann ihm helfen. Unterdessen hat mir doch Malicorium geholfen, eine Arznei, welche aus der Rinde von einem Granatapfelbaume und Weinessig gemacht wird. Ich hoffe aber, er soll sich endlich schämen, sonst brummt er immer wie ein Ochse. Wenn also einem unter euch was ankommt, so braucht er sich nicht zu scheuen. Keiner unter uns ist eisern geboren worden. Ich glaube, daß keine größere Marter in der Welt sein könne als ein zurückgehaltener Wind. Das allein kann Jupiter nicht verbieten. Du lachst, Fortunata? O, du hast mich schon manche Nacht damit aufgeweckt! Ich habe auch noch keinem am Tische verwehrt zu tun, was ihm eine Arznei ist. Auch die Ärzte verbieten, an sich zu halten, wenn sogar etwas mehr kommen sollte, so ist draußen alles dazu bereit; Wasser, Nachtstuhl und die übrigen Kleinigkeiten. Glaubt mir auf mein Wort, wenn ein bösartiger Dunst ins Gehirn steigt, so fließt er denn daraus in alle Gefäße des Leibes. Ich weiß ihrer viele, die auf diese Art ums Leben gekommen sind, ohne daß sie sich die Wahrheit haben gestehen wollen.« –[26]

Wir bedankten uns für seine Höflichkeit und Nachsicht und gossen das heftige Lachen mit öftern Becherchen aus. Wir wußten noch nicht, daß wir erst die Mitte der Mahlzeit erreicht hatten. Sobald die Tafel bei einer Symphonie abgeräumt war, wurden drei weiße Säue in den Saal geführt, mit Halftern und Glöckchen geputzt. Ihr Führer gab die eine für zweijährig, die zweite für dreijährig und die dritte für eine alte aus. Ich glaubte, daß sie abgerichtet wären und, wie man auf den öffentlichen Plätzen zu sehen pflegt, einige Kunststücke machen würden. Aber Trimalcion vereitelte diese Erwartung und sagte: »Welches wollt' ihr aufgetragen haben?

Die Landjunker können so was mit Kapaunen, Hühnern und dergleichen Kleinigkeiten bewerkstelligen, aber meine Köche kochen in der Geschwindigkeit ganze Kälber auf einmal in ihren Kesseln.« Und gleich befahl er, daß der Koch herbeikäme, erwartete unsere Wahl nicht und gebot ihm, das älteste zu schlachten. Er fragte mit heller Stimme: »Aus welcher Klasse bist du?« Und wie er antwortete: »Aus der vierzigsten«; so fragte er weiter: »Bist du gekauft oder geboren worden?« »Keines von beiden«, antwortete der Koch, »sondern Pansa hat mich dir in einem Testament hinterlassen.« »Siehe zu«, fügte er hinzu, »daß du deine Sachen gut machst! Wo nicht, so sollst du in die Klasse der Botenköche kommen!« Der Koch, von diesem Machtspruche angefeuert, führte eilfertig das Schwein in die Küche.

Trimalcion aber blickte uns darauf mit gnädigen Augen an und sagte: »Wenn euch dieser Wein nicht gefällt, so will ich andern bringen lassen! Ihr müßt ihn gut machen. Ich kaufe durch die Gnade der Götter nichts. Dieser Tischwein wächst auf einem von meinen Landgütern, welches ich noch nicht gesehen habe. Es soll in der Nachbarschaft der Tarracinenser oder Tarentiner liegen. Ich bin willens, nun meine Fluren mit Sizilien zu verbinden, damit ich, wenn es mir gefällig ist, nach Afrika zu reisen, auf meinem Eigentume schiffen kann. – Aber sage mir einmal, Agamemnon, was für eine Streitrede hast du heute gehalten? Ob ich gleich Prozesse führe, so hab' ich doch die Wissenschaften nach den Regeln gelernt, und damit du nicht glauben mögest, daß ich mir nichts daraus mache – ich habe drei Bibliotheken! eine griechische und zwei lateinische. Sage mir also, wenn du mich liebst, die Peristasis[27] deiner Rede!«

Und da Agamemnon gesagt hatte: »Ein Armer und ein Reicher stritten miteinander«, so unterbrach ihn Trimalcion: »Was ist ein Armer?« »Das ist sehr fein!« sagte Agamemnon und erzählte, ich weiß nicht, was für einen Streit. Gleich darauf sagte Trimalcion: »Wenn das geschehen ist, so ist es kein Streit; und wenn es nicht geschehen ist, so ist es gar nichts.«

Da wir dieses mit den ausgelassensten Lobsprüchen verfolgten, so fuhr er weiter fort: »Sage wir einmal, lieber Agamemnon, weißt du die zwölf Arbeiten des Herkules, oder die Geschichte des Ulysses, wie ihm der Zyklop mit einem Pinsel den Daumen wegschlug? Als Knabe pflegt' ich das noch bei dem Homer zu lesen. Die Sibylle hab' ich selbst mit meinen Augen zu Cumen in einer Flasche hängen sehen; und da sie die Jungen fragten: ›*Sibylla ti delies;?*‹ so antwortete sie: ›*apodanien delo*‹.«[28]

Noch hatt' er nicht alles ausgeschüttet, als eine Maschine mit einer ungeheuren Sau die Tafel einnahm. Wir verwunderten uns über die Geschwindigkeit und schworen, daß nicht einmal ein Kapaun so schnell könne gekocht werden; und desto mehr, weil uns das Schwein weit größer zu sein schien, als vorher die wilde Sau gewesen war.

Darauf sah Trimalcion es immer mehr und mehr an. »Was?« sagte er endlich, »das Schwein ist nicht ausgeweidet? Nein, beim Herkules, es ist es nicht! Rufe, rufe den Koch her!« Der Koch kam traurig vor den Tisch getreten und sagte: er habe das Ausweiden vergessen. »Was? Vergessen?« rief Trimalcion aus: »Glaubst du, daß man das wie Pfeffer und Kümmel vergessen könne? – Ausgezogen!« – Im Augenblick war es geschehen. Betrübt stand der Koch zwischen zwei Kerkermeistern.

Alle fingen an zu bitten und sagten: »Das kann sich leicht zutragen! Laß ihn gehen! Wir bitten! Wenn er es noch einmal wird getan haben, dann wird keiner mehr für ihn bitten!« –

Ich aber konnte mich der allergrausamten Strenge nicht enthalten, sondern sagte dem Agamemnon ins Ohr: »Wahrhaftig! dieser Sklave muß der nichtswürdigste Kerl sein! Wer wird denn das Ausweiden vergessen? Ich würd' ihm, beim Herkules, nicht verzeihen, wenn er einen Fisch übergangen hätte!«

Aber das tat Trimalcion nicht; er sagte, nachdem er seine Miene wieder aufgeheitert hatte: »Nun! Weil du ein so schlimmes Gedächtnis hast, so weid' es hier vor uns aus!« Der Koch kleidete sich also wieder an, nahm sein Messer und schnitt dem Schweine den Bauch hier und da mit furchtsamer Hand voneinander. – Es währte nicht lange, so fielen aus den Öffnungen, die von dem Druck der Schwere noch erweitert wurden, allerhand Arten von Würsten heraus. Das Hausgesinde fing, nach Erblicken dieses Wunders, ein großes Klatschen an und wünschten dem Gaius Glück. Der Koch wurde nicht allein mit einem Trunk beehrt, sondern es wurd' ihm auch eine silberne Krone aufgesetzt und man überreicht' ihm zugleich in einem Becken von korinthischem Erz einen Becher; und wie Agamemnon das Becken näher betrachtete, so sagte Trimalcion: »Ich habe allein echtes korinthisches Erz.«

Ich erwartete, daß er nach seinem vorigen Hochmut sagen würde, seine Gefäße würden ihm gleich von Korinth überschickt; aber er macht' es besser. Er sagte: »Vielleicht verlangst du zu wissen, warum ich allein echtes korinthisches Erz besitze? Ich will es dir sagen, weil nämlich der Kaufmann, von dem ich es kaufe, Korinthus heißt; was ist aber korinthisch, wenn einer nicht Korinthus hat? –

Aber damit ihr mich nicht für einfältig halten möget, muß ich euch sagen, daß ich sehr wohl weiß, woher zuerst das korinthische Erz hergekommen sei. Wie Troja eingenommen wurde, so ließ Hannibal, ein Schlaukopf und großer Spitzbube, alle ehernen, silbernen und goldenen Statuen auf einen Scheiterhaufen tragen, zündete ihn an und alle flossen zusammen. Von dieser Masse nahmen die Goldschmiede und machten Kettchen, Becken, Statuen und allerhand Geräte. Also ist korinthisches Erz aus einem Mischmasch entstanden, es ist weder das noch jenes. Ihr werdet mir verzeihen, was ich sagen will! Ich lobe mir Glas; gewiß ihr nicht. Ja! wenn es nicht zerbrechlich wäre, wär es mir lieber als Gold; so aber ist es was gemeines.

Es war einmal ein Künstler, welcher gläserne Gefäße von solcher Festigkeit machte, daß sie nicht mehr als goldene oder silberne konnten zerbrochen werden. Da er also einen Becher von dem reinsten Glase gemacht hatte, der wie er glaubte, eines Kaisers würdig wäre, so wurd' er mit seinem Kunststück vor den Kaiser gelassen. Es wurde gelobt, die Hand des Künstlers gepriesen und seine Ergebenheit gegen seinen Monarchen sehr gnädig aufgenommen.

Der Künstler wollte die Verwunderung der Zuschauer in Erstaunen verwandeln, und damit ihm der Kaiser noch mehr gewogen würde, so bat er sich den Becher aus seiner Hand aus und warf ihn auf das Pflaster mit einer solchen Gewalt, daß auch die festeste und dichteste Masse von Erz nicht unbeschädigt geblieben wäre. Der Kaiser aber erschrak nicht weniger darüber, als er darüber erstaunte. Er aber hob den Becher von dem Boden auf, welcher nicht zerbrochen, sondern nur ein wenig zusammengebogen war, als wenn das Glas in eine Art von Erz sich verwandelt hätte. Darauf zog er einen Hammer aus seinem Busen, gab dem Becher seine vorige Gestalt, und bracht' ihn, wie ein gebogenes Gefäß von Erz, wieder in Ordnung.

Nach diesem glaubte er, in den Himmel des Zeus erhoben zu werden, weil er das Zutrauen des Kaisers und die Bewunderung aller verdient zu haben glaubte. Aber es ging anders! Denn der Kaiser fragte: ob ein andrer eben dies Geheimnis wisse. Und da er nein sagte, so ließ ihm der Kaiser den Kopf abschlagen, aus der Ursache, weil Gold und Silber wie Kot verächtlich werden würden, wenn dieses Geheimnis bekannt würde.

Auf die Kenntnis der silbernen Gefäße hab' ich mich insbesondere gelegt. Ich habe urnenförmige Becher, klein und groß. Auf einem davon ist vorgestellt, wie Kassandra ihre Söhne ermordet; leibhaftig tot liegen die Jungen da. Noch hab' ich einen großen Weinkrug, welchen mir mein Patron hinterlassen hat. Auf diesem sperrt Dädalus die Niobe in das Trojanische Pferd ein; und noch einen, auf welchem sich Merkur und Amor umarmen, zum Zeichen, daß sie echt sind. Alles ist von dem reinsten Silber, denn was ich einmal habe, verkauf' ich um alles Geld nicht.«[29]

Wie er dieses gesagt hatte, ließ ein Knabe den Becher aus den Händen fallen. Trimalcion sah ihn an und sagte: »Den Augenblick schlage dich selbst, weil du flatterhaft bist!« Der Knabe bat mit niedergeschlagenem Gesicht um Gnade. Aber er: »Was bittest du von mir? Als wenn ich dir was täte! Ich rate dir, daß du dir von dir ausbittest, daß du nicht mehr flatterhaft seiest.« Endlich ließ er ihm auf unser Bitten die Strafe nach. Darauf lief er um den Tisch herum und schrie: »Wasser hinaus! Wein herein!« Wir nahmen die Artigkeit dieses Scherzes sehr wohl auf, insbesondere Agamemnon, welcher sehr wohl verstand, durch welche Verdienste man wieder eine Mahlzeit erhalten könne.

Übrigens trank der gelobte und gepriesene Trimalcion immer mit mehrerem Vergnügen. Da er einem Betrunkenen schon sehr ähnlich war, sagt' er: »Und niemand von euch bittet meine Fortunata, daß sie tanze? Glaubt mir, kein Mensch tanzt den Lesbischen Tanz besser als sie!«[30] Er selbst hob hier seine Hände über den Kopf und war der leibhafte Akteur Syrus. – Das ganze Haus wollte darüber vor Freude närrisch werden! »O mein, wie natürlich! O mein, wie vortrefflich!« schrie alles. Er würde selbst sich haben sehen lassen, wenn ihm Fortunata nicht, wie ich glaube, ins Ohr gesagt hätte, dergleichen niedrige Possen schickten sich nicht für seine Würde. Nichts aber war sich selbst ungleicher! Denn bald wollte Fortunata, bald die Natur in seiner Seele den Sieg davon tragen. Endlich unterbrach die Geilheit zu tanzen der Hausschreiber, welcher die Begebenheiten des Hauses, als wenn es Rom wäre, herlas, wie folget. –

»Den 26ten Julius sind in dem Cumanischen Gute, welches dem Trimalcion gehört, dreißig Knäblein und vierzig Mägdlein geboren worden. Von seinen Tennen sind in die Magazine anderhalbtausend Malter Getreide eingeführet. Fünfhundert Stück Jochochsen. Ferner ist nämlichen Datums Mithridates, der Sklave, gekreuziget, weil er Blasphemien wider unsern Gaius ausgestoßen hat. Dem nämlichen sind hunderttausend Taler in die Schatzkammer gebracht worden, weil man sie aus Überfluß zu nichts anwenden konnte. Dem nämlichen war ein Feuersbrunst in den Pompejanischen Gärten, welche in der Behausung des Nasta, eines Pächters, entstand.« –

»Was?« rief Trimalcion, »wann hat man mir die Pompejanischen Gärten gekauft?« »Im vorigen Jahre«, sagte der Hausschreiber, »und deswegen sind sie noch nicht in Rechnung gebracht worden«.

Trimalcion glühte vor Zorn. »Was für Güter mir gekauft werden«, rief er, »sollen nicht in Rechnung gebracht werden, wenn ich es nicht höchstens den sechsten Monat danach gewußt habe.«

Nun wurden die Verordnungen der Polizeiinspektoren abgelesen und Testamente von Oberförstern, welche den Trimalcion mit allen Lobeserhebungen zum Erben einsetzten. – Nun die Namen der Pächter: nun, wie sein Oberaufseher eine Freigelassene verstoßen, weil er sie in der Tat mit einem Bader ergriffen hatte. Ein Tischbedienter war nach Bajen verwiesen und der Schatzmeister des Verbrechens von dem Gerichte überführt, welches seine Kammerdiener gehalten hatten.

Endlich kamen denn nun auch die Gaukelspieler. Ein Erznarr stand mit seinen Leitern da. Ein Knabe mußte durch die Staffeln und auf dem obersten Gipfel nach Liederchen tanzen. Denn mußt' er durch feurige Reifen springen und einen Eimer mit den Zähnen aufheben. –

Trimalcion bewunderte dieses alles allein und sagte, daß diese Kunst nicht nach Verdienst belohnt würde. Unterdessen wären nur zwei Dinge, welche er überaus gern sähe: Tänzer und Wachteln. Die übrigen Tiere und die übrigen Possen und Gaukelspiele verlohnten sich nicht der Mühe. »Denn ich hatte mir auch eine Bande Komödianten gekauft«, sagte er ferner, »aber ich konnte kein Vergnügen an ihren ernsthaften Sachen finden; sie mußten mir Possenspiel machen, und mein Musikdirektor mußte lateinisch singen.«

Wie er damit fertig war, so stürzte der Knabe von der Leiter auf ihn herab. Das Gesinde schrie aus Leibeskräften und die Gäste nicht weniger, nicht wegen des garstigen Kerls, denn sie hätten lieber gesehen, daß ihm gar der Hals gebrochen wäre; sondern damit der Schmaus nicht irgendein schlimmes Ende nehmen möchte und sie vielleicht gar den Unrechten als tot beweinen müßten. Selbst Trimalcion ließ einen tiefen Seufzer fahren, und da er sich auf den Arm legte, als wenn er zerbrochen wäre, so liefen alle Ärzte herbei. Die erste war Fortunata. Sie kam mit einem Becher und fliegenden Haaren herbeigelaufen und schrie: »Ach, ich Elende! Ach, ich Unglückliche!«

Aber der Junge, welcher herabgefallen war, kroch schon längst an unsern Füßen herum und flehte, daß wir für ihn bitten sollten. Ich hielt dies aber gar nicht für ratsam, denn ich glaubte, daß diese gefährlichen Bitten etwas Trauriges nach sich ziehen würden. Der Koch war mir noch nicht aus den Gedanken gekommen, welcher das Schwein auszuweiden vergessen hatte. Ich sah mich im ganzen Saal um, ob nicht irgendein Henker aus der Wand käme. Gleich darauf wurde ein Sklave ausgepeitscht, welcher den gequetschten Arm seines Herrn in weiße und nicht purpurfarbene Wolle gewickelt hatte. Beinahe glaubte ich schon, mich nicht geirrt zu haben, als statt der Mahlzeit ein Dekret des Trimalcion aufgetragen wurde, in welchem aber enthalten war, daß der

Knabe frei sein sollte, damit niemand sagen könne, ein so großer Mann sei von einem Sklaven beschädigt worden. Wir billigten diese Handlung und plauderten darüber, wie plötzlich sich die menschlichen Dinge verändern könnten. »Ja, ja!« sagte Trimalcion, »dieser Zufall darf nicht ohne Aufschrift übergangen werden!« Er ließ sich gleich Schreibzeug bringen, und binnen kurzer Zeit, ohne lange nachgedacht zu haben, las er folgendes her:

»Auf dieser Unterwelt herrscht nichts, als Ungefähr,
und Glück und Unglück kommt nicht, wo wir
meinen, her!
Drum schenkt Falerner ein, ihr meine lieben Knaben!
Die Sorgen machen's nicht, dass wir zu trinken
haben.«[31]

Von diesem Sinngedichte wurde nun das Gespräch auf die Poeten gelenkt, und lange hielten wir uns bei den Lobeserhebungen des Marsus von Thrakien auf, bis endlich Trimalcion sagte: »Lieber Agamemnon! Was machst du für einen Unterschied zwischen dem Cicero und Publius? Ich halte dafür, daß der eine beredter, der andere aber viel feiner in seinem Ausdrucke gewesen sei, denn wer kann was Besseres sagen als das:

Jetzt herrscht in Rom die Göttin Schwelgerei,
Und Mars steht nicht mehr seinen Kindern bei.
Im babylonischen Gewande
Von Flaum mit Gold gewebt, o Schande!
Gehst du einher und willst ein Römer sein? –[32]
Man sperrt für deinen Gaum die Pfauen ein,
Numidien muß dir die Henne schicken

Und Gallien den Hahn – in Zyperwein
Sie ein gelehrter Koch ersticken,
Um deine tote Zunge zu erquicken? –
Der Storch kommt über Land und Meer
Geflogen mit dem Frühling her
Und jagt davon den rauhen Winter –
Auch fängst du den zu schmausen an,
Damit er dich nicht lehren kann,
Wie man erziehen soll die Kinder! –
Und daß du nicht umsonst ein Hörnerträger bist,
Zwingt dich dein Weib mit schlauer List,
Die Perlen Indiens für sie zu kaufen,
Den kalzedon'schen Stein, der leuchtet in der Nacht,
Das grüne teure Glas, daß es sie schöner macht,
Damit die Buhler nach ihr laufen!
Damit es ihr gelingt,
Daß ihr ein Herkules die tolle Brunst bezwingt,
Indem sie stampfend mit ihm im dem Bette ringt
Und lechzet, wo Lukretien ersaufen! –
O Freund, die Tugend glänzt
Mit einem Rosenkranz bekränzt
Weit schöner selbst im Dunkeln
Als prächtige Karfunkeln! –

Da stehet Tochter und Frau
Gehüllt in gewebte Lüfte zur Schau
Liebäugelnd allem Pöbel
In einem leinenen Nebel! –[33]

Welche Kunst aber«, sagt' er darauf, »haltet ihr nach den schönen Künsten und Wissenschaften für die schwerste? Ich glaube, die Kunst eines Arztes und eines Wechslers ist es. Ein Arzt muß wissen, was die Menschen in ihren Herzen haben, und wenn das Fieber komme. Ich muß die Wahrheit gestehen, ob ich sie gleich nicht ausstehen kann, denn sie geben mir immer Purganzen ein; – und ein Wechsler muß durch Silber Erz sehen können.[34]

Die Ochsen und die Schafe sind die wohltätigsten Bestien von der Welt. Den Ochsen haben wir zu verdanken, daß wir Brot essen, und die Schafe machen uns stolz mit ihrer Wolle. O Schandtat! Der ißt das Schäflein noch dazu, der seine Wolle schon auf dem Leibe hat! – Die Bienen halt' ich für göttliche Bestien, weil sie Honig machen, ob man gleich sagt, daß sie es vom Jupiter herbringen. Deswegen stechen sie aber, weil jede Süßigkeit, wie wir aus der Erfahrung wissen, ihren Stachel hat.«

Während der Zeit, da sich Trimalcion nun auch über die Philosophen erheben wollte, wurden Zettel in einem Becher herumgetragen.[35] Ein Knabe, welcher über dieses Amt gesetzt war, eröffnete sie und las sie ab. »Verbrecherisches Geld.« Man brachte einen Schinken mit daraufgelegten säuerlichen Sachen, einem Kopfkissen, Stücken Fleisch und Halsbändern. – Nun wurde hergelesen: »Glühender Wein und Schimpf der Luftesser«, drauf wurden Perlen mit einem Apfel, Knoblauch, Pfirsich, Peitsche und Messer hergebracht. Dieser bekam Sperlinge, eine Fliegenklappe, eine getrocknete Weintraube und Attischen Honig; Tisch- und Ausgehekleider, ein Stück Fleisch und eine Schreibtafel, eine Büchse und einen Meßstab. Nun wurde herausgezogen und gelesen: »Ein Hase und eine Sohle«, der empfing eine Lamprete, eine Wassermaus, die mit einem Frosche zusammengebunden war, und einen Büschel Rüben. –

Wir konnten uns des Lachens nicht mehr enthalten. Noch hundert dergleichen wurden herausgezogen, welche meinem Gedächtnis wieder entfallen sind. Ascylt war ganz unmäßig mit Lachen, schlug die Hände zusammen und lachte so sehr, daß ihm das Wasser in die Augen lief. Einer von den Freigelassenen des Trimalcion wurde zornig darüber, es war mein gesprächiger Nachbar, und rief: »Was lachst du, du Schafkopf? Warum gefallen dir die Ergötzlichkeiten meines Herrn nicht? Ja, du bist glückseliger! Du bist einen bessern Tisch gewohnt! Es ist dein Glück, daß ich nicht neben dir sitze, sonst hätt' ich dir längst eine Maulschelle gezogen. Das schöne Früchtchen will andere verspotten! Ein Kerl, der sich nicht bei Tage darf sehen lassen! Der den Bissen Brot nicht wert ist, den er ißt! Der, wenn ich den Rock aufhebe, nicht weiß, wohin er vor Angst fliehen soll! Ich werde, beim Herkules, nicht leicht aufgebracht, aber hier würd' ihm ein Lamm die Augen auskratzen. Glaubst du, ich sei ein Narr? – Aber du bist ein römischer Ritter! – und ich bin eines Königs Sohn! – Warum bist du denn Sklave gewesen? wirst du fragen – ich habe lieber ein römischer Bürger sein wollen, Schurke, als ein unterjochter Königssohn. – Nun aber hoff' ich so leben zu können, daß ich mir nicht werde auf dem Maule trommeln lassen. Jetzt geh' ich als ein freies Geschöpf mit heiterer Stirne unter euch Menschen herum. Ich bin keinem Menschen einen Heller schuldig. Ich bin niemals deswegen vorgeladen worden. Niemand hat mir vor Gericht gesagt, gib heraus, was du schuldig bist! – Ich habe mir liegende Güter gekauft. Ich habe mich mit Hausgerät versehen. Ich gebe täglich zwanzig Mäulern zu essen und ernähre Katzen und Hunde. Ich habe meine

Gattin freigemacht, damit kein Mensch mehr an ihr die Hände abwische; tausend Augustd'or hab' ich dafür gezahlt. Ich bin von freien Stücken zum Sevir berufen worden. Nun hoff' ich, so zu sterben, daß ich, wenn ich tot bin, mich nicht zu schämen habe.

Du aber darfst vor lauter Arbeit nicht um dich blicken! Und du verspottest andere, wenn du ein Nisschen bei ihnen gewahr wirst, indem dich die Läuse schon halb verzehrt haben; und sind wir denn dir allein lächerlich! Dort sitzt dein Lehrmeister, ein Mann von Jahren, der hat seine Freude über uns. Und du Gelbschnabel, der du noch nicht hinter den Ohren trocken bist! Du, der du weder b, a, Ba, noch b, e, Be, weißt! Du zerbrechliches Gefäß! Du Leder im Wasser, ohne dich zu verbessern! Du bildest dir mehr ein, als wir sind? – Iß einmal, zweimal zu Mittage und zweimal zu Abend! Ich will lieber ein ehrlicher Kerl sein als Schätze haben. Und doch, wer hat mich zweimal um was gebeten? Ich diente vierzig Jahr, und niemand wußte doch, ob ich ein Sklave oder ein Freier wäre. Ich kam als ein unbeschorener Junge in diese Kolonie, damals war das Schloß noch nicht gebaut. Ich gab mir alle Mühe, meinem Herrn zu gefallen – der war ein großer Mann! Ein Mann von hohen Ehrenstellen, dessen Fingernagel mehr wert war, als du mit Haut und Haar. – Ich hatte Neider im Hause, welche mir ein Bein unterschlagen wollten, aber – Dank sei meinem Genius! – ich bin glücklich durchgeschwommen. – An dieser Geschichte ist kein Wort unwahr! Ein Fechter kann so leicht ein Freigeborener werden, als ich darüber hinfahre! – Nun! was fehlt dir? Du siehst ja aus, wie ein Bock, der Bingelkraut gefressen hat! –«

Nach dieser herrlichen Rede schlug Giton, welcher zu meinen Füßen stand und es lange verbissen hatte, ein helles, mutwilliges Gelächter auf. Da dieses der Gegner des Ascylt gewahr wurde, so band er mit dem Knaben an und rief: »Und du lachst auch, du frisierte Elster? Sollen es die *Saturnalien* vorstellen? Ich bitte euch! Leben wir denn im Dezember? – Wird es bald vorbei sein! Du ungehängter Galgendieb! Du Rabenaas? Ich will dir schon den Fluch der Götter auf den Hals laden! Dir und deinem Schlingel von einem Herrn! Ich will schon meine Rache sättigen! Wenn ich es nicht meinem Mitfreigelassenen hier zu Gefallen täte, so hättest du gewiß schon deine Tracht Schläge bekommen! Haben uns denn deine Herren Geten dafür bezahlt, daß wir deine Flegeleien erdulden müssen? – Ja! Wie der Herr, so der Knecht! – Kaum kann ich mich mäßigen! Ich bin von Natur hitzig, und wenn ich getrunken habe, kenn' ich meine Mutter nicht! Ganz recht! Ich werde dich schon zu sehen bekommen, du Maus, du Zaunkönig! Und ich will weder über noch unter mich wachsen, wenn ich deinen Herrn nicht wie Kehricht ins Wasser werfe! Auch deiner soll nicht geschont werden, und wenn du selbst den Olympischen Jupiter zu Hilfe riefest! Ich will schon dafür sorgen, daß deine Löckchen gerade werden! Und deinen Herrn, den Flederwisch, schon bezahlen! Ich werde dich schon zur rechten Zeit noch unter meine Fäuste bekommen, oder ich müßte mich nicht kennen! Du sollst mich nicht umsonst verspottet haben, und wenn du einen Bart von lauter Golde hättest.[36] Ich will dir eine Hexe auf den Hals schicken, und dem dazu, der dich so fein auferzogen hat.

Ich habe die Geometrie nicht gelernt, nicht die Kritik

und dergleichen Zeug; aber ich verstehe mich auf die Steine und weiß auf ein Haar zu sagen, was sie wert sind. Ich will mich mit dir auf alles einlassen, du kleine Hure, was du nur willst! Du sollst erfahren, daß dein Vater alles vergeblich auf dich gewendet, ob ich gleich die Rhetorik nicht verstehe. Ich kann weit reichen! Keiner ist mir zu mächtig! Wenn du mich bezahlst, will ich dir zeigen, wer am weitesten von uns läuft und auf einem Flecke stehenbleibt, wer von uns wächst und kleiner wird. Du läufst, du staunst, du sträubst dich, wie eine Maus im Nachttopfe? Also schweige entweder oder beunruhige ehrliche Leute nicht, die dich so wenig achten, als wenn du nicht geboren worden wärest. – Glaube ja nicht, daß mich deine Ringlein in die Augen stechen, welche du deiner Hure gestohlen hast! Merkur soll uns beiden gleich günstig sein! Komm, laß uns auf den Markt gehen und Geld darauf borgen! Da wirst du gleich erfahren, daß man diesem Stahle da an meinen Fingern traue! – Ach, was ist ein gebadeter Fuchs doch für ein närrisches Ding! Ich will des Todes sein, wenn ich dich nicht, wie ein Hund einen Hasen, verfolgen will. Der ist auch ein feiner Bursche, der dich dieses gelehrt hat, wie brausender schlechter Most ist er über deinen Kopf gekommen, nicht wie ein Lehrmeister. – Wir haben doch was gelernt! Unser Lehrer sagte: ›Merkt euch das! Grüße! Gehe geraden Weges nach Hause! Siehe dich nicht um! Beleidige keinen Größern, als du bist, und gib nicht auf alles Achtung!‹ Keiner lebt so leicht danach! Ich aber danke den Göttern, daß ich dadurch das geworden bin, als was du mich siehst.« –

Ascylt fing schon an, auf dieses Geschwätz zu antworten, aber Trimalcion, welcher sich an der Beredsamkeit des Mitfreigelassenen ergötzt hatte, sagte: »Fort mit den Zänkereien! Seid ein wenig liebreicher! Und du, Hermeros, schone des jungen Menschen! Sein Blut ist aufgewallt, und sei du klüger! Wer bei dergleichen Dingen überwunden wird, überwindet. Weißt du noch, wie du Einschenker warst, das Hahnrei! Hahnrei! Damals hattest du den Mut noch nicht! – Das beste ist, wir sind vergnügt und hoffen auf die Homeristen.«

Den Augenblick darauf kam eine Bande hereingetreten und schlug Spieß und Schild zusammen. Trimalcion selbst setzte sich auf ein Kissen, und während der Zeit, da die Homeristen, nach ihrer gewöhnlichen Frechheit, sich in griechischen Versen besprachen, las er mit heller Stimme ein Buch lateinisch her. Und da gleich darauf alles stille war, sagt' er: »Wißt ihr den Inhalt von dem, was sie vorstellen?

Diomed und Ganymed waren zwei Brüder; deren Schwester war Helene. Agamemnon entführte sie und unterschob statt ihrer der Diane eine Hündin. Nun aber erzählt Homer, wie die Trojaner und Parentiner unter sich deswegen streiten. Nämlich er, der Agamemnon, trug den Sieg davon und gab seine Tochter Iphigenia dem Achill zum Weibe; Ajax wurde darüber rasend, wie ihr gleich sehen werdet.«

Wie Trimalcion dieses gesagt hatte, so erhoben die Homeristen ein Geschrei, und unter einem Gewimmel von Bedienten wurde ein ganz gebratenes Kalb mit einer Sturmhaube in einer silbernen Schüssel herbeigetragen. Ajax folgte hinterdrein und hieb mit gezücktem Schwerte, als ob er wütete, darauf, und bald mit ein- und bald mit auswärtsgebogener Spitze teilt' er es in Teile, und teilte unter die Bewundrer auf diese Art das ganze

Kalb aus. Aber es war uns nicht lange erlaubt, diese feinen Kunststückchen zu bewundern, denn plötzlich fing der ganze Boden an zu prasseln, daß der ganze Speisesaal davon zitterte. Ganz erschrocken richtete ich mich in die Höhe, ich war besorgt, es möchte irgendein Seiltänzer die Decke herabgestiegen kommen; und nicht weniger richteten die übrigen Gäste ihre verwunderungsvollen Häupter empor und erwarteten, daß was Neues vom Himmel verkündigt würde.

Auf einmal tat sich die Decke voneinander, und ein ungeheurer Zirkel wurde plötzlich herabgelassen, von einem großen Weingefäße gezogen, an dessen Bogen goldene Kronen und Büchsen von Alabaster mit Salben hingen. Indem man uns befiehlt, die Geschenke zu nehmen, sah ich nach der Tafel. Schon war daselbst eine Maschine mit einigen Kuchen hingezaubert, in der Mitte stand ein gebackener Priap, und trug nach der gewöhnlichen Weise in seinem ziemlich weiten Schoße allerlei Arten von Obst und Trauben.

Begierig streckten wir die Hände darnach aus, und plötzlich wurden wir wieder aufs neue ergötzt; denn alle Kuchen, alle Äpfel, wenn man sie auch auf das zärteste anrührte, gossen einen balsamischen Duft aus sich, so stark, daß er uns endlich zu heftig wurde.

Wir glaubten, also durch und durch balsamiert, daß etwas Heiliges darunter verborgen sei, erhoben uns in die Höhe und wünschten Glück dem erhabenen Vater des Vaterlandes; und da einige nach dieser heiligen Handlung noch von dem Obste nahmen, so füllten auch wir unsere Tischtücher damit an; insbesondere ich, der ich den Busen meines Giton nie genug mit Geschenken beschweren konnte.

Während diesem traten drei Knaben herein, mit weißen Kleidern angetan, von welchen zwei kleine Hausgötter mit Lorbeerzweigen gekrönt auf die Tafel setzten. Der dritte trug einen Becher voll Wein herum und rief: »Die Götter seien uns gnädig! –« Der erstere hieß Cerdon, der andere Felicion und der dritte Lucron. – Wir selbst aber schämten uns, die herumgetragene Statue des Trimalcion, da sie von allen gestützt wurde, zu übergehen.

Nachdem nun alle sich gute Gesundheit an Leib und Seele gewünscht hatten, wandte sich Trimalcion zu dem Niceros und sagte zu ihm: »Du warst ja sonst der lustigste Gesellschafter, wie kommt es denn, daß du jetzt schweigst und den Mund nicht auftust? Wenn du mich vergnügt sehen willst, mein trauter Niceros, so erzähle mir was, wie du es sonst getan hast.«

Niceros ergötzte sich an der Gesprächigkeit seines Freundes und sagte: »Zeitlebens will ich auf keinen grünen Zweig kommen, wenn ich nicht lange schon in Wonne zerfließe, daß ich dich so aufgeräumt sehe! Wir wollen also recht vergnügt sein! Wenn ich nur nicht befürchtete, daß dort jene Gelehrten lachten! Doch das mögen sie! Ich will es erzählen; lachen mag man immer, nur mich nicht auslachen.«

Und nachdem er dieses gesagt, so fing er folgende Geschichte zu erzählen an: »Da ich noch diente, wohnten wir in einem engen Gäßchen in dem Hause, welches jetzt Gavilla hat. Daselbst verliebt' ich mich, nach dem Willen der Götter, in die Frau des Terenz, des Wirtes. Oh, ihr habt sie wohl gekannt, die Tarentinische Melisse! Sie war das allerschönste Weibchen. Aber ich habe sie, beim Herkules, nicht körperlicherweise oder wegen Fleischeslust, sondern nur ganz allein deswegen so lieb gehabt, weil sie so artige Sitten an sich hatte. Wenn ich sie um etwas gebeten habe, so hat sie mir es niemals abgeschlagen. Wenn ich einen Heller, einen Pfennig hatte, so legt' ich ihn in ihren Schoß, und niemals hat sie mich darum gebracht.

Ihr Ehegatte erlebte den letzten Tag auf einem Landgute. Es war mir nichts angelegners auf der Welt, als wie ich entweder zu Fuß oder zu Pferd zu ihr kommen möchte, da ich es erfuhr. In der Not kann man die wahren Freunde erkennen lernen. Von ungefähr war mein Herr nach Capua gereist, um etwas zu verkaufen. Ich ließ diese Gelegenheit nicht entwischen und überredete unsern Wirt, daß er mich ein paar Meilen begleitete. Dieser war ein starker Soldat und machte sich aus dem ganzen Orkus nichts. Wir machten uns gegen Mitternacht, wenn die Hühner schreien, auf den Weg; der Mond schien so helle, als wenn es Mittag wäre. Wir gingen endlich nun über die Gräber. Da fing auch mein Kerl an, die Sterne zu beschwören; ich aber zählte die Sterne und sang vor lauter Angst darauf. Wie ich mich nach meinem Begleiter umsah, so zieht er sich fasernackend aus und legt alle seine Kleider an den Weg. Es schwindelte mir vor den Augen, und meine Seele wollte aus der Nase fahren. – Er aber pißte einen Kreis um seine Kleider und plötzlich stand er als ein Wolf da.

Glaubt ja nicht, daß ich scherze! Wenn mir einer den ganzen Tisch voll Geld herlegte, so würd' ich keine Lüge sagen. Aber damit ich in meiner Rede fortfahre: Nachdem er Wolf geworden war, so fing er an zu heulen und lief in den Wald hinein. Im Anfang wußt' ich nicht, wo mir der Kopf stand; hernach aber wollt' ich seine Kleider aufheben, und siehe da, sie waren alle versteinert worden. Wer erschrak heftiger als ich? Aber doch zückte ich mein Schwert und hieb immer vor mir weg in die Schatten, bis ich endlich in das Haus meiner lieben Melisse kam.

Wie ich zu ihrer Tür hineingetreten war, so wollt' ich den Geist aufgeben. Der Schweiß floß mir bis auf die Füße hinab: die Augen waren gestorben – kaum kam ich wieder zu mir selbst. Meine Melisse verwunderte sich, daß ich so spät in der Nacht zu ihr käme, und sagte: ›Wenn du ein klein wenig eher gekommen wärest, so hättest du uns helfen können; denn ein Wolf ist in unser Dorf gelaufen und hat wie ein Metzger beinahe all unser Vieh umgebracht. Aber er hat es nicht umsonst getan, denn unser Knecht hat ihm einen Spieß in den Hals geworfen, ob er gleich noch davongekommen ist.‹

Wie ich dieses hörte, so macht' ich gewaltig große Augen und ging gleich, da es helle war, wieder zurück nach Hause; aber so zerstört wie ein Wandrer, der von Räubern überfallen worden. Nachdem ich an den Ort gekommen war, wo die Kleider in Stein verwandelt gelegen hatten, fand ich nichts als Blut. Wie ich aber nach Hause kam, so fand ich meinen Soldaten im Bette liegen und wie ein Schwein bluten, und einen Wundarzt über seinem Halse. Nun merkt' ich erst, daß er ein Hexenmeister sei und sich verwandeln könne. – Nach dieser Zeit hab' ich keinen Bissen Brot mehr mit ihm essen können, und wenn du mich umgebracht hättest. Diese mögen die Sache untersuchen, welche darinnen anderer Meinung sind. Alle Götter sollen mich strafen, wenn ich die Unwahrheit sage.«[37]

Da alle vor Verwunderung nicht wußten, was sie denken sollten, so fing Trimalcion allein an zu reden und sagte: »Es kann alles wahr sein, was du gesagt hast! So wahr ich lebe! Die Haare standen mir gen Berg bei deiner Erzählung. Ich bin überzeugt davon, daß Niceros bei solchen Sachen ernsthaft ist, und nichts sagt, von dessen Wahrheit ihn sein Gewissen nicht überzeugt. Ich selbst will euch eben eine so erschreckliche Sache erzählen; sie ist so wunderbar wie ein Esel auf den Dächern.

Da ich noch Haare trug, denn ich habe von Kindesbeinen an gewußt, daß die Wollust das höchste Gut der armen Menschen ist,[38] starb Iphis, einer von meinen Lieblingen, ein schöner Knabe, der keinen Fehler hatte, eine Perle. Da nun seine Mutter sich über diesen Verlust gar nicht wollte trösten lassen und viele von uns bei ihr waren, um sie wieder aufzurichten, so erschienen auf einmal verschiedene Hexen und fielen über ihn her, wie Windhunde über einen Hasen. Wir hatten damals einen Kappadozier bei uns, einen langen verwegenen Kerl, welcher den Jupiter mit seinem Donner angepackt hätte. Dieser zog ganz mutig sein Schwert, sprang zur Tür hinaus, umwickelte sich sehr behutsam die linke Hand[39] und stach ein Weib, so, wie ich es hier zeige – die Götter behüten, was ich berühre –, mitten durch. Wir hörten etwas seufzen, aber, damit ihr seht, daß ich nicht lüge – wir sahen die Hexen nicht. Unser Held aber, wie er wieder ins Zimmer getreten war, warf sich aufs Bett, und sein ganzer Leib war, wie mit Peitschen, braun und blau geschlagen, weil ihn nämlich eine böse Hand berührt hatte. Wir schlossen die Türe zu und fingen wieder an, sie aufs neue zu trösten; aber indem sie den Leib ihres Sohnes umarmte, fand sie nichts als eine Haut voll Kehricht, weder Herz noch Eingeweide, noch sonst was war mehr davon da; denn die Hexen hatten den Knaben geholt und dieses Kehricht statt seiner hingezaubert. – Ich bitte euch, ihr müßt es glauben! Es gibt mehrere von den weisen Weibern, Nachtweibern und Hexen, die das Unterste zum Obersten machen. Übrigens erhielt dieser lange, rüstige Kerl niemals seine wahre Farbe wieder, und nach wenigen Tagen starb er in der Raserei.«

Wir entsetzten uns und glauben zugleich alles, küßten die Tafel[40] und baten flehentlich die Hexen, daß sie die Gütigkeit haben möchten, nicht auszugehen, wenn wir von der Mahlzeit nach Hause gingen.

Und wahrhaftig! Schon sah ich auch alles mit doppelten Augen an, es schienen mir mehrere Fackeln zu brennen, und die ganze Tafel hatte sich verändert, als Trimalcion wieder anfing und sagte: »Ich bitte dich, Plocrim! Und du erzählst nichts? Willst du uns kein Vergnügen machen? Du konntest sonst so schöne Märchen erzählen, so schön singen, so schöne Auftritte aus Komödien von lauter Honig mit untermischen. Ach! Ach! Ihr süßen Freuden des Lebens seid alle entflohen!«

»Jawohl!« sagte er, »die Räder meines Lebens sind abgelaufen, seitdem ich das Podagra habe! Da ich noch ein Knabe war, sang ich mir halb die Lunge aus dem Leibe! Was Tanzen? Was zärtliche Szenen! Was das Putzen anbetrifft, wer war mir gleich, wenn ich den einzigen Apellet ausnehme?«

Darauf hielt er die Hand vor den Mund und zischelte, ich weiß nicht, was Mißhelliges heraus, welches er dann für etwas Griechisches ausgab. Trimalcion, nachdem er die Flöten nachgemacht hatte, blickte seinen Liebling zärtlich an und schmeichelte ihm mit dem Namen Krösus.

Nun wickelte dieser triefäugige Junge ein schwarzes

Hündchen mit abscheulichen Zähnen, das noch überdies ekelhaft fett war, in eine grüne Binde, legt' ihm ein halbes Brot auf dem Bette vor und ließ es davon bis an den Hals sich vollessen. Trimalcion erinnerte sich dabei seines Scylax und befahl, daß man ihn gleich herbeibringen sollte, die Wache seines Hauses und seiner Familie. Den Augenblick wurde ein entsetzlicher Kettenhund herbeigeführt, und da ihm der Türhüter mit dem Fuße zu verstehen gegeben hatte, daß er sich niederlegen sollte, so setzte er sich vor die Tafel hin. Trimalcion warf ihm ein Stück Kuchen entgegen und sagte: »Niemand in meinem ganzen Hause liebt mich so sehr als dieser Hund.« Das Triefauge verdroß es, daß er den Scylax so unmäßig lobte, er tat sein schwarzes Tier auf die Erde und hetzte es. Scylax gebrauchte seinen Hundsverstand, erfüllte mit dem greulichsten Gebelle den ganzen Saal und hätte beinahe das Margaritchen des Krösus zerrissen. Dieser Lärm wurde noch vergrößert, ein Leuchter fiel auf den Tisch, machte alle kristallenen Gefäße kurz und klein und bespritzte einige Gäste mit glühendem Öle.

Trimalcion, damit es nicht schien, als ob er sich was daraus machte, küßte den Jungen und befahl ihm, auf seinen Rücken zu steigen. Dieser säumte sich nicht lange, stieg aufs Pferd, schlug ihm mit der flachen Hand auf die Schultern und schrie lachend:

»Hocke! Hocke Mäste!
Wie viel hast du Gäste?«[41]

Nachdem Trimalcion wieder abgesattelt war, ließ er einen großen Becher anfüllen und befahl, daß alle Sklaven zu unsern Füßen daraus trinken sollten, mit der

Bedingung, daß, wenn einer nicht trinken wollte, man ihm den Becher auf den Kopf schütten sollte. »Bisweilen muß man strenge sein«, sagte er, »und bisweilen scherzen.«

Nach dieser Leutseligkeit wurden die Matteen[42] aufgetragen, vor welchen, ihr könnt mir glauben, die Erinnerung mir noch jetzt einen Ekel verursacht. Einige gestopfte Hennen wurden statt der Krammetsvögel[43] mit gefüllten Eiern herumgetragen. Mit einer Miene voll Majestät bat uns Trimalcion, daß wir sie verspeisen möchten, indem er hinzufügte, es seien ausgebeinte Hennen.

Unterdessen klopfte ein Häscher an die Türen und ein Gast in einem weißen Kleide,[44] mit einem großen Haufen umgeben, trat herein. Erschrocken von seiner Herrlichkeit, glaubt' ich, der Prätor käme herein. Ich wollte aufstehen und mit bloßen Füßen auf den Boden treten. Agamemnon lachte über meine Furcht und sagte: »Mäßige dich, Närrchen! Es ist Habinnas der Sevir, der zugleich ein großer Steinschneider ist und die Grabmale vortrefflich zu machen weiß.«

Dadurch erhielt ich wieder frischen Mut, nahm meine vorige Lage wieder ein und betrachtete den Habinnas mit großer Verwunderung. Er aber, schon trunken, legte die Hände auf die Schultern seiner Frau.

Auf seinem Haupte waren einige Kronen, und Salbe floß ihm von der Stirne in die Augen. Nun setzt' er sich an den obersten Ort und forderte gleich Wein und lauwarmes Wasser.

Trimalcion ergötzte sich darüber, daß er so lustig war, forderte selbst einen größern Becher und fragte, wie ihm das Gastmahl gefallen hätte, wo er herkäme.

»Wir hatten alles«, gab er zur Antwort, »außer dir; denn meine Augen waren immer hier. Beim Herkules! Wir haben recht herrlich gelebt. Scissa hat seinem Sklaven Misellus zum Angedenken einen Leichenschmaus gegeben, welchem er bei seinem Tode die Freiheit gab. Er hatte eine reiche Erbschaft getan, denn man schätzt sein Vermögen auf fünfzigtausend. Aber wir haben uns recht wohl befunden, obgleich wir die Hälfte Wein auf seine Gebeine gießen mußten.«

»Was habt ihr denn zur Mahlzeit gehabt?« fragte Trimalcion.

»Ich will dir's sagen, wenn ich kann; denn ich habe ein so gutes Gedächtnis, daß ich oft meinen Namen vergesse. Unterdessen glaub' ich, daß wir zur ersten Tracht ein bekränztes Schwein gehabt haben, welches mit Bratwürsten, wohlzugerichteten Vögeln, Mangold und schwarzem Brote gefüllt war. Dieses letztere ess' ich lieber als das weiße, denn es gibt Kräfte, und an mir lass' ich gewiß nichts fehlen.

Das zweite Gericht bestand aus kalten Torten, welche mit warmem, vortrefflichem spanischem Honige übergossen waren. Von den Torten aß ich zwar auch nicht allzuwenig, aber an dem Honig konnt' ich mich gar nicht sattessen. Von dem Erbsen- und Bohnensalat hab' ich wenig zu mir genommen; denn Calva hat mir es geraten, desgleichen auch wenig Obst; aber doch hab' ich ein paar Äpfel aufgehoben. Siehe! Hier sind sie in meinem Tischtüchlein; denn wenn ich meinem kleinen Sklaven nicht was mitbringe, so zankt er mit mir. Mein Schatz erinnert mich auch allezeit daran.

Darauf wurden wir mit einer Keule von einem jungen Bären bedient;[45] und da meine Scintilla unvorsichtigerweise davon gegessen hatte, spie sie bald Lunge und Leber darauf aus. Ich aber habe mehr als ein ganzes Pfund davon zu mir genommen, es hatte völlig den Geschmack von Schwarzwildbret. ›Wenn der Bär das Menschlein frißt,‹ sagt' ich, ›wie viel mehr muß das Menschlein den Bären essen?‹

Kurz, wir hatten weichen Käse und Weinsuppe und Schnecken und Gehacktes und Leber und gefüllte Eier und Rüben und Senf, und alles in der Art von großen Schüsseln, welche Palamed erfunden hat, wofür es ihm ewig wohl gehen müsse! – Darauf wurden Austern in einem großen Becken herumgetragen, nach welchen wir mit Fäusten dreingriffen, denn den Schinken hatten wir wieder fortgeschickt. – Aber sage mir doch, mein lieber Gaius, warum ist denn Fortunata nicht am Tische?«

»Kennst du sie noch nicht?« sagte Trimalcion, »sie nimmt nicht eher einen Tropfen Wasser in den Mund, als bis sie alles, was zur Mahlzeit gehörig ist, in Ordnung gebracht und die Überbleibsel unter die Knaben ausgeteilt hat.«

»Den Augenblick geh' ich weg«, sagte Habinnas, »wenn sie sich nicht hersetzt!«, und da er schon anfing, aufzustehen, so liefen alle Bedienten nach der Fortunata. Sie kam also herbei.

Sie war mit einer gelben Brustbinde so hoch aufgeschürzt, daß man ihr kirschfarbenes Unterröckchen sehen konnte und ihre von Silber geflochtenen Bänder um die Beine[46] und ihre mit Gold gestückten Pantoffeln. Dann wischte sie mit einem Schweißtuche, welches an ihrem Busen hing, ihre Hände ab und setzte sich auf das Bett neben Scintillen, der Gemahlin des Habinnas, küßte diese, da sie vor Freude die Hände zusammenschlug, und rief mit zärtlicher Stimme: »Bist du's denn wirklich?«

Nun tat Fortunata ihre von Golde starrenden Armbänder herab und wies sie der Scintilla, welche sie sehr bewunderte. Endlich löste sie auch ihre Beinbänder herab und ihr Haarnetz, von welchem sie rühmte, daß es aus den feinsten Goldfäden verfertigt sei.

Trimalcion bemerkte dieses alles und befahl, alles herbeizubringen. »Ihr seht hier«, sagte er, »ihre guten Fußketten! So lassen wir Narren uns von ihnen berauben. – Sie müssen sechs und ein halbes Pfund haben; und ich selbst habe noch überdies ein Armband für sie, welches zehn Pfund wiegt, wozu ich einige Interessen angewendet habe.«[47]

Endlich mußte man ihm sogar noch eine Waage bringen, damit man nicht glauben möchte, er löge – und nun wog er alles nacheinander.

Nicht besser macht' es Scintilla. Diese zog eine goldene Kapsel von ihrem Halse, welche sie ihre Felicion nannte, und brachte noch zwei von den größten Perlen hervor und gab sie der Fortunata ebenso zu betrachten. – »Dies ist ein Geschenk von meinem lieben Männchen«, sagte sie, »kein Mensch kann sie besser haben!«

»Du hast mir lange genug in den Ohren gelegen«, sagte dieser, »damit ich dir diese Bohne von Glas kaufen möchte, und hast mich beinahe dadurch zum Bettelmanne gemacht. – Wahrhaftig! Wenn ich eine Tochter hätte, wollt' ich ihr die Ohrläppchen abschneiden. Wenn die Weiber nicht wären, so würden wir das alles für Kot halten. Nunmehr aber ist's so unumgänglich als warm pissen und kalt trinken.«

Obgleich die Damen darüber betroffen waren, so

lachten sie doch dazu und küßten sich, schon beide betrunken, indem die eine rühmte, was sie für eine gute Hausmutter, und die andre, was ihr Mann für ein gutes Närrchen sei. – Da sie noch aneinander hingen, so stand Habinnas heimlich auf, ergriff die Füße der Fortunata und legte sie aufs Bett. »Ach! Ach!« schrie sie, wie wenn sie ins Wasser fiel, indem sich ihr Unterröckchen bis über die Knie hinaufschlug – und in diesem Zustande verbarg sie ihr aufglühendes Gesicht in dem Schoße ihrer Scintilla.

Nicht lange danach befahl Trimalcion, daß der Nachtisch herbeigebracht würde. Die Sklaven trugen alle Tische fort und brachten andere an deren Stelle und bestreuten den Saal mit roten und gelben Sägespänen und, welches ich niemals gesehen hatte, mit glänzendem Staube von Spiegelsteinen.[48] Trimalcion sagte darauf: »Ich konnte zwar mit dem letzten Gerichte zufrieden sein, denn es war statt des Nachtisches; aber wenn du was Gutes hast, so bring es her.«

Unterdessen fing ein alexandrinischer Bube, welcher mit lauem Wasser bediente, an, die Nachtigall zu machen. Plötzlich aber schrie Trimalcion: »Was anderes!« Da kam denn wieder was Neues. Ein Sklave, welcher zu den Füßen des Habinnas saß, schrie augenblicklich darauf, vermutlich auf Befehl seines Herrn, mit heller Stimme: »Unterdessen war schon auf der Höhe des Meeres Aeneas mit der Flott' und die Reise« gewiß u. s. w.

Kein mißhelliger Ton hat jemals so meine Ohren zerrissen! Denn außer diesem sang der Barbar bald hoch und bald tief und mischte Gassenliederchen mit ein, daß mich damals zum erstenmal sogar Virgil beleidigte. – Da er nun endlich aus Müdigkeit nicht mehr fortschrie, sagte Habinnas: »Hat er's gelernt? Man muß ihn auf den Markt schicken, dort wird er seinesgleichen nicht haben, er mag entweder die Mauleseltreiber oder Quacksalber nachahmen wollen. Wenn er in Not steckt, so ist er der verschlagenste Kopf. Er ist Schuster, Koch, Bäcker und kann bei jeder Kunst einen Bedienten abgeben; doch hat er zwei Fehler an sich, und wenn er diese nicht hätte, so würd' er ganz ohne allen Tadel sein. Er bekommt bisweilen den Schuß in den Kopf und schläft gerne. Daß er schieläugig ist, hat nichts zu bedeuten; das ist auch Venus, und deswegen verschweigt er nichts. Ich kauft' ihn auch wie einen Einäugigen für hundert Taler.«

Hier unterbrach ihn Scintilla und sagte: »Du Schelmchen verschweigst noch vieles von ihm! Er ist auch in der Schule der Buhlereien gewesen; aber ich will ihn schon dafür bezahlen! Du Schielauge du! Ich lasse dir noch ein Kreuz auf die Stirne brennen!«

Trimalcion lachte und sagte: »Ich erkenn' ihn selbst für einen Erzschalk. Er schlägt nichts aus, und beim Herkules, er tut recht dran! Denn er hat seinesgleichen nicht. Du aber, liebe Scintilla, darfst nicht so eifersüchtig sein! Glaube nur sicherlich, daß wir euch auch kennen! Ebenso, so wahr ich Trimalcion bin, pflegt' ich auch den schönen Ammea anzugreifen, daß sogar mein Herr einen Verdacht deswegen schöpfte und mich auf einen Meierhof verwies. – Aber sei stille, Zunge! Ich will dir was zu essen geben!«

Dieser heillose Sklave, eben, als wenn er gelobt worden wäre, zog ein Pfeifchen aus dem Busen und macht' es länger als eine halbe Stunde den Flötenbläsern nach, und Habinnas akkompagnierte ihn und drückte mit dem Finger die untere Lefze danach. Endlich trat er gar mitten in den Saal und machte, wie ein Pickelhering, bald die Kantoren und bald mit einer Peitsche die Mauleseltreiber nach, bis ihn endlich Habinnas zu sich rief, ihn küßte, ihm den Becher reichte und zu ihm sagte: »Trefflich und vortrefflich! Massa, du sollst ein paar Stiefel haben.«

Aus Verdruß würd' ich noch davongelaufen sein, wenn nicht noch das letztere Gericht dieses Gewäsche unterbrochen hätte. Es bestand aus einer Pastete von Krammetsvögeln, getrockneten Trauben und eingemachten Nüssen. Darauf folgten Quitten mit Zimt gespickt, damit sie wie Igel ausehen sollten. Dieses wäre noch erträglich gewesen, wenn nicht noch ein ungeheureres Gericht danach wäre gebracht worden, vor welchem der hungrigste Kerl meilenweit davongelaufen wäre. Denn da wir glaubten, eine gestopfte Gans stehe da und Fische und allerlei Arten von Vögeln darum, so sagte Trimalcion: »Alles was ihr seht, ist aus einem Leibe gemacht.«

Ich nämlich, als der erfahrenste Kerl in dergleichen Sachen, wußte gleich, was es wäre und sagte dem Agamemnon: »Es ist sehr schön, wenn es nicht von Wachs gemacht ist! Zu Rom hab' ich in den Saturnalien eben solche Statuen von Gerichten gesehen.«

Ich hatte noch nicht aufgehört zu reden, als Trimalcion sagte: »Ich will was darauf wetten, wenn mein Koch das nicht alles von einem Schwein gemacht hat, ohne sonst etwas. Er ist der kostbarste Kerl von der Welt. Wenn ihr es verlangt, so macht er aus einem Saumagen einen Fisch, aus Speck einen Baum, aus dem Schinken eine Turteltaube, aus den Eingeweiden eine Henne; und nach meiner Erfindung hat er den schönsten Namen deswegen erhalten, denn er heißt Dädalus; und weil er ein so guter Kerl ist, so hab' ich ihm aus Rom ein paar Norische Messer mitgebracht.« – Gleich ließ er sie bringen, sah sie an und bewunderte sie und gab uns die Erlaubnis dazu, daß wir sie an unsern Bärten versuchen könnten.

Plötzlich traten lärmend zwei Sklaven in den Saal, als wenn unter ihnen ein Streit im Weinkeller entstanden wäre; noch hatten sie Flaschen an ihren Hälsen hängen, und wie Trimalcion ihren Streit entschieden, so wollte keiner von ihnen die Entscheidung befolgen, sondern sie schlugen einander die Flaschen entzwei. Wir erschraken über die Frechheit dieser Besoffenen und sahen ihrem Streite zu. Aus ihren Flaschen fielen allerlei Arten von Muschelfischen, welche ein Knabe auflas und in einer Schüssel herumtrug.

Das große Genie unter den Köchen, der Koch, übertraf noch diese witzigen Einfälle. Er brachte in einem silbernen Schüsselchen Schnecken herbei, und sang mit einer jämmerlichen und erbärmlichen Stimme dazu.

Ich schäme mich beinahe, das folgende zu erzählen. Ungewöhnlicherweise brachten schöne, hübsche Jungen mit langen Haaren in silbernen Becken Salbe und salbten die Füße der Gäste damit, da sie vorher Schenkel, Waden und Fersen mit Blumenkränzen umwunden hatten. Darauf gossen sie von ebendieser Salbe in die Weingefäße und Lampen.

Schon wollte Fortunata tanzen, schon klatschte Scintilla mehr, als sie sprach, als Trimalcion rief: »Ich erlaub' euch, Philargyrus, und dir Carrio, der du ein so tapfrer Anhänger der Grünen[49] bist, euch an den Tisch zu setzen! Sage deiner Konkubine Minophila, daß sie es ebenso mache.«

Was soll ich alles weitläufig erzählen? Beinahe wurden wir aus unsern Lagern vertrieben, so viel hatte das Gesinde von dem Tische eingenommen. Das hab' ich nicht vergessen, daß der Koch, der aus einem Schweine eine Gans gemacht hatte, über mir saß, und die ganze Küche aus sich dünstete. Er war nicht damit allein zufrieden, daß er am Tische saß, sondern fing gleich an, den Thespis, den ersten Komödianten nachzumachen, und wollte dann immer mit seinem Herrn wetten, daß er in dem nächsten Wettrennen in einem grünen Rocke den ersten Preis davontragen würde.

Trimalcion zerfloß in Vergnügen bei dieser Aufforderung und sagte: »Meine Freunde! Die Sklaven sind doch auch Menschen, und haben ebenso wie wir Weibermilch getrunken! Und wenn sie gleich ihr böses Schicksal verfolgt, so sollen sie doch, so wahr ich lebe, noch freie Luft genießen! Kurz, ich mache sie in meinem Testamente alle frei![50] Dem Philargyrus vermach' ich ein Gut und seine Konkubine. Dem Carrion eine Insel und den Zwanzigsten[51] und ein gemachtes Bett.

Fortunaten setz' ich zu meiner Haupterbin ein, und empfehle sie allen meinen Freunden. Dieses eröffne ich, alles deswegen, damit mich meine Familie jetzt schon so liebt, als wenn ich gestorben wäre.«

Alle bedankten sich für die Wohlgewogenheit ihres Herrn, er setzte den Scherz beiseite und befahl, daß man ihm sein Testament herbringen sollte und las es dann vom Anfange bis zu Ende. Die ganze Familie seufzte unterdessen. Nach diesem sah' er den Habinnas an und fragte: »Was sagst du, liebster Freund, dazu? Willst du mir noch mein Grabmal aufrichten, so wie ich es dir befohlen habe? – Ich bitte dich aber sehr, daß du an den

Fuß meiner Statue ein Hündchen machest und Kränze und Salben und alle meine gewonnenen Schlachten, damit ich durch dich so glücklich sei, noch nach meinem Tode zu leben. Oben muß es hundert und unten zweihundert Fuß haben. Alle Arten von Obstbäumen sollen um meine Asche gepflanzt werden, denn es würde sehr ungereimt sein, wenn ich bei Lebzeiten meine Wohnungen so schön ausgezieret hätte und diejenigen öde liegen lassen wollte, wo ich so lange wohnen muß. Vor allen Dingen muß noch diese Aufschrift dabei sein:

›DIESES MONUMENT SOLL KEINEN ERBEN HABEN.‹

Übrigens werd' ich in meinem Testament darauf bedacht sein, daß man mich nach meinem Tode nicht beschimpfe. Deswegen will ich einen Freigelassenen über mein Grabmal setzen, der verhüten soll, daß der Pöbel nicht irgend darauf seine Notdurft[52] verrichte. Noch bitt' ich dich, daß du Schiffe mit vollen Segeln darauf gehend machest und mich auf einem Richterstuhle, in einem Gewande mit Purpurstreifen und mit fünf goldenen Ringen, so, daß ich aus einem Säckchen Gold unter das Volk auswerfe; denn du weißt, daß ich öffentliche Mahlzeiten gegeben habe und jedem Gaste zwei Goldstücke. Du kannst, wenn du willst, einen Speisesaal dazumachen und das ganze Volk daran, wie es sich gütlich tut.

Zu meiner rechten Seite aber mache mir die Statue meiner Fortunata; wie sie ein Täubchen in der Hand hält und ein Hündchen an einem Gürtel führt und meinen Cicaron und Flaschen in Menge, die alle vergipst sein müssen, damit der Wein nicht herauslaufe. Eine davon kannst du wohl auch zerbrochen vorstellen, und über sie einen weinenden Knaben. Eine Uhr aber in die Mitte, damit, wer die Stunde daran sehen will, er mag wollen oder nicht, meinen Namen daran lese. Was die Grabschrift betrifft, so bitt' ich dich, mir zu sagen, ob dir diese hinlänglich zu sein scheinet:

›HIER RUHET
C. POMPEIUS TRIMALCION,
DER MÄZEN.
IN SEINER ABWESENHEIT WURD ER
ZUM SEVIR ERWÄHLT,
UND DA ER JEDES AMT ERHALTEN KONNTE,
SO WOLLT' ER ES DOCH NICHT.
ER WAR
FROMM, TAPFER, TREU.
SEIN ANFANG WAR KLEIN,
SEIN ENDE GROSS.
DREI MILLIONEN HAT ER HINTERLASSEN
UND NIEMALS EINEN PHILOSOPHEN GEHÖRT.
AUCH DU LEBE WOHL.‹«

Wie er dieses gesagt hatte, so vergoß er häufig Tränen; auch Fortunata weinte; und endlich weinte die ganze Familie und erfüllte mit ihrem Geheule den ganzen Saal, als wenn sie schon zu seiner Leiche wären gebeten worden. Ich selbst mußte mit zu weinen anfangen; und hier rief denn Trimalcion auf einmal aus: »Da wir so gut wissen, daß wir sterben werden, warum wollen wir denn nicht leben? Ihr sollt alle glücklich sein! – Kommt! Werfen wir uns ins Bad! Auf meine Gefahr! Es soll euch nicht gereuen! Es ist so warm drinnen wie in einem Ofen.«

»Recht so! Recht so!« rief Habinnas, »das ist mir was Leichtes, aus einem Tage zwei zu machen!« Darauf stand er barfuß auf und folgte dem Trimalcion, der vor Freuden nicht wußte, wie er gehen sollte.

Darauf wandt' ich mich zu dem Ascylt und fragt' ihn: »Was denkst du dabei? Wenn ich nur das Bad ins Gesicht bekomme, so werd' ich schon des Todes sein.«

»Wir wollen tun, als wenn wir mitgehen wollten«, sagte er, »und indem sie ins Bad gehen, unter dem Getümmel hinausschleichen.«

Da wir darinnen einerlei Meinung waren, so mußt' uns Giton durch die Galerie führen, bis wir zur Tür kamen. Daselbst fiel uns der Kettenhund so wütend an, daß Ascylt in einen Fischbehälter fiel; und ich, der nicht viel nüchterner war, und sogar vor dem gemalten Hunde mich schon gefürchtet hatte, fiel hinter ihm drein, da ich ihm helfen wollte. Der Pförtner rettete uns noch, welcher durch seine Ankunft den Hund stillte und uns, die wir wie Espenlaub zitterten, ins Trockene zog. Giton hatte sehr klüglich den Hund für sich eingenommen, denn er warf ihm alles vor, was er von uns bei der Mahlzeit empfangen hatte, und besänftigte ihn dadurch.

Da wir nun endlich halb erfroren uns von dem Pförtner ausbaten, daß er uns zur Tür hinausbringen möchte, so sagte er: »Ihr irrt euch, wenn ihr glaubt, ihr könntet da wieder hinausgehen, wo ihr hereingekommen seid. Noch kein einziger Gast ist zu eben der Türe hinausgegangen, durch welche er hereingekommen ist; da geht man herein und dort hinaus.«

Was sollten wir anfangen? Wir Unglückseligsten? Wir waren in eine neue Art von Labyrinth eingeschlossen. Es war kein andres Hilfsmittel übrig – wir mußten uns baden. Wir baten ihn also von freien Stücken, daß er uns ins Bad bringen möchte.

Wie wir da waren, so warfen wir unsere Kleider von uns, welche Giton am Eingange trocknen sollte, und gingen ins Bad. – Es war sehr schmal und einer Zisterne gleich, wo man sich zu erfrischen pflegt. Trimalcion stand gerade darinnen; wir konnten auch hier nicht vermeiden, seine Prahlereien anzuhören. Er sagte: »Es ist nichts besser, als wenn ihrer wenige sich baden! Sonst hat hier ein Backhaus gestanden!« Dann setzt' er sich vor Müdigkeit nieder. Das ganze Bad gab dadurch einen Klang von sich. Darauf hob er begeistert sein trunkenes Haupt empor und fing an, die Lieder des Mäzen zu verhunzen, wie mir diejenigen sagten, welche seine Sprache verstanden.

Die andern Gäste tanzten um seine Badzelle mit zusammengeschlungenen Händen in einem Kreise herum und schrien so entsetzlich, daß das ganze Haus darüber einfallen wollte. Andere versuchten, ob sie mit zusammengebundenen Händen Ringe von dem Boden aufheben, und noch andere, ob sie mit vorgebogenen Knien den Kopf rückwärts bis auf die Fersen beugen könnten.

Indem diese ihre Spielereien machten, gingen wir in eine Badstube, wo dem Trimalcion eingefeuert wurde. Hier fingen unsere Köpfe an, ein wenig leichter zu werden, und man führte uns in ein anderes Zimmer, in welchem Fortunata ihre Kostbarkeiten ausgekramet hatte. Ich bemerkte bei dem Glanze von kristallenen Leuchtern Fischer aus Erz gegossen, Tische von gediegenem Silber, mit Gold überzogene Becher und Schläuche, woraus Wein floß.

Dann kam Trimalcion und sagte: »Meine Freunde,

heute läßt sich mein Sklave zum erstenmal den Bart abscheren. Es ist ein gutherziger, braver Kerl, und ich lieb' ihn sehr. Also laßt uns ihn einweihen und bis an den hellen lichten Tag trinken!«

Wie er das sagte, schrie der Hahn.[53] Trimalcion wurde darüber bestürzt und befahl, daß man Wein unter den Tisch gießen und die Lampen damit bespritzen sollte. Ja, er steckte sogar einen Ring von seiner linken an seine rechte Hand und sagte: »Vergeblich hat dieser Wächter kein Zeichen gegeben; denn entweder wird eine Feuersbrunst entstehen, oder jemand wird in der Nachbarschaft seinen Geist aufgeben. Die Götter mögen uns gnädig sein! Wer diesen Propheten bringt, soll eine Krone erhalten!«

Er hatte noch nicht ausgeredet, so wurde der Hahn schon gebracht. Trimalcion befahl, daß man ihn gleich in einem Kessel kochen solle. Der gelehrte Koch, der kurz vorher aus einem Schweine Vögel und Fische gemacht hatte, machte nicht viel Federlesens mit ihm und schmiß ihn auf einen Rost, und indem Dädalus ihn mit siedenden Brühen begoß, mahlte Fortunata in einer Handmühle von Buchsbaum Pfeffer.

Wie der Rest von dem Nachtische gänzlich aufgezehrt war, so wandte sich Trimalcion zu seinem Hausgesinde und sagte: »Und ihr habt noch nicht gegessen, meine Kinder? Gehet und laßt andere in eure Stelle kommen!« Nun kam eine andere Bande. Jene schrien: »Lebe wohl, Gaius!« und diese: »Sei gegrüßt, Gaius!«

Hier wurde die Freude zuerst gestört; denn da ein schöner Junge unter den neuen Bedienten hereingetreten war, so ergriff ihn Trimalcion und konnte sich gar nicht satt an ihm küssen. Hier fing Fortunata an, welche hier augenscheinlich ihren Verdacht bekräftigen konnte, auf den Trimalcion zu schimpfen, nannt' ihn einen schmutzigen garstigen Mann, der seine Geilheit nicht im Zaume halten könne, und zuletzt sagte sie noch: »Du geiler Hund!«

Trimalcion, durch diese Schimpfworte beschämt und im höchsten Grade beleidigt, warf einen Becher gerad' ihr ins Gesicht. Diese schrie nun ganz erbärmlich, als wenn er ihr ein Auge aus dem Kopfe geworfen hätte, und hielt ihre zitternden Hände vors Gesicht. Scintilla selbst wurde sehr darüber bestürzt und drückte sie halb ohnmächtig an ihren Busen. Ein gutwilliger Knabe brachte einen Krug frisches Wasser herbei und hielt es ihr an den Backen; Fortunata hielt ihr Gesicht darüber und seufzte und weinte.

Trimalcion hingegen sagte: »Was bildet sich die Hure ein, daß sie mich so behandeln will? Aus dem Backhause hab' ich sie herausgezogen und unter die Menschen gebracht! Jetzt bläst sie sich wie ein Frosch auf, aber sie speit sich selbst auf ihren Busen. Ein Stück Holz ist sie, kein Weib. Aber es hat seine Richtigkeit, ein Mistfink wird sich niemals in die große Welt schicken. Nicht eher will ich mich ruhig zu Bette legen, als bis ich diese großsprecherische Kassandra gedemütigt habe.

Wie ich noch ein geringer Bursche war, konnt' ich schon ein Weib von hunderttausend Talern heiraten. Du wirst wohl wissen, daß ich keine Lüge sage. Gestern führte mich der Salbenhändler Agathon beiseite und sagte mir: ›Ich bitte dich! laß doch dein Geschlecht nicht untergehen.‹ Aber indem ich dieser alles Liebe und Gute tue und nicht flatterhaft scheinen will, so hab' ich mir selbst die Faust ins Gesicht geschlagen. Nach meinem

Tode wirst du mich wieder mit den Fingernägeln auskratzen wollen! Dann wirst du einsehen, wie unvernünftig du jetzt gehandelt hast. Habinnas, nun sollst du ihre Statue nicht mehr auf mein Grabmal bringen, sie dürfte sich nach meinem Tode noch mit mir zanken wollen! Und damit sie erfahren möge, daß ich ihr schaden kann, so befehl' und verordn' ich hiermit, daß sie, wenn ich gestorben bin, mich nicht küssen soll.«

Nach diesen Donnerschlägen fing Habinnas an, für sie zu bitten und beschwor ihn, daß er doch wieder aufhören möchte zu zürnen, und sagte: »Es ist ist niemand unter uns, der nicht fehle! Wir Menschen sind ja keine Götter!« Scintilla sagte das Nämliche, und weinte dazu, und sagte zuletzt: »Ich beschwöre dich bei ihrem Schutzgeiste, lieber Gaius, sei nicht unerbittlich!«

Darauf weinte Trimalcion wie ein Kind und sagte: »Habinnas, es müsse dir wohl gehen! Wann ich zuviel getan habe, so speie mir ins Gesicht! Ich habe dem allerbesten Knaben ein paar Küsse gegeben, nicht weil er schön, sondern weil er so gutherzig, so ehrlich ist. Er kann zehn Reden halten! Er liest sein Buch ohne Anstoß weg! Er steckt seine täglichen Geschenke in eine Sparbüchse! Er hat sich ein Kästchen angeschafft, worin er sich das aufhebt, was er nicht ißt, und einige Fläschchen dazu, was er nicht trinkt! Ist er nicht wert, daß ich ihn unter meinen Augen leide? Aber Fortunata will's nicht haben. Und weswegen, du Krummbein?[54] Nun, so friß immer alles weg, du Habicht! Aber mache mich nicht toll, kleine Hure! Sonst wirst du erfahren, wer ich bin! Du kennst mich und weißt sehr wohl, daß das, was ich einmal beschlossen habe, so fest ist, als wenn es mit den längsten Nägeln angenagelt wäre! – Aber bedenken wir, daß wir leben! Seid vergnügt , meine Freunde! Ich bitt' euch darum! Ich war eben das, was ihr seid, bloß durch meinen Verstand hab' ich's so weit gebracht. Unser Herzchen macht uns zu Menschen, das übrige ist alles nichts! Ich kaufe wohl und verkaufe wohl! Ein andrer mag euch das übrige sagen! Ich möchte vor Glückseligkeit zerbersten! Du aber, Schnarcherin, weinst du noch immer? Warte nur, ich will dir schon noch Ursache dazu geben!

Aber um in meiner Erzählung fortzufahren: Zu diesem Glücke hat mich meine Sparsamkeit gebracht. Wie ich aus Asien kam, war ich nicht größer, als dieser Leuchter. Kurz: ich pflegte mich täglich mit ihm zu messen, und damit ich bald einen Bart bekäme, so salbt' ich mich aus dieser Lampe. Unterdessen war ich vierzehn Jahre die Geliebte, die Wollust meines Herrn; denn warum sollt ich es nicht gestehen? Was der Herr befiehlt, ist nicht schändlich. Aber doch tat ich auch der Gemahlin dabei Genüge. Ihr versteht mich! Ich schweige davon, weil ich mich nicht gern selbst rühme. Darauf wurd' ich nach dem Willen der Götter selbst Herr im Hause, und da fing ich an zu merken, daß ich Gehirn im Kopfe hatte. Was soll ich weitläufig sein? Dadurch wurd' ich sein Erbe zugleich mit dem Kaiser, und nahm seine Güter und Würden in Besitz. Aber sagt mir, wann hat jemals ein Mensch genug? – Ich hatte Lust, Handel zu treiben. Ich will euch nicht lange aufhalten. Ich rüstete fünf Schiffe aus, belastete sie mit Wein, das war so viel als bares Geld; und ließ sie nach Rom absegeln. Ebenso, als wenn ich es befohlen hätte, litten alle fünfe Schiffbruch. An einem Tage verschlang Neptun über drei Millionen. Glaubt ihr, daß ich den Mut verloren habe? Nein, beim Herkules! Das alles war mir wie nichts! Ich ließ größere und bessere und glücklichere bauen, damit jeder sagen müßte, ich sei ein mutiger Mann. Ihr wißt, je größer die Schiffe sind, je mehr Stärke haben sie. Ich belastete sie wieder mit Wein, Speck, Bohnen, Salben und Sklaven. –

Hier tat Fortunata eine großmütige Handlung, denn sie verkaufte allen ihren Schmuck und alle ihre Kleider und gab mir hundert große Goldstücke in die Hände, die gleichsam der Sauerteig zu meinem Vermögen waren. Was die Götter wollen, geschieht geschwind. Auf einer Fahrt gewann ich eine ganze Million. Ich löste alle Grundstücke meiner Erbschaft wieder ein, baute Häuser, kaufte Zugvieh zum Verkaufe. Was ich nur berührte, nahm zu wie eine Honigscheibe. Endlich, da ich mehr hatte als mein ganzes Vaterland – Weg damit dann! Ich entschlug mich des Handels und schoß den Freigelassenen Kapitalien auf Zins vor. Endlich, da ich alles mein Gewerbe wollte liegenlassen, so kam ein Mathematikus in unsere Kolonie, ein Grieche, namens Serapio, ein von den Göttern begeisterter Mann, und beredete mich wieder dazu. Er sagte mir alles vom Anfange bis zum Ende, was ich getan und schon wieder vergessen hatte. Er kannte alles an mir, sogar bis auf meine Eingeweide, und hätte mir sagen können, was ich gestern gegessen hätte. Man konnte glauben, er sei von Kindesbeinen an nicht von mir weggekommen.

Warest du nicht dabei, Habinnas, als er mir einst sagte: ›Du hast deine Frau zu dem Herrn deines Vermögens gemacht! Du bist nicht glücklich in der Wahl deiner Freunde! Niemand wird dir dankbar sein! Du besitzest weitläufige Ländereien! Du ernährest eine Schlange in deinem Busen! – Und warum soll ich es nicht sagen? Du hast noch zweiunddreißig Jahre, vier Monate und zwei Tage zu leben! In kurzem wirst du eine Erbschaft erhalten!‹

Dieses verkündigte mir mein Wahrsager. Wenn ich meine Güter noch mit Apulien verbunden habe, so werd' ich reich genug sein. Unterdessen hab' ich unter dem Schutze des Merkur dieses Schloß gebaut. Wie ihr wißt, war es eine Hütte, jetzt kann es eine Wohnung der Götter sein. Es hat vier Speisesäle, zwanzig Zimmer mit Schlafgemächern, zwei Galerien von Marmor, in der Höhe viele Zimmer für Bediente und Hausgeräte, ein Schlafzimmer für mich, ein Putzzimmer für diese Otter, ein sehr gutes Zimmer für den Pförtner und ein Gastzimmer für hundert Gäste. Kurz: wenn Scaurus hieherkam, so wollt' er sonst nirgends lieber Quartier nehmen, und er hatte selbst am Strande ein väterliches Landgut. Es sind noch andere Dinge darinnen, welche ich euch gleich zeigen will.

Glaubt mir auf mein Wort! Soviel Geld ihr habt, für so viel Geld hält man euch wert! Hast du Geld, so wirst du auch geschützt. So wurde euer Freund aus einem Frosche ein König.

Stich, bringe mir unterdessen meine Sterbekleider her, in welchen man mich hinaustragen soll, und Salbe aus jener kostbaren Flasche, wovon meine Gebeine sollen gesalbt werden.«

Stich brachte gleich eine weiße und eine mit Purpur besetzte Toga. Wir mußten darauf alles befühlen, ob es von guter Wolle gemacht sei. Dann sagte er lächelnd: »Stich, laß mir ja keine Würmer und Motten hineinkommen, sonst laß ich dich lebendig verbrennen! Prächtig will ich hinausgetragen werden, und das ganze Volk soll mich segnen.«

Jetzt öffnete er die Flasche voll Nardenöl und salbte uns alle ein wenig damit. »Ich will hoffen«, sagte er, »daß mir dieses Öl ebenso angenehme Empfindungen verursachen werde, wenn ich tot bin, als jetzt, da ich noch lebe.«

Dann ließ er frischen Wein einschenken und sagte: »Stellt euch einmal vor, ihr wäret auf meinem Leichenschmause!«

Die Sache wurde nun endlich so weit getrieben, daß wir alle den größten Ekel darüber empfanden. Trimalcion war durchaus besoffen und befahl – wieder ein neuer Ohrenschmaus –, daß die Waldhornisten herbeigebracht würden. – Er streckte sich der Länge lang auf seine vielen Kissen, als wenn hier sein Totenbett wäre. »Glaubt nun«, sagte er, »daß ich mausetot sei, und sagt etwas Rührendes!« –[55] Die Waldhornisten bliesen nun ihre kläglichen Leichenstückchen. Insbesondere ließ ein Sklave des Leichenvoigts, welcher der ehrlichste noch unter diesen zu sein schien, sein Horn so stark erschallen, daß die ganze Nachbarschaft davon aufgeweckt wurde.

Die Wächter in dem Teile der Stadt, wo das Haus des Trimalcion war, glaubten es wäre Feuer darinnen, brachen schleunigst die Türen auf, und mit einem fürchterlichen Getümmel kamen sie, wie es ihre Pflicht erforderte, mit Äxten und Wassereimern hereingesprungen.

Wir bedienten uns dieser vortrefflichen Gelegenheit, ließen Agamemnon im Stich und sprangen so schnell davon, als wenn das ganze Haus wirklich brennen würde und über uns einfallen wollte.

Ende des ersten Bandes.

ZWEITER BAND

LESEN Sie nur weiter! Was Sie nun lesen werden, ist eigentlich das, was dieses Werk des Petron bei allen Nationen, welche die römischen Schriftsteller gelesen haben, so beliebt gemacht hat.

Die Erzählung von der Matrone zu Ephesus, das Gedicht auf den bürgerlichen Krieg, die Beschreibung der Liebeshändel des Enkolp mit der Circe sind immer bewundert, öffentlich und heimlich nachgeahmt und übersetzt worden. Eben darin glänzt der Genius des Petron, und erhebt sich nicht allein über die Genien seines Zeitalters, sondern über die meisten, welche zu den Zeiten des Mäzen blühten, empor; und eben deswegen hab' ich dieses Werk übersetzt.

Beinah ist es unglaublich, daß die Beschreibung der Begebenheiten des Enkolp mit der Circe und das erhabene Gedicht von einem Geiste seien geboren worden. – Doch ich darf nicht zu sehr loben! Mein Lob möchte mir nach dem Aristoteles nachteilig sein!

Einige Stellen am Ende werden einigen Lesern mißfallen, welche nicht einmal der ernsthaften Moral huldigen, weil sie für unsere reingesitteten Zeiten zu schmutzig sind; diese aber bitt' ich, das Zeitalter zu bedenken, in welchem Petron lebte.

Ich nenn' Ihnen nur den Nero und seine bekannten vom Tiberius erfundenen Stühle, durch deren Gebrauch sie jede Lucretia notzüchtigten – um Sie zur Verzeihung zu bewegen.

Man würde Petrons Satire nicht gelesen haben, wenn sie eine Bußpredigt gewesen wäre, und sie würde in ihrer

Geburt erstickt sein; alles Volk lebte damals, wie jetzt die Geistlichen zu Venedig.

Petron sagt auch weiter nichts zu seiner Verteidigung, als:

WER WEISS DENN NICHT, WAS MAN MIT SCHÖNEN MÄDCHEN MACHT?

WIR hatten keine Fackel, welche uns den Weg hätte zeigen können; und die Stille der Mitternacht ließ uns nicht hoffen, daß uns jemand mit Licht begegnen würde. Hierzu kam noch die Trunkenheit und die Unwegsamkeit der Örter, in welchen es auch bei Tage immer sehr finster war. Da wir also schon beinahe eine ganze Stunde lang an Steinhaufen und zerbrochenen Nachtscherben unsere Füße blutig gestolpert hatten, so wurden wir endlich durch Gitons Scharfsinnigkeit daraus erlöset; denn den Tag zuvor hatte er alle Pfeiler und Säulen bezeichnet, da er auch sogar bei hellem Tage sich nicht durch diese dunkeln Gänge zu finden hoffte, und die Striche der Kreide brachen aus der dichtesten Nacht hervor und eröffneten uns Herumirrenden mit ihrem deutlichen Scheine den Weg. Wir troffen von Schweiß, wie wir an unsere Wohnung kamen. Wir machten Lärm. Aber unsere alte Wirtin, welche unter ihren Gästen länger als gewöhnlich mochte gezecht haben, wäre nicht erwacht, und wenn wir ihr glühende Kohlen untergelegt hätten.

Vielleicht hätten wir auch an der Türe diese Nacht zubringen müssen, wenn nicht ein reicher Kutscher des Trimalcion dazugekommen wäre. Dieser machte nicht viel Zauderns und brach die Tür ein; worauf wir denn ganz ruhig durch diese Öffnung gingen.

Sobald wir in unserm Schlafzimmer waren, ging ich mit meinem Liebling zu Bette. Ich hatte sehr reichlich geschmaust, und alle Adern und Nerven waren mir aufgeschwollen – ich ließ der Wollust den Zügel schießen.

Welch eine Nacht, ihr Götter und Göttinnen!
Wie Rosen war das Bett! Da hingen wir
Zusammen im Feuer und wollten in Wonne zerrinnen!
Und aus den Lippen flossen dort und hier,
Verirrend sich, unsre Seelen in unsre Seelen! –[56]
Lebt wohl, ihr Sorgen, wollt ihr mich noch quälen?
Ich hab' in diesen entzückenden Sekunden,
Wie man mit Wonne sterben kann, empfunden![57]

Unterdessen war ich noch nicht völlig so glückselig, als ich glaubte; denn da ich im Taumel der Wollust und Trunkenheit die Hände hatte sinken lassen und eingeschlummert war, so schlich sich Ascylt, der Freudenstörer, herbei, entzog mir den Knaben und trug ihn in sein Bett hinüber, und genoß ungehindert der Wonne der Liebe, wie ein Ehebrecher mit dem Knaben, der entweder das Unrecht nicht empfand oder nicht empfinden wollte. Er schlief in diesen gestohlenen Umarmungen ein und vergaß dabei die heiligen Rechte der Menschheit.

Ich erwachte, und wie ich mich allein fand, sucht' ich das ganze Bett aus; aber alle Freuden meines Lebens waren daraus geraubt. Ich fand sie zusammen. In der Wut trug ich beinahe kein Bedenken, sie alle beide mit dem Schwerte durchzubohren und den Schlaf mit dem Tode zu vereinigen. Endlich folgt' ich doch aber dem sichreren Rate, weckte den Giton mit Schlägen auf und sah den Ascylt mit wildem Gesichte an.

»O du Treuloser!« sagt' ich zu ihm, »da du unsere Freundschaft durch das abscheulichste Verbrechen aufgehoben hast, so packe geschwind deine Sachen zusammen und suche dir ein andres Örtchen auf, welches du besudeln kannst!«

Er weigerte sich auch nicht. Wir teilten unsere Habseligkeiten mit aller Aufrichtigkeit. Wie dieses geschehen war, so sagte er: »Nun! Wohlan! So wollen wir denn auch den Knaben teilen!« –

Ich glaubte, daß er noch zum Abschiede einen Scherz machen wolle; aber er zog, wie ein Mörder, das Schwert, und sagte: »Du sollst diese Beute nicht genießen, welche du bisher allein zu deinem Gebrauche gehabt hast. Wenn es nicht anders sein kann, so muß ich meinen Anteil mit diesem Schwerte herabhauen, eher geh' ich nicht zufrieden davon!« Ich rüstete mich also auch auf meiner Seite zum Streite und wickelte meinen Mantel um meinen Arm.

Da wir Elenden so unsinnig gegeneinander wüteten, fiel der unselige Knabe uns beiden zu Füßen und weinte und bat demütig, daß wir in diesem elenden Wirtshause den Thebanischen Kampf[58] nicht erneuern und die heiligsten Bande der Freundschaft mit unserm Blute besudeln möchten. »Und soll ja Blut vergossen werden«, rief er aus, »hier ist Hals und hier ist nackende Brust! Hieran legt eure Hände! Darauf stoßt eure Spitzen! Ich muß sterben! Ich bin die Ursache der gebrochenen Freundschaft!« –

Nach diesen Bitten ließen wir die Schwerter sinken, und Ascylt sagte zuerst: »Ich will dem Streit ein Ende machen! Der Knabe soll folgen, wem er will! Wenigstens in der Wahl seines Freundes soll er frei sein!« –

Ich glaubte, daß ihm die Liebe gegen mich aus unserm uralten Umgange zur zweiten Natur sollte geworden sein, und trug nicht das geringste Bedenken, den Vorschlag im Augenblick anzunehmen und den Giton zum Richter des Streites zu machen. – Wenn es nur geschienen hätte, daß ihm die Wahl ein wenig weh täte! So aber, ohne die geringste Überlegung erwählt' er sich, sobald ich den Vorschlag angenommen hatte, den Ascylt zu seinem Freunde.

Wie vom Blitze getroffen fiel ich darüber, zumal da ich das Schwert aus der Hand gelegt hatte, auf das Bett, und ich hätte selbst Hand an mich gelegt, wenn ich meinem Feinde den Sieg nicht zu sehr geneidet hätte.

Stolz ging Ascylt mit seiner Beute von dannen und ließ den an einem unbekannten Ort' im Stiche, der kurz zuvor sein zärtlich geliebter Kamerad war und Glück und Unglück mit ihm teilte.

Es bleibt der Name Freund, solang' er nützlich ist.
Solange du was hast, so lange wird gespielet;
Man flieht, sobald du nur vom Glück verlassen bist;
Nach deinen Schätzen wird, und nicht nach dir, gezielet.
Die Freundschaft ist nichts mehr als eine Komödie!
Sohn ist der, Vater der, und jener macht den Reichen;
Und ist die Hauptperson zum Spott – so gehen sie
Von ihrem Narren fort, wie Freunde von dir weichen.[59]

Ich gestattete nicht lange den Tränen den freien Lauf, sondern, da ich besorgte, man möchte, um das Unglück vollkommen zu machen, mich allein in diesem Wirtshause finden, so packte ich meine Sächelchen zusammen und mietete mir ganz niedergeschlagen ein abgelegenes Quartier am Ufer des Meeres. Daselbst schloß ich mich drei Tage ein, wurde endlich in dieser Einsamkeit ganz melancholisch und konnte die Verachtung gar nicht verschmerzen. Ich schlug öfters meine kranke Brust und schrie unter tiefgeholten Seufzern: Ach! konnte sich die

Erde unter mir noch nicht auftun und mich verschlingen! Nicht das erzürnte Meer, welches sogar der Unschuldigen nicht verschonet? Ich brachte meinen Wirt um und entfloh dem Gerichte; ich entwischte dem Amphitheater, und weswegen? Damit ich als ein verruchter Bösewicht, als ein Bettler, als ein Vertriebner in dem Wirtshause einer griechischen Stadt von allen Freunden verlassen liegen könnte? Und wer ist schuld daran, daß ich in dieser Einöde leben muß? Ein Junge, in welchem jeder Tropfen Blut unrein ist, der nach seinem eignen Geständnisse verdient, davongejagt zu werden, der seine Freiheit seiner niederträchtigen Hurerei zu verdanken hat, der in seinen männlichen Jahren sich noch als eine Dirne bei dem verdingte, der ihn für etwas Männliches hielt!

Und o, ihr Götter! Wer ist der andre? Dieser nahm an eben dem Tage, wo er mit dem männlichen Kleidc angetan wurde, einen Weiberrock um sich, und ließ sich dazu von seiner eigenen Mutter bereden! Der den Sklaven als ein Weib diente: der, nachdem er alles durchgebracht hat, sich wieder in einen Mann verwandelt, den Namen eines alten Freundes von sich wirft und – o Schande! – wie ein läufiges Weib alles für eine einzige Nacht gibt!

Ja! nun liegen sie zusammen, wie ein Paar Verliebter sich ganze Nächte lang mit den Armen der Liebe umwindend, und verspotten mich vielleicht in Wollust zerfließend in meiner Einsamkeit! – Aber ungestraft sollen sie's nicht tun! Ich bin entweder kein Mann oder kein Freier, oder ich wasche mein Unrecht in ihrem Blute ab.

Nachdem ich diesen Monolog gehalten hatte, so gürtete ich mein Schwert an meine Seite, und damit die

Schwachheit der Nerven mir den Mut nicht benehmen möchte, so stärkt' ich sie wieder mit den nahrhaftesten Speisen. Darauf sprang ich zur Tür hinaus, und durchlief, wie ein Wütender, alle Galerien; und indem ich mit einem drohenden und verwegenen Gesichte nichts als Blut und Tot denke und öfters in der Hitze nach dem Gefäße meines Degens greife, mit welchem die Rache sollte ausgeführt werden, so bemerkte mich ein Soldat, welcher gewiß entweder ein Landstreicher oder ein nächtlicher Straßenräuber war.

Er ging auf mich zu und fragte: »Kamerad, aus welcher Legion bist du? Von welcher Centurie?« Ohne mich lange zu besinnen, gab ich ihm unerschrocken zur Antwort, aus der und der – »So?« sagte er, »in eurem Regimente trägt man sehr artige und sanfte Pantoffeln! Es muß sich gut darinnen tanzen lassen!« Und da ich durch mein Erröten und meine Schüchternheit mich selbst verraten hatte, so befahl er mir, die Waffen herzugeben, wenn ich noch gut davonkommen wollte.[60] Ich ging also entwaffnet wieder zurück nach Hause, und das Mittel zur Rache war mir benommen; und da meine Wut nachgelassen hatte, so dankt' ich sogar dem Spitzbuben für seine Frechheit.

Unterdessen wurd' es mir doch sehr schwer, das Verlangen, mich zu rächen, zu überwinden, und ich brachte voll Ungeduld die halbe Nacht darüber zu. Sobald aber der Morgen graute, ging ich aus, um meine Traurigkeit zu vermindern und die Erinnerung an das, was geschehen war, auszulöschen; und wandelte in allen Galerien herum.

Endlich kam ich in eine Bildergalerie,[61] in welcher allerlei bewundernswürdige Gemälde hingen. Hier erblickt' ich die Hand des Zeuxis, welche die Zeit noch nicht überwinden konnte;[62] und berührte die Zeichnungen des Protogenes[63], welche selbst mit der Natur um die Wahrheit stritten, nicht ohne einen gewissen Schauer. Vor den Gemälden des Apelles[64], welchen die Griechen den Maler der Grazie nennen, fiel ich nieder und betete an, mit einer solchen Feinheit war alles an seinen Gemälden bis zum Leben erhoben, daß man glauben konnte, die Götter hätten alle seine Gemälde, wie die Statue des Pygmalion, mit Geistern vom Himmel lebendig gemacht. – Im Fluge voll Majestät trug hier der Adler den Zeus gen Himmel; dort widerstrebte der blütenweiße Hylas einer brünstigen Najade[65]; betrübt sah Apollo seine tötende Hand an, und bekränzte die liegende Leier mit der neugeborenen Blume.[66]

Unter diesen Gemälden der Liebe rief ich hier, als wenn ich allein wäre, aus: »Also beherrscht Amor auch die Götter? Zeus findet nicht in seinem Himmel, was er lieben könne, und stillt auf unsrer Erde seine Begierden! Aber niemandem hat er dadurch etwas zuleide getan. – Diese Nymphe, welche den Hylas mit inbrünstigen Armen an ihren kochenden Busen drückt, würde ihre Liebe gezähmt haben, wenn sie gewußt hätte, welchen Schmerz sie dadurch dem Herkules verursachen würde. Apollo verwandelte die Asche des Hyacinth in eine Blume. In allen diesen Gemälden raubt kein Falschherziger dem andern seinen Gatten aus den Armen; aber ich hatte einen Freund, der grausamer war als Lykurg!« –

Indem ich mich so mit den Lüften zanke, trat ein grauhaariger Greis in die Galerie. Er hatte die Physiognomie eines Gelehrten, welche, ich weiß nicht, was Großes zu versprechen schien; er war nicht wohl gekleidet, und man konnte leicht einsehen, daß er von der Klasse der Gelehrten sei, welche die Reichen zu hassen pflegen. Wie er zu mir kam, so blieb er stehen und sagte: »Ich bin ein Poet, und, wie ich hoffe, keiner von den kleinen Geistern, wenn man insbesondre den Kränzen trauen darf, welche leider auch den Unwissenden um die Schläfe geflochten werden.«[67]

»Warum«, fragt' ich ihn, »gehst du denn aber so zerlumpt einher?«

»Eben deswegen«, gab er zur Antwort, »weil das wahre Genie in den schönen Wissenschaften niemals einen reich gemacht hat –

Wer auch sogar dem falschen Meere traut,
Hat oft dadurch Paläste sich erbaut.
In Sturm und Schlacht kann sich ein Held
  viel Schätze sammeln:
Und Ehebruch wird teuer oft bezahlt
Von einer Frau, die mit der Keuschheit prahlt:
Der weise Mann allein geht im zerißnen Kittel,
Man lobet ihn und gibt statt Geld ihm Ehrentitel.

Es ist völlig außer Zweifel, daß der, welcher von allen Lastern ein Feind ist und den rechten Weg des Lebens geht, zuerst wegen seiner eignen Sitten gehaßt wird; denn wer kann etwas billigen, was nicht mit seinen eigenen Sitten übereinkommt? Und dann verlangen diejenigen, welche nur allein sich bestreben, Reichtümer aufzutürmen, daß dasjenige, was sie besitzen, für das ganze menschliche Geschlecht das beste sei. Man mag also immer auf allerlei Art und Weise, so sehr man will, die Liebhaber der schönen Künste und Wissenschaften rühmen und preisen, das Geld wird ihnen bei diesem allen immer doch vorgezogen werden.«

»Ich weiß nicht, wie es kommt«, antwortet' ich ihm darauf, »daß die Armut immer eine Schwester eines gesunden Verstandes ist?« – und seufzte dabei. »Mit Recht«, sagte der Greis, »beseufzest du das Schicksal der Gelehrten!«

»Ach!« sagt' ich, »guter Greis, das ist nicht die Quelle meiner Seufzer, ein andrer Schmerz tobt in meinem Busen!« Und zugleich, wie der Mensch geneigt ist, seine schmerzlichen Empfindungen fremden Ohren vorzuklagen, erzählt' ich ihm mein Schicksal, und vergrößerte insbesondere die Treulosigkeit des Ascylt. Endlich rief ich unter vielen Seufzern: »Ach, ich wollte, daß er mir nur meine Wollust geraubt hätte! Dann wär' er noch beinahe unschuldig und könnte verbessert werden; aber so ist er ein alter Straßenräuber und übertrifft die Lehrer der Buhlereien.«

Der Alte betrachtete mich wie einen Jüngling voll Unschuld, wollte mich trösten und, um meine Traurigkeit zu vermindern, erzählt' er mir seine alten Liebeshändel.

»Ich reiste ehemals«, fing er zu erzählen an, »in dem Gefolg eines Quästors nach Asien und bekam mein Quartier zu Pergamus. Mit Vergnügen wohnt' ich in diesem Orte, nicht allein wegen der Reinlichkeit der Häuser, sondern weil mein Wirt einen überaus schönen Sohn hatte.

Ich brannte vor Liebe nach ihm und suchte nur ein Mittel, wie ich den Verdacht des Vaters deswegen auf mich vermeiden könnte, und glücklich gelang es mir. Sooft bei Tische die Rede auf den Gebrauch der schönen

Knaben kam, sooft fing ich an, so heftig von einem heiligen Zorne zu glühen, und wußte mein Gesicht so verdrießlich und ärgerlich darüber zu machen, daß mich insbesondere die Mutter für noch strenger und verehrungswürdiger als den alten Cato selbst hielt. Schon durft' ich ihn in die Schulen begleiten, sein Studieren einrichten und ihn selbst lehren. Die Sorge wurde mir noch dazu aufgetragen, zu verhüten, daß kein Freibeuter der Schönheit ihn verführen möchte, welches ich mir denn auch sehr angelegen sein ließ.

Einst lagen wir zu Tische, ein Fest hatte an diesem Tage die Schulen verschlossen, und blieben, weil wir ungewöhnlich vergnügt waren, lange beisammen; und aus Nachlässigkeit und Liebe zur Bequemlichkeit blieben ich und der Knabe liegen. Es war schon um Mitternacht, als ich bemerkte, daß der Knabe noch wache. Schüchtern murmelt' ich darauf das Gelübde zur Venus: ›O allmächtige Göttin der Liebe, wenn ich diesen Knaben küssen kann, so daß er's nicht empfinde, so will ich ihm morgen ein paar Täubchen schenken!‹

Kaum hatte der Knabe den Preis der Wollust gehört, so fing er an zu schnarchen. Sanft naht' ich mich ihm und stahl dem kleinen Heuchler einige Küßchen von den Lippen. Vergnügt über diesen Anfang, stand ich sehr früh auf, kauft' ihm ein ausgesuchtes Paar Täubchen und bracht' es ihm, da er schon darauf wartete, und bezahlte mein Gelübde.

Die Nacht darauf hatt' ich eben eine solche Gelegenheit wieder, ich veränderte den Wunsch und sagte: ›Wenn ich ihn mit einer leichtferigen Hand betasten kann, und er es nicht empfindet, dann will ich ihm zwei von den allertapfersten Hähnen schenken!‹ – Bei diesem

Gelübde schmiegte sich mein Knabe freiwillig an mich, und ich glaube, er befürchtete, daß ich wieder einschlafen möchte. Ich erfüllte also seinen Willen und genoß aller Wollust des Gefühls, außer der höchsten. Sobald der Tag erschien, bracht' ich ihm, was ich versprochen hatte, und er war voller Freude darüber.

Die dritte Nacht wurde mir ebensowenig verwehrt, ich wandte mich zu dem Ohre des schönen Heuchlers und sagte: ›O ihr unsterblichen Götter, wenn ich bei diesem schlummernden Knaben die größte Wollust dieses Lebens werde genossen haben, so will ich für diese Glückseligkeit dem Knaben den allerbesten Mazedonischen Klepper schenken, doch mit dieser Bedingung, daß er es nicht merke.‹ Mein Zögling lag da, als wenn er gestorben wäre. In meinen Händen schwoll sein milchweißer Busen auf, ich hing an seinen Lippen und genoß der höchsten Wonne des Lebens.

Den andern Morgen blieb er im Bette liegen und erwartete, daß ich wie gewöhnlich mein Versprechen erfüllen sollte. Du weißt aber, daß es leichter ist, ein paar Täubchen und Hähne zu kaufen als einen Klepper, und überdies befürchtete ich noch, daß ein so großes Geschenk meine Philosophie verdächtig machen würde. Ich ging also einige Stunden spazieren, kam wieder nach Hause zurück und brachte meinem Knaben weiter nichts als ein Küßchen mit. Aber er betrachtete mich auf allen Seiten, schmiegte seinen Nacken an meinen und sagte: ›Nun, mein lieber Herr, wo hast du denn das Klepperchen?‹

›Mein liebes Kind«, antwortet' ich ihm, »ich wollte dir ein schönes Pferdchen kaufen, da ich aber heute keines finden konnte, so muß ich das Geschenk aufschieben, aber binnen weniger Tage sollst du eines erhalten.‹ Mein Knabe wußte den Augenblick sehr wohl, was dieses zu bedeuten hätte, und seine Mienen verrieten die innern Betrachtungen seines Geistes darüber.

Unterdessen, da ich glaubte, alles verdorben zu haben, was ich gut gemacht hatte, wollt' ich doch versuchen, ob er mir verzeihen würde. Nach wenigen Tagen, da wir uns wieder glücklicherweise in einer der vorigen Lagen befanden, fing ich an, da ich merkte, daß der Vater in einen festen Schlaf gefallen war, meinen Ganymed auf das zärtlichste zu bitten, er möchte sich wieder mit mir versöhnen, welches soviel sagen wollte, er möchte mir den Genuß der vorigen Wollust wieder verstatten, und trug ihm, da alles aufrührerisch in mir war, die Sache aufs beweglichste vor. Er aber voll von Zorne gab mir keine andre Antwort als: ›Schlafe! oder ich wecke den Vater auf und sag's ihm!‹

Es ist nichts so schwer, daß es eine hartnäckige Leidenschaft nicht erhalten sollte. Indem er sagte, ich wecke den Vater auf, umarmt' ich ihn, von der Allmacht der Liebe hingerissen, und genoß, ungeachtet seines verstellten Widerstrebens, unaussprechliche Wollust. Aber nicht mißvergnügt über meine Unenthaltsamkeit beklagt' er sich nur darüber, daß er von seinen Kameraden wäre verspottet worden, weil er zum voraus jenen Morgen mit meinem Geschenke geprahlt hätte. ›Doch du sollst sehen‹, fügt' er hinzu, ›daß ich dir nicht gleich bin. Hier bin ich zu deinen Diensten! Ich will dein Vergnügen nicht stören!‹

Alles vorige wurde vergessen und der Liebe zur Befestigung unserer Versöhnung ein Opfer gebracht. Nach Vollendung desselben fiel ich in einen sanften Schlummer. Damit aber war mein Liebling nicht zufrieden, er war in dem Alter, wo der Knabe zum Jünglinge reift und die Begierden in dem Busen anfangen lebendig zu werden; er weckte mich also auf und sagte: ›Ist dir was gefällig?‹ Noch von Wonne taumelnd war ich imstande, sein Verlangen zu erfüllen, aber der Schweiß lief mir die Stirne darüber herab, und von zu vieler Wonne ganz abgemattet schlief ich wieder ein. Es mochte ungefähr eine Stunde verflossen sein, als er mich mit seinem sanften Händchen streichelte und liebkosend zu mir sagte: ›Wollen wir die ganze Nacht fortschlafen? Wär' es nicht besser, wenn wir –‹ Ich wurde, so vielmal aufgeweckt, zornig und sagt' ihm, was er mir erst sagte: ›Schlafe! oder ich wecke den Vater auf und sag's ihm!‹« –

Da diese Erzählung meinen Schmerz ein wenig gelindert hatte, so befragt' ich ihn, um das Alter dieser Gemälde, weil er mir ein Kenner zu sein schien. Er mußte mir auch ferner die Vorstellungen verschiedener Gemälde erklären; dann bat ich ihn, mir die Ursachen der jetzigen Unwissenheit zu entdecken, und warum die schönsten Künste in Verfall gekommen wären, unter welchen die Malerei nicht einen Funken von ihrem vorigen Glanze übrigbehalten hätte.

»Der Geiz nach Gelde«, gab er mir darauf zur Antwort, »hat diese Veränderung hervorgebracht. In den alten Zeiten wurde ein nackendes Genie emporgehoben, die schönen Künste blühten und die Künstler stritten mit dem größten Feuer um die Wette, Erfindungen für die künftigen Jahrhunderte zu machen. Demokrit untersuchte die Säfte aller Kräuter durch die Destillierung und erforschte das Wesen der Pflanzen und Steine und brachte mit diesen Erfahrungen sein ganzes langes Leben zu. Eudox wurde zum Greise auf dem Gipfel des höchsten Berges, damit er die Bewegung der Gestirn' am Himmel genau berechnen könne; und Chrysipp reinigte seinen Geist dreimal mit Nieswurz, damit er in seinen Erfindungen nicht von dem Irdischen, das ihm anklebte, verhindert würde.

Und damit ich auf die Bildhauerei komme, Lysipp[68], indem er eine von seinen bewundernswürdigen Statuen bis zum Leben erheben wollte, starb vor Armut über dieser göttlichen Arbeit; und Myron[69], welcher seinen Menschen und Tieren von Erz Seelen gegeben hatte, fand keinen Erben. Aber wir, in Wein und Hurerei versunken, wagen es nicht einmal, die ererbten Künste zu untersuchen! Nur allein spotten wir über das Altertum und lehren und lernen Fehler.

Wo findet man eine gesunde Dialektik? Und wo richtige Astronomie? Der wahre Weg zur Weisheit ist verloren. Wo kommt jemand in den Tempel und tut ein Gelübde, um die Beredsamkeit zu erlangen? Wer, um die reine Quelle der Weisheit zu finden? Man bittet nicht einmal um guten Verstand und gute Gesundheit, sondern, sobald man die Schwelle des Kapitols berührt, verspricht dieser ein Geschenk, wenn er einen reichen Anverwandten hinaustragen lassen würde, und jener, wenn er einen Schatz fände, und noch ein andrer, wenn er glücklich drei Millionen zusammengebracht hätte.

Selbst der Senat, der Lehrer des Rechten und Guten, pflegt tausend Pfund Goldes auf dem Kapitole zu versprechen und will den Jupiter damit erbitten, damit ja niemand Bedenken trage, Geld von ihm zu begehren. – Verwundere dich also nicht darüber, daß die Malerei vernachlässigt worden ist, da allen Göttern und Menschen ein Klumpen Gold eine weit größere Schönheit zu sein scheint als alles, was Apelles und Phidias, phantasierende Griechlein, gemacht haben.

Aber ich sehe dich deine ganze Aufmerksamkeit auf jenes Gemälde heften, welches die Verheerung von Troja vorstellt. Ich will einmal versuchen, ob ich es dir in Versen erklären kann.[70]

›Schon kam zum zehntenmal der Sommer wieder,
Und eingekerkert noch in ihre Mauern
Erzitterten die Phrygier vor den Griechen,
Und diese fingen an, voll Furcht zu zweifeln
An dem, was Kalchas hatte wahrgesaget:
Als auf des Delius Apoll' Orakel
Die Eichen sich von Idas Gipfel stürzten,
Wovon die Griechen nun ein Pferd sich bauten,
In dessen langen ungeheuren Seiten
Ein ganzes Lager sich verbergen konnte.
Drauf schrieben sie: Gewidmet der Minerva!
Erzürnet über die zehnjähr'gen Schlachten
Verbargen sich hinein der Griechen Helden. –
Jetzt glaubten wir, die tausend Schiffe flögen
Schon übers hohe Meer: nun sei befreiet
Vom Krieg das Vaterland! – uns log die Aufschrift
des Pferd's und der zu unserm Untergange
Bestochne Sinon, unser Wahn sei Wahrheit.
Ganz Troja lief nun frei aus seinen Toren,
Um das Geschenk der Griechen zu betrachten.
Da rollten Freudenzähren von den Wangen –
Die Freude der betrübten Seelen weinet –
Dem ganzen Volk, und im erhobnen Busen

Schlug wieder frei das Herz seit vielen Jahren.
Auf einmal kam mit aufgelösten Haaren
Laokoon, der Priester des Neptunus,
Und drang sich schreiend durch die Menge.
Jetzt warf er einen Spieß in'n Bauch des Pferdes,
Allein das Schicksal schwächte seine Hände,
Absprang der Spieß und stärkt' uns in dem Wahne.
Doch mutig stärkt' er seine Nerven wieder
Und hieb mit einem Beil in dessen Seiten –
Ein Schauer überfiel die Helden drinnen
Und aus dem Pferde fuhr ein dunkles Murmeln,
Allein man hielt es für ein heilig Schnauben. –
Das Pferd und die darin gefangnen Helden
Fing man nun an, nach Troja hinzuziehen,
Auf daß mit unerhöretem Betruge
Dem Kriege sie ein Ende machen könnten. –

Doch sieh, indem's geschieht, ein neues Wunder!
Dort wo das hohe Tenedos die Wogen
Mit seinem Felsenrücken von sich schüttelt,
Daß von der Tiefe sie zurücke prallen,
Die Flut aufschwillt und sich in Schaum verwandelt,
Und wie bei stiller Nacht der Schlag der Ruder
Vom weiten einer ganzen Flotte rauschet –
Hier sehen wir zwei Schlangen Fluten werfen
Hoch mit verschlungnen Kreisen an die Felsen –
Sie gleichen aufgeschwollen hohen Schiffen[71]
Aufstrudelt hier der Schaum an ihren Leibern!
Die Schwänze klatschen! Ihre Mähnen ragen
Mit roten Feuerstrahlen aus dem Meere!
Von ihren Blitzen brennen alle Wogen,
Von ihrem Zischen zittern alle Wogen,[72]

Und aller Augen stehen starr und staunen.
In ihre heil'gen phrygischen Gewänder
Gekleidet standen da Laokoons Söhne,
Zwei Pfänder von der allerreinsten Liebe,
Und plötzlich haben sie die glühnden Schlangen
Umwunden! – O, wie strecken sie die Händchen
Nach Hilf' empor! Ach, keiner kann sich helfen!
Ach, jeder jammert über seinen Bruder!
Und jeder stirbt aus Furcht für seinen Bruder![73]
Der schwache Vater eilet sie zu retten –
Sie dehnen hoch sich über seine Kinder,
Ergreifen ihn und ziehen ihn darnieder,
Und winden ihren Gift in jede Nerve!
Da liegt der Priester am Altar ein Opfer
Mit seinen Söhnen durch und durch umwunden
Und sträubet sich, und wälzt sich auf der Erde.[74]
O Ilion, hier hast du deine Götter
Geschändet, und mit ihm zugleich verloren!

Schon zeigt im vollen Silberglanze Luna
Ihr Angesicht, und führt herauf am Himmel
In stiller Majestät die kleinren Sterne –
Und Troja war von Schlaf und Wein begraben.

Jetzt machten los des Pferdes innre Riegel
Die Helden, sprangen 'raus zum Kampf gerüstet,
Und fochten, sich zu üben, mit den Lüften.
So schüttelt ein Thessal'scher Hengst die Mähne
Befreiet von dem Dunkel seines Stalles,
Und stampft, noch eh er flieget, mit den Hufen.
Und Schwert und Schild in seinen tapfern Händen
Anfället der die schlafenden Trojaner,

Und schicket sie bezecht zu Proserpinen –
Die Fackel zündet der an am Altare
Und ruft die Götter Trojens wider Troja.‹« –[75]

Diejenigen, welche in der Galerie herumspazierten, fingen jetzt an, mit Steinen nach dem deklamierenden Eumolp zu werfen. Er aber, weil er oft mit dieser Art von Beifall war beehret worden, verhüllte sein Haupt und floh zum Tempel hinaus. Ich, voll Furcht, daß man mich auch für einen Poeten halten möchte, floh ihm nach und holt' ihn endlich am Ufer wieder ein; und wie wir nun außer Gefahr waren, sagt' ich zu ihm: »Ich bitte dich! Was hast du für eine abscheuliche Krankheit an dir? Du bist noch nicht zwei Stunden bei mir gewesen und hast mehr poetisch als menschlich mit mir gesprochen. Ich verwundere mich also gar nicht darüber, daß dich der Pöbel mit Steinen verfolgt. Ich selbst will meinen Busen mit Steinen beschweren und, sooft du aus dem Häuschen kommst, dir an deinem Kopf ein wenig zur Ader lassen!«

Sein Gesicht veränderte sich darüber, und: »O mein lieber Jüngling«, antwortet' er mir, »nicht heute zum erstenmal hab' ich diese Lobeserhebungen erhalten, sondern sooft ich auf das Theater getreten bin, um etwas herzusagen, sooft pflegt mich ein Haufe auf diese Art zu bewillkommnen. Übrigens, damit ich mich nicht auch mit dir den ganzen Tag zanken müsse, will ich mich dieser Speise enthalten.« »Wohl!« sagt' ich, »wenn du die heutige poetische Wut verschwörst, so wollen wir zusammen speisen!« Zugleich befahl ich dem Kellner von meinem Quartiere, die Mahlzeit zurichten zu lassen; und darauf gingen wir ins Bad.

Hier erblickt' ich den Giton niedergeschlagen und verwirrt mit Reibetüchern und Schabezeugen an die Wand gelehnt. Es schien, als wenn ihm sein neuer Dienst gar nicht anstünde. Wie ich ihn genauer betrachtete, so wandt' er sein Gesicht zu mir, welches sonst immer der Sitz der Freude war, und sagte: »O lieber Bruder, habe Mitleiden mit mir! Hier sind keine Schwerter, hier darf ich frei reden! Entreiße mich dem blutigen Straßenräuber und bestrafe den Giton voll Reue, daß er wider dich ein Urteil fällte, mit aller Strenge! Für mich Elenden wird dieses Trost genug sein, wenn ich auf deinen Befehl gezüchtiget werde.« –

Ich befahl ihm, hier seine Klagen zu unterdrücken, damit uns nicht jemand bemerke; verließ den Eumolp – denn dieser deklamierte den Badgästen ein Gedicht her –, zog den Giton durch eine dunkle und schmutzige Schleuse und flog mit ihm in mein Quartier. Darauf verschloß ich die Türen, drückte seinen Busen inbrünstig an meinen, und wir küßten einander tausend Zähren der Wollust von den Lippen. Lange konnte keiner ein Wort hervorbringen; dem liebenswürdigsten Knaben hatte das häufige Schluchzen beinahe die schöne Brust zersprengt. – »O welch eine unwürdige Handlung!« rief ich hier aus, »wie sehr lieb' ich dich, ob du mich gleich verlassen hast! In dieser Brust war eine ungeheure Wunde! Jetzt ist sogar die Narbe davon verschwunden. Was sagst du dazu, kleiner Flüchtling? War ich dieser Verachtung wert?« –

Nachdem er seine Obermacht über mich wieder empfand, so hob er die Stirn etwas höher empor. »Aber«, sagt' ich, »ich habe keinen andern zum Schiedsrichter erwählt, wie sehr ich dich liebe. Ich beklage mich über nichts! Ich denk' an nichts, wenn du es nur wiedergutzumachen suchst!«

Da ich dieses unter Seufzern und Tränen gesagt hatte, so trocknet' er mir mit dem Mantel das Gesicht ab und sagte dabei: »Ich bitte dich, lieber Enkolp, bedenke nur noch einmal, wie es zugegangen ist! Hab' ich dich verlassen, oder hast du mich dazu gezwungen? Ich will es dir aufrichtig gestehen und offenherzig bekennen, da ihr zwei gut bewaffnet um mich strittet, so floh ich zu dem Stärkern.«

Ich küßte die klugheitsvolle Brust und warf die Hände um seinen Nacken, und damit er desto leichter einsehen möchte, daß ich nicht den geringsten Groll mehr wider ihn habe, so umarmt' ich ihn mit der heftigsten Zärtlichkeit zum besten Beweise unsrer wiederauflebenden Freundschaft.

Schon war die völlige Nacht hereingebrochen, und die Köchin hatte das Essen zubereitet, als Eumolp an die Türe klopfte. Ich frage: »Wieviel sind ihrer?« und guckte aufs behutsamste durch einen Spalt der Türe, ob irgend Ascylt mit zugegen wäre. Sobald ich sah, daß es mein Gast allein sei, macht' ich den Augenblick auf. Wie er sich in ein Ruhebettchen geworfen hatte und den schönen Giton aufwarten sah, so nickte er freundlich mit dem Kopfe und sagte: »Dieser Ganymed verdient, daß man ihn lobe! Heute müssen wir wohlleben!«

Dieser neugierige Anfang war mir eben nicht sonderlich angenehm, und ich befürchtete, mit eben einem solchen Gesellen, wie Ascylt sei, Bekanntschaft gemacht zu haben. Der Poet ging weiter; und da ihm der Knabe einen Becher gereicht hatte, so sagte er: »Du bist mir lieber als das ganze Bad!« Hitzig leert' er ihn aus und sagte, daß er niemals einen so brennenden Durst gehabt hätte. »Denn indem ich noch bade«, fuhr er fort, »hab' ich beinahe Prügel erhalten, weil ich mich unterstand, denen, die um das Bad herumsaßen, ein Gedicht herzusagen; und nachdem ich aus dem Bade wie von einem Theater hinausgejagt wurde, so fing ich an, in allen Winkeln herumzukriechen und mit heller Stimme zu rufen: ›Enkolpion!‹

Auf der andern Seite schrie ein nackender Jüngling, welcher seine Kleider verloren hatte, wo nicht noch stärker als ich, nach einem gewissen Giton. Die Knaben verspotteten mich als einen Erznarren und äfften mir auf die mutwilligste Art alles nach. Jenen aber umgab ein entsetzlicher Haufe mit Händeklatschen und einer schüchternen Bewundrung; denn die Natur hatte ihn so verschwendrisch und hengstmäßig mit einem gewissen Gliede begabt, daß sein ganzer übriger Leib nur ein Anhang davon zu sein schien. O welch ein allmächtiger Jüngling war das! Ich glaube, daß, wenn er heute anfängt, er morgen erst aufhört. Man kam ihm auch gleich zu Hilfe. Ich weiß nicht, was für ein ehrloser römischer Ritter, wie man ihn nannte, bedeckte den herumirrenden mit seinem Kleide und führt' ihn mit sich nach Hause. Ich glaube, daß er diesen großen Schatz allein benutzen wollte. Ich aber hätte nicht einmal meine Kleider von dem jungen Aufwärter wiedererhalten, wenn ich nicht einen Zeugen hervorgeführt hätte. – Hier kann man sehen, wieviel eher man sein Glück machen kann, wenn man mit den Talenten eines Esels als mit dem Genie seinem Nächsten beizustehen imstande ist.« –

Während der Zeit, da Eumolp dieses sagte, veränderť ich sehr oft mein Gesicht; nämlich bei den Beschimpfungen meines Feindes war ich heiter, und bei seinem Glücke traurig. Bei diesem allen aber schwieg ich stille, als wenn mich die Sache gar nicht beträfe, und erzählte dem Eumolp, was wir speisen würden.

Kaum hatt' ich aufgehört zu reden, so wurde die kleine Mahlzeit aufgetragen. Es waren gemeine, aber gesunde und nahrhafte Speisen, welche Eumolp hungrig hinunterschluckte. Wie er satt war, so fing er an, sich über die Philosophen herzumachen, und spottete bitter und beißend über diejenigen, welche alles, was gemein ist, verachten und nur allein das Seltene schätzen. Er sagte: »Das ist ein sichrer Beweis von einer verdorbenen Seele, wenn man das, was erlaubt ist, geringschätzt und nach dem Schwerern immer eifriger strebet.

Was ich verlange, darf nicht fliegen mir entgegen!
Das ist kein Sieg, wo sich der Feind zu leicht ergibt!
Die Vögel, die am Phasis Eier legen,
Und tief in Afrika, ist's, was die Zunge liebt.
Die weiße Gans kann nur den Pöbel laben –
Er mag sie mit der Barb' und bunten Ente haben.
Für fein're Gaumen wird der Star[76]
Gefangen an entfernten Küsten!
Und was dem Schiffbruch kaum entronnen war,
Kann edle Zungen nur gelüsten!
Die Rose schämet sich beim schönen Cinnamus,
Ein Weib gibt keinen süßen Kuß,
Entzücken fließt allein von einer Phryne Lippen!
Das, was man liebt und sucht, steckt hinter spitzen Klippen.«

»So?« sagt' ich, »ist das dein Versprechen, daß du heute keinen Vers machen wolltest? Ich bitte dich um aller Götter willen! Schone wenigstens unsrer, die wir dich niemals gesteiniget haben! Wenn einer von den hiesigen Gästen nur den Namen Poet wird gerochen haben, so hetzt er die ganze Nachbarschaft auf, und wir sind alle zusammen verloren! Erbarm dich unser! Erinnere dich nur einmal der Bildergalerie und des Bades!«

Giton, der sanfteste Knabe, fing an, mit mir zu zanken, daß ich das sagte, und behauptete, es sei nicht recht, daß ich einem Ältern so begegnete. Ich sollte doch bedenken, daß ich die Mahlzeit, welche ich ihm so freundlich vorgesetzt hätte, mit dergleichen Beschimpfungen wieder wegnähme; und fügte noch mehr hinzu, welches ihm Unschuld und Schamhaftigkeit eingab. Sein reizendes Gesicht glühte von einem edlen Unwillen auf, und er stand leibhaftig wie ein junger Apollo da. –

»Glückselig«, rief hier Eumolp begeistert aus, »glückselig ist die Mutter, die dich geboren hat! Sei mir gesegnet, mein Sohn! Weisheit und Schönheit sind außerordentlicherweise in dir vereiniget! Nein, umsonst sollst du diese Worte nicht gesagt haben! Du hast meine ganze Liebe dadurch gewonnen. Meine Gedichte will ich mit deinen Lobeserhebungen anfüllen! Ich will dein Lehrer und dein Begleiter sein und will dir auch dahin nachfolgen, wohin du mir es nicht wirst befohlen haben! Und Enkolp soll dadurch nicht in seiner Glückseligkeit gestört werden, denn er liebt einen andern.«[77]

Eumolp hatte von Glück zu sagen, daß mir jener Soldat das Schwert abgenommen hatte; denn sonst würd' ich ihn mit eben der Wut, mit welcher ich den Ascylt aufsuchte, ermordet haben. Giton irrte sich auch nicht hierin; er ging zur Stube hinaus, als wenn er nach Wasser ginge, und löschte meinen Zorn durch seine klügliche Abwesenheit aus. Nachdem meine Wut wieder ein wenig besänftigt war, so sagt' ich: »Eumolp, lieber will ich, daß du in Gedichten mit mir sprichst, als daß du dir dergleichen Dinge vorsetzest! Ich bin von Natur sehr zornig und du sehr verliebt; du wirst selbst sehen, daß wir uns in dieser Verfassung nicht zusammen schicken. Bilde dir also ein, ich wäre rasend: Weiche meiner Raserei! Das ist: Gehe so geschwind, als du kannst, zur Tür hinaus!« –

Eumolp war ganz bestürzt über diesen Antrag, verlangte nicht, die Ursache meines Zorns zu wissen, ging im Augenblick zur Tür hinaus, verriegelte sie plötzlich, sperrte mich, der ich nichts weniger erwartete, ein, nahm den Schlüssel zu sich und lief, den Giton aufzusuchen.

Wie ich eingesperrt war, so faßt' ich den kurzen Entschluß, mich aufzuhängen, befestigte meinen Gürtel an einem Pfeiler der Mauer, wo das Bett stand, schon band ich damit einen Knoten mir um den Hals, als die Tür aufging und Eumolp mit dem Giton hereintrat und mich von der Grenze meines Lebens wieder zurückführte. Giton wurde vor Schmerz wütend, riß mich mit beiden Händen herab und stürzte mich aufs Bett. »Du irrest dich sehr, Enkolp«, sagt' er, »wenn du glaubst, so glücklich zu sein, vor mir zu sterben! Ich war es eher willens! Schon sucht' ich ein Schwert in der Wohnung des Ascylt! Und wenn ich dich nicht wiedergefunden hätte, so würd' ich mich schon jetzt von einem Felsen herabgestürzt haben. Und damit du wissen mögest, daß man den

Tod finden könne, wenn man wolle, so erblicke hier, was ich nach deinem Vorsatz erblicken sollte!«

Kaum hatt' er dieses gesagt, so riß er dem Lohnbedienten des Eumolp, welcher mit ihnen zugleich hereingetreten war, ein Schermesser aus der Hand, hieb sich einmal und noch einmal damit in die Gurgel und stürzte vor unsre Füße. – Ich erhob ein Zetergeschrei, stürzte auf ihn und suchte mit eben diesem Messer den Tod. Allein beim Giton war keine Spur von einer Wunde zu bemerken, und ich selbst empfand auch keinen Schmerz; denn das Messer hatte keine Schneide und war deswegen in der Tasche des Bedienten abgestumpft, damit die Lehrlinge dadurch ohne Furcht das Bartabscheren lernen sollten. Also erschrak der Bediente nicht darüber, wie es ihm Giton aus der Hand riß, und Eumolp widersetzte sich auch diesem theatralischen Tode nicht.

Indem wir Verliebten diese Tragödie spielen, kam der Wirt mit noch einem Gerichte dazu, und wie er uns in diesen Stellungen und alles in einem abscheulichen Wirrwarr umherliegen sah, so sagt' er zu uns: »Seid ihr besoffen? Oder Spitzbuben? Oder alles beides? – Wer hat das Ruhebett dort in die Höhe gerichtet? Wer hat so diebisch alles untereinandergeworfen? Ihr habt gewiß mit der Bezahlung bei Nacht durchgehen wollen? Aber es soll euch übel bekommen! Ich will euch lehren, mit wem ihr zu tun habt! Ich will euch zeigen, daß ich keine Witwe, sondern Marx Manitius bin!« –

»Was?« rief Eumolp, »du willst uns drohen?« und holte weit aus und gab ihm aus Leibeskräften eine Ohrfeige. Der Wirt aber, nicht faul, warf ihm einen großen leeren Krug an den Kopf und damit ein Loch in die Stirne und sprang Hals über Kopf zur Tür hinaus. Eumolpen verdroß diese Beschimpfung, er ergriff voller Ungeduld einen hölzernen Leuchter, lief hinter ihm drein und rächte mit unzähligen Prügeln seine verwundete Stirne. Das ganze Haus und alles, was darinnen besoffen war, lief zusammen. Ich aber ließ die Gelegenheit, mich an dem Eumolp zu rächen, nicht entwischen; sobald er draußen war, schloß ich die Tür zu, vergalt dem Unbesonnenen Gleiches mit Gleichem und bediente mich meines Zimmers und der Nacht ohne Nebenbuhler.

Unterdessen prügelten alle Köche und alles Hausgesinde auf den ausgesperrten Poeten los; der eine schlug ihm mit einem Bratspieße, an welchem noch siedender Braten hing, nach den Augen, und ein anderer fiel ihn mit einer Gabel aus der Fleischkammer an. Insbesondere kam ein altes triefäugiges Weib, in einem durchlöcherten und zerlumpten Rocke und zweierlei hölzernen Pantoffeln, mit einem entsetzlich ungeheuren Kettenhunde und hetzte ihn wie eine alte Hexe auf den Eumolp; er aber focht wie ein Herkules und schlug sich glücklich mit seinem hölzernen Leuchter durch.

Wir sahen diesem allen durch ein Loch in der Tür zu, welches kurz vorher entstanden war, da man die Tür aus ihren Angeln gerissen hatte, und ich gönnte dem Poeten die Prügel. Giton aber konnte unmöglich sein Mitleiden unterdrücken, er bat mich, ich möchte die Tür aufmachen, wir müßten ihm in dieser Gefahr zu Hilfe kommen. Mein Zorn hatte sich noch nicht gänzlich gelegt, und ich konnte mich darauf nicht enthalten, ihm mit zusammengebogenem Zeigefinger einen Schneller auf den Kopf zu geben. Die Tränen fielen ihm darüber aus den Augen, und weinend setzt' er sich nieder aufs Bett.

Ich aber guckte bald mit dem oder bald mit dem andern Auge durch die Tür und wünschte denen Beistand, welche den Eumolp prügelten; es war mir eine rechte Augenweide.

Indem kam Bargates, der Richter in dieser Gegend, welchen man von seiner Mahlzeit in einer Sänfte hatte herbeitragen lassen; denn er hatte das Podagra. Dieser, nachdem er lange mit rauher und barbarischer Stimme eine Strafrede auf die Besoffenen und die Durchgeher gehalten hatte, erblickte auf einmal den Eumolp und rief: »O du vortrefflichster unter allen Poeten, du warst es? Und diese Hunde von Sklaven gehen nicht im Augenblick fort und enthalten sich nicht des Streites wider dich!« – Darauf ging er zum Eumolp und sagt' ihm leis' ins Ohr: »Meine Beischläferin verachtet mich; wenn du mich liebest, so mach' ein Pasquill in Versen auf sie, daß sie sich schäme!«

Da noch Eumolp und Bargat sich insgeheim unterhalten, so kam ein Ausrufer mit einem Stadtknechte und keiner kleinen Menge Volkes in das Wirtshaus und schrie, indem er eine Fackel schüttelte, die mehr Rauch als Licht von sich gab –

»Ein Knabe, von ungefähr achtzehn Jahren,
hat sich kurz zuvor im Bade verloren. Er ist
kraus, zart und schön, mit Namen Giton!
Wer ihn wiedergeben oder anzeigen wird, soll
hundert Taler empfangen!«

Nicht weit vom Ausrufer stand Ascylt in einem vielfarbigen Gewande und trug in einer silbernen Schüssel zur Sicherheit zugleich die Belohnung.[78]

Ich befahl dem Giton, daß er geschwind unter das Bett kriechen und Füße und Hände in die Gurte stecken solle, welche das Bett trugen, um sich daran, wie ehemals Ulysses an einem Widder, vor den Händen seiner Sucher zu verstecken. Giton zögerte nicht einen Augenblick, dem Befehle zu gehorchen, steckte Hände und Füße in die Bänder und übertraf den Ulysses an List und Geschicklichkeit dabei. Endlich legt' ich noch Kleider aufs Bett, um allen Verdacht zu vermeiden, und legte mich hinein, um ein Lager darin nach meiner Größe zu machen.

Unterdessen, da Ascylt mit dem Stadtknechte alle Zimmer untersucht hatte, so kam er auch zu dem meinigen, auf welches er seine meiste Hoffnung setzte, weil er die Türen sehr fest verschlossen fand. Der Knecht zwängte sie gleich mit seinen Beilen voneinander. Darauf fiel ich dem Ascylt zu Füßen und bat ihn bei unsrer alten Freundschaft und Verbindung in allen Gefährlichkeiten, daß er mich wenigstens nur noch einmal meinen Liebling möchte sehen lassen; und damit er diese Bitten für wahrhaftig halten möchte, so fuhr ich ferner fort: »Aber ich weiß, daß du gekommen bist, mich umzubringen, denn wozu hättest du sonst die Beile mitgebracht? Sättige deine Wut! Hier ist der Nacken, welchen du unter dem Vorwand einer Untersuchung hast abschlagen wollen! Hier ist er! Stille deinen Blutdurst!«

Ascylt lehnte dieses sehr von sich ab und sagte, daß er nichts anderes als seinen Flüchtling aufsuche und den Tod keines Menschen begehre, insbesondere den meinigen in dieser Stellung, da er mich nach jenem unseligen Streite auf das zärtlichste wieder liebte.

Unterdessen aber legte der Stadtknecht die Hände

nicht in den Schoß, sondern fuhr mit einem Rohre, welches er dem Wirte genommen hatte, unter das Bett und untersuchte alle Löcher an der Wand. Giton vermied auf das schlaueste alle Stöße, hielt furchtsam den Atem an sich und ekelte sich sogar nicht, die Wanzen über sein Gesichtchen laufen zu lassen.

Kaum waren sie hinaus, so brach Eumolp voll Zorn herein, weil die Tür außerstande war, zugeschlossen zu werden, und rief: »Ich kann hundert Taler erhalten, gleich werd' ich dem Ausrufer nachlaufen und ihm sagen, daß du den Giton hast; du bist nicht wert, daß ich es verschweige!« Schon wollt' er fort. Ich umfing seine Knie und beschwor ihn, daß er uns Halbtote nicht vollends ums Leben bringen möchte; ich sagt' ihm, daß er mit Recht mich verraten könne, wenn es ihm was nützen würde; der Knabe sei im Lärm davongelaufen, und die Götter wüßten allein, wo er jetzt wäre. »Ich bitte dich, Eumolp, sosehr ich kann«, fuhr ich fort, »schaffe mir entweder den Knaben wieder, oder übergib ihn wenigstens dem Ascylt, wenn du ihn findest!« –

Schon hatt' ich ihn so weit gebracht, daß er es glaubte, als Giton, bei welchem sich zu viele Lebensgeister versammelt hatten, dreimal nacheinander so heftig nieste, daß das Bett davon erschüttert wurde. Eumolp kehrte sich nach dem Bette zu und sagte: »Gott helfe dir, Giton!« Darauf hob er die Bettdecke auf und erblickte denn den Ulysses, welchen auch sogar ein hungriger Zyklop hätte schonen können.

Darauf wandt' er sich zu mir und sagte: »Räuber! Was ist das? Ertappt hast du mir nicht einmal die Wahrheit gestehen wollen? Ja, wenn Gott, der Schiedsrichter der menschlichen Dinge, dem hängenden Knaben nicht ein

Anzeichen ausgepreßt hätte, so würd' ich jetzt zum Spott in den Schenken herumlaufen!« – Aber Giton, ein weit größrer Schmeichler als ich, kam hervor und verband die Wunde an seiner Stirne mit Spinngewebe in Öl getaucht, drückte sie zusammen, vertauschte sein Mäntelchen mit seinem zerrissenen Rocke, umarmt' ihn, da er schon beschäftigt war, und gab ihm Küßchen, welche ihm wie Balsam seinen Wunden waren, und sagte dabei: »O Väterchen, in deinem Schutze sind wir jetzt, Ach, wenn du deinen Giton liebst, so wolle ihn doch erretten! – O wenn doch rächerisches Feuer vom Himmel fiele und mich verzehrte! O wenn doch das ungestüme Meer mit seinen Wogen mich zu sich riß! Ich allein bin der Stoff zu allen diesen Verbrechen! Ich allein bin die Ursache! Ach, mein Tod würde den Frieden unter den Feinden wiederherstellen!« –

Unsere unseligen Beschwerlichkeiten rührten den Eumolp; insbesondre hatten Gitons Schmeicheleien den stärksten Eindruck auf ihn gemacht. »Gewiß!« sagt' er, »ihr seid Erznarren! Ihr habt alle Vollkommenheiten, um glückselig zu sein, und doch führt ihr ein höchst mühseliges Leben und kreuzigt mit jedem Tag euch freiwillig aufs neue. O nehmt doch ein Beispiel an mir! Ich lebe jederzeit so und habe allerorten so gelebt, daß ich jeden gegenwärtigen Tag als unwiderkommlich genoß, das ist, in aller Seelenruhe. Wenn ihr mir nachleben wollt, so verbannt die Sorge aus euren Geistern. Ascylt verfolgt euch; fliehet ihn! – Ich will jetzt in auswärtige Gegenden reisen, reist mit mir. Vielleicht reis' ich schon künftigen Morgen mit einem Schiffe ab, ich bin darauf sehr wohl bekannt, man wird uns alle mit dem größten Vergnügen aufnehmen.« –

Der Rat schien mir sehr weise und ersprießlich zu sein, weil er mich von den Beunruhigungen des Ascylt befreite und ein glückseligeres Leben versprach. Die edle Denkungsart Eumolps zwang mich, das Unrecht zu bereuen, welches ich ihm diesen Abend erwiesen hatte, und ich verdammte meine Eifersucht, welche schuld an allem war.

Nachdem ich einen ganzen Strom von Tränen vergossen, bat ich ihn auf das beweglichste, daß er sich wieder mit mir versöhnen möchte. Ich sagt' ihm, daß es nicht in der Verliebten Gewalt stehe, die Wut der Eifersucht zu zäumen, und daß ich mir alle Mühe geben wolle, nichts mehr zu sagen oder zu tun, was ihn beleidigen könne, und er möchte, als ein weiser Mann, diese Schwachheiten einem Sterblichen verzeihen und alle Feindseligkeiten in seiner Seele auslöschen. »Der Schnee«, fuhr ich ferner fort, »bleibt länger auf unbebaubaren felsigen Gegenden liegen, aber auf einem fruchtbaren gepflügten Lande zerschmilzt ihn der Hauch von einem lauen Windchen. So ist es mit dem Zorn im Herzen; in einem rohen Busen hängt er mit Widerhaken fest, in einem sanften Herzen aber gleitet er immer aus.« –[79]

»Damit du dich völlig von der Wahrheit dessen überzeugen mögest, was du sagst«, antwortet' Eumolp, »so will ich mit einem Kusse unsre Versöhnung versiegeln. – Wohl bekomm' es uns! – Bringt eure Sachen in Ordnung und folgt mir! Oder, wenn ihr lieber wollt, führt mich!« –

Er hatte noch nicht ausgeredet, so klopfte jemand heftig an die Tür, und wir erblickten auf der Schwelle einen Schiffer mit einem ungeheuren Barte. »Und du tust, Eumolp, als wenn du noch viel Zeit übrig hättest?«

sagt' er, »weißt du nicht, daß der Tag bald anbrechen wird?« – Ohne Verzug stehen wir alle auf, Eumolp weckte seinen Bedienten auf, welcher schon ausgeschlafen haben konnte, und befahl ihm, seine Sachen fortzutragen. Ich aber und Giton packten, was da war, in einen Schnappsack, flehten die Gestirne um ihren Schutz an und stiegen in das Schiff. –

Wir lagerten uns vorn im Schiffe an einem abgesonderten Ort, und Eumolp schlief schon, da der Tag noch nicht angebrochen war. Ich und Giton aber konnten auch nicht ein Schlummerkörnchen vom Schlafe genießen. Ängstlich überdacht' ich, daß ich mit einem noch fürchterlichern Nebenbuhler als Ascylten in Gesellschaft sei; und dieses quälte mich sehr. Endlich aber trug die Vernunft den Sieg über die Leidenschaft davon.

»Wahr ist es«, sagt' ich zu mir selbst, »es ist verdrießlich, daß mein Liebling Eumolpen gefällt; aber ist das Vollkommenste, was die Natur hervorgebracht hat, nicht immer allgemein? Allen leuchtet die Sonne. Dieser Mond da oben, von unzählbaren Sternen begleitet, leuchtet sogar den Bestien zu ihrem Futter. Was ist schöner als ein klarer Bach, der seine Wellen durch Blumen dahinrollt? Alle Durstigen können sich daraus erquicken. Und wie? Soll man die Wonne nur aus dem Zauberbecher der Liebe stehlen? Soll sie keine Belohnung für Verdienste sein? Ja, ich will ein Kleinod besitzen, welches alle Welt entzücken kann. Dieser abgelebte ehrliche Greis wird mir nicht zur Last fallen. Wenn auch sein Blut zu Begierden aufschwillt, so wird ihn seine Engbrüstigkeit mitten auf dem Wege ohnmächtig machen.« –

Damit hinterging ich mein mißtrauisches Herz und

wurde ruhiger. Ich wickelte meinen Kopf in meinen Mantel und tat, als ob ich schlief. Aber plötzlich, als wenn das Schicksal auf einmal alle meine Standhaftigkeit wieder vernichten wollte, erschallte seufzerlich eine Stimme über mir: »Also hat er mich verspottet?« Sie schien von einem Manne herzukommen und meinen Ohren bekannt zu sein – das Herz in meinem Leibe fuhr mir darüber zusammen. Darauf hört' ich ein Weib ärgerlich sagen: »Wenn ein Gott mir den Giton in die Hände führte, wie liebreich wollt' ich den Flüchtling empfangen!« –

Das Blut von uns beiden stand darüber im Laufe stille. Ich insbesondere, wie von einem fürchterlichen Traum' umwunden, konnte die Zunge nicht zum Reden bringen. Endlich zog ich mit zitternden Händen den Mantel vom Haupte und fragte den Eumolp: »Vater, ich bitte dich bei allem, kannst du mir nicht sagen, wem das Schiff gehört oder was für Leute darauf sind?« Er, in seinem Schlafe gestört, nahm es übel und gab mir zur Antwort: »So! Deswegen gefiel es dir, daß wir diesen abgesonderten Ort einnähmen, damit du uns nicht ruhen lassen könntest! Und was wird's denn sein, wenn ich dir gesagt haben werde, daß Lykas von Tarent der Schiffsherr sei, und daß er die Tryphäna auf eine Lustreise nach Tarent mit sich genommen habe?« –

Wie von einem Donnerschlage getroffen entblößt' ich meine Gurgel und sagte: »Nun, Schicksal, endlich hast du mich einmal ganz überwunden!« Giton hatte sich an meine Brust geschmiegt und wollte den Geist aufgeben. Endlich brach uns beiden der Angstschweiß aus und gab uns das Leben wieder. Ich umfaßte die Knie des Eumolp und sagte zu ihm: »Erbarme dich unser! Wir sind im

Begriffe zu sterben! Reiche mir nach unsrer Symphatie der Seelen die Hände! Unser Tod ist gewiß, wenn du uns nicht rettest, und dann kann er eine Wohltat der Götter sein!« –

Eumolp ärgerte sich darüber und schwur bei allen Göttern und Göttinnen, daß er gar nicht begreifen könne, was wir haben wollten! Er habe nicht die geringste böse Absicht gehabt, sondern mit der aufrichtigsten Seele von der Welt hab' er uns auf dieses Schiff mit sich genommen, auf welches er schon allein zu gehen sich vorgesetzt habe. »Und was habt ihr denn vor Nachstellungen zu befürchten?« sagt' er; »es schifft ja kein Hannibal mit uns! Lykas von Tarent, die aufrichtigste Seele, welchem nicht allein dieses Schiff gehört, sondern der außerdem noch viele liegende Güter besitzt und jetzt Handel treibt, hat Waren nach Tarent zur Fracht bekommen. Nun, das ist der Zyklop und Erzseeräuber, welcher uns führt! Und außer ihm ist noch Tryphäna da, die schönste unter allen Weibern, welche zu ihrem Vergnügen bald da, bald dorthin schiffet.«

»Und diese sind es eben«, rief Giton, »vor welchen wir fliehen!« Und erzählte kurz die Ursachen ihrer Verfolgung und die bevorstehende Gefahr dem zitternden Eumolp. – Dieser war ganz bestürzt darüber und wußte nicht, was er raten sollte. Er befahl, daß jeder seine Meinung vortrüge, und sagte: »Stellet euch vor, in die Höhle eines Zyklopen gekommen zu sein! Wir müssen eine Ausflucht suchen, wenn wir nicht einen Schiffbruch bewerkstelligen und uns von aller Gefahr befreien können.«

»Überrede viel lieber«, sagte Giton, »den Steuermann, daß er das Schiff in irgendeinen Hafen führe! Du mußt ihm freilich dabei eine Belohnung versprechen; und schwör' ihm zu, daß dein Bruder, welcher die See nicht vertragen könne, in den letzten Zügen liege. Du kannst dabei weinen und ein jämmerliches Gesicht machen und ihn desto eher zur Barmherzigkeit bewegen, daß er dir Gehör gebe.« –

Eumolp leugnete, daß dieses geschehen könne, weil große Schiffe nicht leicht in einen Hafen einlaufen könnten; und weil es nicht wahrscheinlich wäre, daß ein Bruder so bald auf einmal in den letzten Zügen sein sollte. »Dazu kommt noch, daß Lykas vielleicht aus Menschenliebe den Kranken wird sehen wollen. Siehe nur, was das für ein ersprießliches Mittel ist, wenn wir von freien Stücken zu dem Herrn kommen müssen! Und dann setz' auch einmal voraus, daß das Schiff von seinem ungeheuren Laufe könne abgeleitet werden, und daß Lykas kein Freund sei, Krankenbette zu besuchen! Wie können wir denn aus dem Schiffe gehen, ohne von allen betrachtet zu werden? Mit bedeckten oder bloßen Köpfen! Mit bedeckten: wer wird uns Schwachen die Hand nicht reichen wollen? Mit bloßen: ist das was andres als sich selbst verraten?« –

»Vielmehr«, sagt' ich, »wollen wir etwas wagen, uns von dem Schiffsseil' in den Nachen hinablassen, und wenn wir darinnen sind, das Seil abhauen und das übrige dem Schicksal' überlassen. Ich verlange gar nicht, daß sich Eumolp dieser Gefahr aussetzen solle; nein, warum einen Unschuldigen in Gefahren stürzen, die ihn nichts angehen? Zufrieden will ich sein, wenn nur wir glücklich hinauskommen.«

»Das wäre der beste Rat«, sagte Eumolp, »wenn er könnte ausgeführt werden. Wer wird uns im Weggehen nicht bemerken? Wenigstens der Steuermann, der sogar bei Nacht den Lauf der Gestirne bewacht. Und gesetzt auch, im Wachen könnte man ihn hintergehen, ist dann das Seil, woran der Kahn hängt, nicht am Hinterteile des Schiffs, wo er das Steuerruder führt? Wie wollen wir da hinabkommen? Und dann wundert es mich, daß es dir, Enkolp, nicht eingefallen sei, daß immer ein Matrose bei Tag und bei Nacht im Kahne liege und ihn bewache, und daß wir diesen entweder totschlagen oder ins Wasser werfen müßten; und fragt euren Mut, ob ihr das tun könntet! Denn was mich betrifft, so will ich bei jeder Gefahr sein, wo sich Hoffnung zur Rettung zeigt; aber ohne Ursache sein Leben, als etwas Überflüssiges, aufs Spiel zu setzen, werdet ihr mir selbst nicht zumuten. Ich will noch einen Vorschlag tun, seht, ob er euch gefällt! – Ich will euch unter unseren Habseligkeiten mit Riemen einwickeln und als meine Reisesachen neben mich legen, so daß ihr mit den Lippen Atem schöpfen und Speise zu euch nehmen könnt. Wenn es Tag wird, will ich schreien, daß ihr als meine Sklaven aus Furcht vor der Strafe euch ins Meer gestürzt hättet; und wenn wir in einem Hafen anlanden, so will ich euch schon ohne den geringsten Verdacht als meine Reisesachen hinausbringen.«

»So?« sagt' ich, »du willst uns wie ein Stück Holz einpacken, als wenn wir keine Hintern hätten, und nicht niesten und schnarchten! Vielleicht, weil mir diese List einmal gelungen ist? Und vorausgesetzt, daß wir dieses einen Tag in dieser Lage aushalten könnten, was denn, wenn es länger währet? Wenn wir entweder eine Windstille oder einen Sturm erhalten, was ist dann zu machen? Ein Kleid, wenn es zu lange zusammengefesselt liegt, erhält Runzeln; ein zu lang angeklebtes Papier verändert seine Gestalt; und wir Jünglinge voll blühenden Lebens, die noch keiner Strapazen gewohnt sind, sollen wie Statuen in Tücher und Bänder eingewickelt daliegen? Wir müssen einen andern Weg, uns zu retten, ausfindig machen! –

Höret, was mir eben eingefallen ist. Eumolp, als ein Gelehrter, hat Tinte bei sich. Mit diesem Mittel wollen wir unsere Farbe vom Wirbel bis zu den Spitzen der Fußzehen verändern. Wie Mohren wollen wir dem Eumolp desto freudiger als Sklaven dienen, weil wir keine Strafen zu befürchten haben, und wollen mit veränderter Farbe unsere Feinde hintergehen.«

»Beschneid' uns«, sagte Giton, »daß man uns für Juden hält! Schneid' uns die Ohren ab, daß wir den Arabern gleichen! Übertünche unser Gesicht, daß wir den Galliern ähnlich werden![80] Als wenn die Farbe allein die Gestalt verändern könne! Als wenn nicht mehr dazu gehöre, um von einer fremden Nation sein zu wollen! Laß uns einmal voraussetzen, daß ein überschmiertes Gesicht lange Bestand habe, daß ein Tröpfchen Wassers, auf uns gespritzt, kein Fleckchen auslöschen könne, daß die Kleider nicht an der Tinte kleben, welches auch öfters ohne Gummi geschieht – alles dieses vorausgesetzt, können wir dann unsere Lippen mit jenem abscheulichen Schwulst aufschwellen? Können wir mit einem Eisen unsere Haare in so kleine Löckchen kräuseln? Können wir in unsere Stirnen allerlei Gestalten von Narben einschneiden? Können wir unsere Schienbeine in einen gehörnten Mond verwandeln?[81] Können wir auf den Fersen gehen? Können wir uns ungekämmte Bärte machen? Eine künstliche Farbe besudelt den Leib, aber verändert ihn nicht. Höret! was mir in der Verzweiflung einfällt! – Wickeln wir unsere Häupter in unsere Kleider und stürzen wir uns ins tiefe Meer hinein!« –

»Davor uns Götter und Menschen behüten wollen!« rief Eumolp, »wer wird auf eine so entsetzliche Art sterben? Tut viel lieber das, was ich euch befehle. Mein Bedienter ist, wie ihr aus dem Schermesser erfahren habt, ein Barbier. Dieser soll euch beiden im Augenblick nicht nur die Köpfe, sondern auch die Augenbrauen abscheren. Das übrige laßt mich machen! Ich will die schönste Aufschrift auf eure Stirnen schreiben; ihr sollt aussehen, als wenn ihr wirklich gebrandmalet wäret. Diese Buchstaben werden euren Feinden allen Verdacht benehmen, und der Schatten von der Strafe wird eure Gesichter verbergen.« –

Dabei blieb es. Wir gingen heimlich in einen Winkel des Schiffs, und überließen unsere Haare und Augenbrauen dem Barbier. Eumolp machte beiden ungeheure Buchstaben auf die Stirnen und zog mit einer verschwenderischen Hand die Aufschrift flüchtiger Sklaven über unser ganzes Gesicht. – Von ungefähr kam einer von den Reisegefährten an die Seite des Schiffs und leerte seinen Magen aus, weil er See nicht gewohnt war, und bemerkte beim Mondschein den Barbier, welcher zur unrechten Zeit sein Handwerk trieb, verfluchte die böse Vorbedeutung, weil dieses nur bei bevorstehendem Schiffbruch zu geschehen pflegt, und warf sich wieder in sein Bett. Wir taten, als wenn wir die Verwünschung des sich übergebenden Reisegefährten nicht gehört hätten, und gingen traurig wieder an unsern alten Platz zurück, machten uns ganz stille und brachten die noch übrigen Stunden der Nacht mit einem üblen Schlafe zu.

Den andern Morgen ging Eumolp, sobald er merkte, daß Tryphäna aus ihrem Bette sei, in die Kammer des Lykas, und nachdem er von der glücklichen Schiffahrt, welche der heitre Himmel verspräche, gesprochen hatte, sagte Lykas zur Tryphäna: »Es war mir diese Nacht, als wenn Priap zu mir sagte, den Enkolpion, welchen du suchst, hab' ich auf dein Schiff gebracht.«

Tryphäna erschrak darüber und sagte: »Man möchte glauben, daß wir zusammen geschlafen hätten, denn die Statue des Neptun, auf welche ich zu Bajen dreierlei Aufschriften geschrieben habe, schien mir zu sagen: in dem Schiffe des Lykas wirst du den Giton finden.«[82]

»Ihr müßt wissen«, sagt darauf Eumolp, »daß Epikur, ein göttlicher Mann, dergleichen Spiele der Phantasie auf die scherzhafteste Weise verdammt!

›Wie oft kann nicht ein Traum, wann mit den tausend Sphären
Die Nacht am Himmel glänzt, und Schatten flattern umher,
Leichtgläubiger Menschen Herz betören!
Kein Gott, kein Tempel, ihn schafft ein Ungefähr
Wenn unsre Augenlieder
Ein sanfter Schlummer ziehet nieder,
So scherzt die Seele von der Sinnen Fesseln frei.
Was wandelte bei Tage vor der Stirne,
Das wandelt uns die Nacht auch im Gehirne.
Ein Krieger wohnt im Traume Schlachten bei,
Bringt Scharen von Menschen um, verheeret Länder und Städte,
Sticht Könige tot, und wälzt sich im Blute herum,

Zum Glück fürs Menschengeschlecht – allein in seinem Bette:
Der holet im Traum sich vor Gerichten Ruhm,
Er sieht den Richter auf seinem Stuhle sitzen
Und donnert mit den Gesetzen, wie Zeus mit seinen Blitzen:
Und aus der Erde scharrt der Geizige sich Gold,
Und scharrt es wieder hinein voll Furcht in die Erde, sein Gold:
Von seinen Hunden läßt ein Jäger die Wälder erschallen:
Ein Schiffer rettet sein Schiff, wenn es in den Abgrund sinkt
Und schon die Flut mit tausend Lippen trinkt,
Und Felsen und Himmel und Meer vom Orkan widerhallen:
Von Liebesgöttern eingewiegt
Schreibt eine Buhlerin entzückt Endymionen,
Und ältliche Matronen
Versprechen Faunen Gold und Kronen:
Sogar ein Hund, wenn er im Schlafe liegt,
Erhebt ein Bellen und fängt auf seiner Flucht den Hasen:
Gefangne werden von Häschern erschreckt:
Und ist die Wunde schon von alter Narbe bedeckt,
So muß ein Krieger im Traum von frischen Wunden rasen.‹«

Nachdem Tryphäna wegen ihres Traums dem Neptun geopfert hatte, sagte Lykas: »Nun, wer verwehrt uns denn, das Schiff zu untersuchen? Wir wollen wenigstens keine Verächter der göttlichen Eingebungen sein!«

Auf einmal schrie der, welcher uns beim Mondschein

überrascht hatte, mit Namen Arsius: »Ganz gewiß sind das diejenigen, welche sich diese Nacht haben abscheren lassen! Und das, bei allen Göttern! auf die ärgerlichste Weise; denn ich habe schon oft gehört, daß es keinem Sterblichen erlaubt sei, weder Nägel noch Haare im Schiffe abzulegen, außer wenn ein Sturm sich auf dem Meer erhebt.«

Bei dieser Rede glühte der erschrockene Lykas vor Zorne. »Wie?« sagte er, »es hat sich jemand in meinem Schiffe die Haare abgeschnitten? Und bei dieser ruhigen Nacht? Geschwind, ziehet die Verbrecher hervor, auf daß ich wisse, durch welche Häupter das Schiff müsse ausgesöhnt werden!«

»Ich hab' es befohlen«, sagte Eumolp, »damit die Götter nicht wegen dieser unreinen Verbrecher uns zürnen möchten, und nicht um eine böse Vorbedeutung zu machen, denn ich bin ja selbst auf dem Schiffe; denn da diese Spitzbuben ganz abscheulich lange Haare hatten, so hab' ich befohlen, daß man diesen Verdammten den Schmutz ein wenig abnehmen solle; und damit zugleich ihre Überschrift, welche von den Haaren überschattet war, deutlich in jedermanns Augen fallen möchte. Unter anderm haben sie mir mein Geld gestohlen und es bei ihrer gemeinschaftlichen Freundin verzehrt, von welcher ich sie die gestrige Nacht von Wein und Salbe triefend herausgezogen habe. Kurz, ich glaube, daß sie noch jetzt von den Überbleibseln meines Vermögens riechen.«

Damit man also den Schutzgott des Schiffes aussöhne, wurde befohlen, daß jeder von uns beiden vierzig 83
Streiche erhalten sollte. Man säumte sich nicht lange. Wütend fielen uns die Matrosen mit ihren Stricken an und suchten, durch unser nichtswürdiges Blut ihre

Gottheit zu versöhnen. Ich verdaute, ohne mich zu verändern, drei Streiche mit dem Adel eines Spartaners[83]; Giton aber schrie bei dem ersten Schlage so heftig, daß Tryphänen die Ohren von der ihr sehr wohl bekannten Stimme gelten. Sie wurde nicht allein darüber bestürzt, sondern alle ihre Mägde erkannten die Stimme und liefen zu dem armen Sünderchen. – Schon hatte Giton durch seine bezaubernde Gestalt die Matrosen entwaffnet, und auch ohne ein Wort zu reden, bewegte er die Grausamen zum Mitleiden, als alle Mägde zugleich ausrufen: »Es ist Giton! Giton ist's! Haltet ein, ihr Grausamen! Giton ist's, o gnädige Frau! Komm zu Hilfe!« –

Tryphäna neigte die Ohren gefällig zu der Stimme, welche hier sehr leichtgläubig waren, und eilte auf den Fittichen der Liebe zu dem Knaben. – Lykas, der mich auf das beste kannte, lief hinzu, als wenn er selbst auch meine Stimme gehört hätte, betrachtete weder Hände noch Gesicht, sondern lenkte seine Blicke auf meinen Unterleib herab, griff mit buhlerischer Hand an meine Scham und sagte: »Ei, willkommen, lieber Enkolp!« Nun mag sich ein Ulyß verwundern, wenn ihn seine Amme nach zwanzig Jahren an einer Narbe erkennt, da dieser kluge Mann, indem alle Linien und Kennzeichen des Leibes verändert waren, so scharfsinnig das einzige echte Merkmal des Flüchtlings erwischte.

Tryphäna vergoß Tränen, von den Brandmalen an unsern Stirnen getäuscht, denn sie hielt sie für echte, wie sie gefangene Sklaven erhalten, und fragte ganz leise: »Wo hat man euch Flüchtlinge erwischt und ins Gefängnis geworfen? Aber wessen Hände waren so grausam und brannten euch diese schändliche Strafe auf das Gesicht?« Wir verdienten, sagte sie weiter, daß wir ein wenig gezüchtigt würden, weil wir uns selbst im Lichte gestanden und sie verlassen hätten, da sie unser Glück hätte machen wollen. –

Zornig sprang Lykas herbei und sagte: »O du einfältige Närrin! Als wenn Wunden, von Tinte gefärbt, mit Eisen gemacht worden wären! Wollten die Götter, sie wären gebrannt! Dann würden wir keine Rache mehr verlangen. Mit mimischen Blendwerken haben sie uns hintergehen und mit dem Schatten von einem Brandmale verspotten wollen.«

Tryphäna wollte sich über uns erbarmen, weil die Erinnerung an die Wollust, welche sie in unsrer Gesellschaft genossen hatte, auf einmal wieder in ihr erwachte. Aber Lykas hatte noch nicht vergessen, wie seine Gemahlin war verführt worden, und was er für Beschimpfungen in der Halle des Tempels des Herkules hatte schlucken müssen; er schrie also heftig mit erboßtem Gesichte: »Ich glaube gewiß, daß die unsterblichen Götter für die Dinge da unten Sorge tragen! Auch du hast es erfahren, Tryphäna, denn ohn' ihr Wissen haben sie die Strafbaren auf unser Schiff gebracht, und daß sie es getan haben, beweisen unsere beiderseitigen, von ihnen eingegebenen Träume. Also bedenke, ob es ersprießlich sei, denen zu verzeihen, welche Gott uns selbst zur Bestrafung herbeiführt! Ich bin wahrhaftig nicht grausam, aber ich habe Sorge, die Strafe möchte mir selbst über mein Haupt kommen.«

Von dieser abergläubischen Rede bewegt, wollte sich Tryphäna der Strafe nicht entgegensetzen, sondern vielmehr die gerechteste Rache mit befördern helfen, indem sie nicht weniger als Lykas beleidigt worden sei, da wir vor der ganzen Welt ihrer Ehre einen Schandflecken angehängt hätten.

Sobald Lykas gewahr wurde, daß Tryphäna einmütig mit ihm zur Rache geneigt sei, so befahl er, die Strafe zu vollziehen. Wie Eumolp dieses gehört hatte, so sucht' er ihn mit folgendem zu besänftigen. »Diese Unglückseligen«, sagt' er, »deren Leben in deiner Hand ist, flehen deine Barmherzigkeit, o Lykas, an, und haben mich dazu als einen deiner alten Bekannten erlesen und mich gebeten, daß ich sie mit euch wieder vereinigen möchte, die ihr vor kurzem noch ihre besten Freunde waret. Ihr glaubet gewiß, daß sie euch das Ungefähr in eure Hände gespielt habe? Aber jeder Reisende bekümmert sich ja vor allen Dingen darum, wem er sich anvertraue. Seid zufrieden mit der Strafe, die sie schon empfangen haben, und laßt eure Seelen erweichen! Und dann laßt doch freie Menschen ohne Beleidigung hingehen, wohin sie wollen! Auch die Grausamkeit der wildesten und unversöhnlichsten Herren wird zurückgehalten, wenn Flüchtlinge von eigener Reue angetrieben zurückkehren; man schont der Feinde, die sich selbst ergeben. Was verlangt ihr mehr? Oder was wollt ihr? Da liegen sie demütig vor euren Augen! Freie, edle Jünglinge! Und was mehr als beides ist, eure alten Freunde! Und beim Herkules! wenn sie euer Geld entwendet, wenn sie euch als Freunde verraten hätten, so könntet ihr doch mit dieser Strafe gesättigt sein. Ihr seht die Sklaverei auf ihren Stirnen! Freiwillig haben sie ihre freien Gesichter gebrandmalt.«

Hier unterbrach Lykas die Fürbitte und sagte: »Vermische nicht alles untereinander, sondern sage alles einzeln nacheinander her! Erstlich, wenn sie von freien

Stücken gekommen sind, warum haben sie sich die Köpfe abscheren lassen? Wer sein Gesicht verändert, hat Betrug im Sinne und keine Genugtuung. Und dann, wenn sie dich als einen Abgesandten abschickten, um wieder unsere Freundschaft zu erhalten, warum hast du denn alles so veranstaltet, daß sie verborgen bleiben sollten, indes du ihre Verteidigung auf dich nähmest? Daraus ist ja leicht zu sehen, daß sie allerdings von ungefähr uns in die Hände gefallen sind, und daß du alle Kunst angewendet hast, sie dem Anfall unserer Rache zu entziehen. Und nimm dich ja in acht, daß du, indem du uns vorwirfst, sie wären freie und rechtschaffene Leute, nicht den ganzen Handel verderbest! Denn was sollen die Beleidigten tun, wenn sich die Schuldigen selbst der Strafe für wert erklären? Und wenn sie unsere Freunde gewesen sind, so haben sie eine desto härtere Strafe verdient; denn wer Unbekannte beleidigt, wird ein Straßenräuber genannt, wer aber Freunde, den kann man für nicht weniger als einen Vatermörder halten.«

Eumolp fing an, diese schwierigen Einwürfe zu widerlegen. »Ich sehe«, sagte er, »daß den armen Jünglingen als Hauptverbrechen aufgebürdet wird, daß sie sich diese Nacht haben abscheren lassen; dieses nimmt man als einen Beweis an, daß sie von ungefähr in das Schiff gefallen und nicht mit Willen hereingekommen sind. Ich wünsche, euch aufrichtig alles so erklären zu können, wie es geschehen ist! Sie wollten, ehe sie auf das Schiff stiegen, ihre Häupter von einer beschwerlichen und überflüssigen Last befreien, aber ein zu günstiger Wind verhinderte sie, diesen Vorsatz auszuführen. Sie glaubten, es wäre einerlei, es möchte geschehen, wo es ihnen gefiel, weil sie weder was von der bösen Vorbedeutung noch von den Gesetzen der Schiffahrt wußten.«

»Aber warum mußte man sie«, antwortete Lykas, »als verbrecherische Sklaven abscheren? Vielleicht weil man mit den Kahlköpfen eher Mitleiden zu haben pflegt. Aber warum soll man die Wahrheit bei ihrem Verteidiger suchen? Was sagst du, du spitzbübischer Enkolp dazu? Welcher Salamander hat deine Augenbrauen abgebrannt?[85] Welchem Gotte hast du dein Haar geweiht? Rede, Giftmischer!«

Ich staunte und wußte nicht, was ich in der Todesangst wider die augenscheinliche Wahrheit einwenden könnte. Auch über meine Häßlichkeit war ich bestürzt, denn außer dem geschorenen Kopfe waren Stirne und Augenbrauen überein kahl, so daß ich nichts mit dem geringsten Anstande weder tun noch sagen konnte. Nachdem man aber unser Gesicht mit einem feuchten Schwamm abgewaschen hatte und die aufgetaute Tinte zerflossen war und alle Gesichtszüge, wie mit einer Wolke von Kienruß, bedeckte, so verwandelte sich der Zorn in Haß; Eumolp schwur, daß er nicht geschehen lassen würde, daß man freie Menschen wider alles Völkerrecht der Menschheit quäle, und widersetzte sich den Drohungen der Wütenden nicht allein mit dem Munde, sondern auch mit den Händen. Sein Bedienter stand ihm treulich bei. Aber beide waren leider zu schwächliche Gesellen und dienten uns mehr zum Troste, als daß sie uns wirklich mit ihren Kräften zu Hilfe hätten kommen können.

Ich sprach kein Wort zum Besten für mich, sondern machte der Tryphäna eine Faust und schrie mit freier und heller Stimme, daß ich Gewalt brauchen würde, wenn sie nicht wie ein erzunreines Weib von dem Giton abstünde, sie sei im ganzen Schiffe allein wert, vierzig Streiche weniger einen zu empfangen.

Lykas wurde durch meine Kühnheit wütender, und es verdroß ihn, daß ich mich nicht selbst, sondern einen andern verteidigen wolle.

Tryphäna raste über diese Beschimpfung, und das ganze Schiff teilte sich darüber in verschiedene Parteien.

Der Barbier des Eumolp teilte sein Werkzeug unter uns und bewaffnete sich selbst damit; auf der andern Seite rüstete sich die Familie der Tryphäna mit ihren Nägeln zum Streite. Die Mägde erhoben einstimmig ein Kriegsgeschrei, und der Steuermann allein rief aus, daß er das Ruder verlassen würde, wenn diese Dirnen und Ehebrecher nicht aufhörten, in dem Schiffe herumzuwüten.

Aber nichtsdestoweniger dauerte die Wut der streitenden Parteien fort. Die eine stritt, sich zu rächen; und wir für unser Leben. Viele stürzten auf beiden Seiten halbtot nieder, und viele entwichen voll gefährlicher Wunden dem Treffen, aber dennoch ließ auf keiner Partei die Wut nach.

Endlich fur Giton, der tapferste unter uns allen, mit seinem Schermesser nach seinem Gemächte und drohte, sich die Ursache aller dieser Feindseligkeiten abzuschneiden; aber Tryphäna verhütete ein so großes Unglück und versprach ihm auf das feierlichste Vergebung. Ich selbst setzte oft das Schermesser an meine Gurgel und hatte nicht mehr Lust, mich umzubringen, als Giton, sich zu kombabisieren. Er spielte aber seine tragische Rolle viel vortrefflicher, denn er konnte verwegener sein, weil er wußte, daß er eben das Messer hatte, mit welchem er sich schon einmal die Kehle hatte abschneiden wollen.

Beide Schlachtordnungen standen da, und der Krieg schien immer hitziger zu werden. Endlich brachte der Steuermann es mit genauer Not dahin, daß Tryphäna, wie ein Herold, Waffenstillstand verkündigen mußte. Nachdem man nun wechselseitig, nach unsrer Väter Weise, Treue angelobt hatte, so ging sie hin nach dem Schutzgotte des Schiffes, brach einen Olivenzweig ab, hob ihn empor und trat unter uns:

»Welch eine Wut«, rief sie, »verwandelt in Waffen den Frieden?
Was hilft es, daß wir mit den Händen und Zungen wüten?
Herr Menelas sucht wohl doch hier Helenen nicht,
Sein teures Eheweib und seiner Augen Licht?
Da sie mit dem Paris flieht, ihm ewige Liebe verspricht? –
Es schleudern ja nicht hier rasende Medeen
Die brüderlichen Glieder in die Seen?[86]
Allein verachtete Liebe hat Mut!
O, wer vergießt mein Blut
Mit seinem Schwert in dieser Wut?
Wie, euch ist's nicht genug, allein mich sterben zu sehen?
O, übertreffet nicht den wilden Ozean!
Und seid nicht wütender im Schiff als ein Orkan.«

Wie eine begeisterte Bacchantin goß sie dieses aus; die Schlacht stand stille; wir reichten einander die Hände, und der Friede wurde geschlossen. Unser General Eumolp bediente sich der günstigen Gelegenheit, sagte die

Wahrheit dem Lykas bitter, brachte sein Schreibzeug hervor und setzte folgende Friedensartikel auf:

»Nach deiner festen Willensmeinung versprichst und gelobest du hiermit an, Tryphäna, daß du die dir angetanen Beleidigungen nie dem Giton weder vorwerfen, noch über das, was vor diesem Tage geschehen ist, dich bei ihm beschweren und dich deswegen rächen und ihn auf keine Art und Weise verfolgen – und ferner, daß du den Knaben nie mit Gewalt zu etwas zwingen wollest, was ihm nicht gefällig sein werde, weder zu einer Umarmung noch zu einem Küßchen, noch zu einem Beischlafe; widrigen Falls verpflichtest du dich an Eides Statt, ihm für jedes von benannten Stücken hundert bare Taler zu erlegen.

Und ebenso versprichst auch du, Lykas, ebenfalls nach deiner festen Willensmeinung, dem Enkolpion weder mit einem beleidigenden Worte noch Blicke mißfällig zu sein; ferner nicht nachzufoschen, wo und an welchem Orte er die Nacht schlafe. Und widrigenfalls du dieses nicht wirst unterlassen haben, gelobst du feierlich an, ihm für jede Beleidigung zweihundert bare Taler zu zahlen.

Alles getreulich und ohne Gefährde.«

Nachdem diese Friedensartikel aufgezeichnet und unterschrieben waren, so legten wir die Waffen nieder und schwuren, daß kein Funken von Zorn in unsern Gemütern bleiben solle. Darauf umarmten und küßten wir uns und vergaßen alles Geschehene.

Alles ermunterte uns zur Versöhnung, und der Haß sank in unsern Busen nieder. Man fing an, auf dem Kampfplatze zu schmausen, und das Gastmahl heiterte aller Seelen auf. Das ganze Schiff erscholl von

Gesängen; und da eine plötzliche Windstille den Lauf unterbrach, so fing der eine mit einem Dreizack emporhüpfende Fische und der andere mit beköderten Hamen. Sogar waren die Vögel so kirre, auf die Vogelstangen sich zu setzen, welche eine geschickter Vogler unter den Matrosen mit Leimruten wegfing. Sie wollten, wenn sie gefangen waren, davonflattern; die Federchen flogen davon in den Lüften umher und wurden dann ein Spiel der Wellen, die an unserm Schiffe lachten.

Lykas hatte sich wieder mit mir völlig ausgesöhnt, und Tryphäna spritzte schalkhaft die letzten Tröpfen im Becher auf den Giton. Indem fing Eumolp, vom Bacchus besiegt, über unsere Kahlköpfe und Aufschriften an zu spotten; und endlich, da er seinen eiskalten Witz erschöpft hatte, ergriff er seine alte Leier wieder und machte ein Elegielein auf die geraubten Locken.

»Herabgefallen sind
Die allerschönsten Locken!
So schüttelt ein rauher Wind
Im Frühling herab der Blüten Flocken!
Sie, die des Frühlings größte Zierde sind! –
Herabgefallen sind
Sie, die der Schönheit größte Zierde sind,
Die allerschönsten Locken!

Ach, die Schäfchen stehen kahl!
Traurig ohne Schatten!
Die mit Reizen ohne Zahl
Uns entzücket hatten!

Warum ihr Götter muß das Schöne so geschwind
Vergehn? Kaum ist die Knospe zur Rose geboren
Des Frühlings schönstes Kind,
So hat von einer Sonne
Sie ihre Schönheit verloren,
Sie welkt und sieht nicht mehr in ihrer Pracht Auroren.

Unglückseliger! Ach, in deiner Haare
Glanze warest du schöner als Apollo!
Als in fliegenden Locken seine Schwester,
Wenn durch Haine sie flüchtig irrt, Diane![87]

Aber glatter als Erz und als ein Schwämmchen,
Das vom Regen aufwächset, ist dein Scheitel.
Ach, dich werden die Mädchen nun verspotten!
Schüchtern, weinerlich wirst du nun sie meiden!
Lieber Knabe, gedenk' ans Sterbebette!
Schon das Schönste vom Köpfchen ist gestorben.«

Er wollte noch mehr hervorbringen und, wie ich glaube, noch ärgerlichere Dinge, als die Magd der Tryphäna den Giton in den unteren Teil des Schiffs zog und mit einem Haarschmuck[88] ihrer Frau den Kopf des Knaben wieder auszierte. Sogar brachte sie auch Augenbrauen aus einem Schächtelchen hervor und ersetzte jedes Härchen über seinen schönen Augen und gab ihm seine ganze vorige Schönheit wieder. Tryphäna erblickte jetzt in dem Giton ihren alten Liebling. Freudenzähren tröpfelten ihre Wangen herab, und in Wonne trunken gab sie dem Knaben ein Küßchen voll Liebe.

Ich aber, ob ich gleich über die wiederhergestellte Schönheit des Knaben mich freute, verbarg öfters mein

Gesicht, voll von der traurigsten Überzeugung, daß ich außerordentlich häßlich sein müsse, da mich Lykas nicht einmal für würdig hielt, mit mir zu reden. Aber eben jene Magd befreite mich von dieser Qual, denn sie rief mich beiseite und überzog mein Haupt mit nicht wenigen zierlichen Locken, sogar war mein Gesicht von einem größern Reize überstrahlt, weil die Locken von blonden Haaren waren.

Übrigens fing Eumolp an, unser Beistand in Gefährlichkeiten und der Stifter des gegenwärtigen Friedens, damit unsre Freude immer mehr Nahrung bekäme, vieles über den weiblichen Leichtsinn zu scherzen, wie leicht sich die Weiber verliebten und wie bald sie ihre Lieblinge wieder vergäßen. Er behauptete, es sei keine unter allen Damen so schamhaftig, daß sie nicht bisweilen gegen einen unrechtmäßigen Liebhaber bis zur Wut entzündet würde; und daß er dieses nicht mit alten Tragödien oder verjährten Geschichten bekräftigen wolle, sondern mit einer Begebenheit, welche sich wirklich zu seiner Zeit zugetragen habe. Wenn wir ihm ein aufmerksames Ohr gönnen würden, so woll' er sie uns erzählen. – Aller Ohren und Augen waren auf ihn gerichtet, und er erzählte.[89]

»Zu Ephesus war eine gewisse Dame wegen ihrer Keuschheit so berühmt, daß alle Frauenzimmer aus den benachbarten Gegenden der Seltenheit wegen hinreisten, um sie zu sehen. Da nun der teure Ehegemahl dieser zärtlichen Dame starb und aus der Welt getragen wurde, so war es ihr viel zu wenig, nach der gewöhnlichen Art die Leiche mit fliegenden Haaren zu begleiten und die entblößte Brust vor allem Volke zu schlagen, sondern sie folgt' ihm sogar bis in sein Grabmal nach.

Der Verstorbene wurde in eine Gruft nach griechischer Weise gebracht, und hier fing sie nun an, seinen Leichnam zu bewachen und Tag und Nacht zu weinen. Ihre Betrübnis war so gewaltig, daß sie sich zu Tode hungern wollte, weder Anverwandte noch Freunde konnten sie davon abwendig machen.

Zuletzt wurde noch der ganze Magistrat an sie abgeschickt, aber er mußte mit einer abschlägigen Antwort wieder abziehen. Schon hatte sie den fünften Tag ohne Nahrung zugebracht, und alle Welt wurde über die Tugend dieser außerordentlichen Frau gerührt und weinte mit ihr und war ihretwegen höchlich bekümmert.

Diese trostlose Dame begleitete noch ein ihr ungewöhnlich zugetanes Mädchen und trauerte und weinte die bittersten Zähren mit ihr, als wenn der letzte Mann auf dem Erdboden gestorben wäre; und wenn die Lampe im Begräbnis ausgehen wollte, so goß es wieder frisches Öl hinein. In der ganzen Stadt wurde von weiter nichts gesprochen. Groß und klein und jung und alt bekannten mit einem Munde, daß bei ihnen das einzige wahrhaftige Beispiel von der reinsten Keuschheit und Liebe erschienen sei. –

Unterdessen hatte der Befehlshaber von der Provinz nicht weit von eben dem Gewölbe, wo die Dame ihren erstgestorbenen Mann beweinte, einige Spitzbuben ans Kreuz hängen lassen. Die folgende Nacht bemerkte ein Soldat, welcher bei den Kreuzen die Wache hatte, damit man keinen Spitzbuben davon stehlen und begraben möchte, ein hell leuchtendes Licht unter den Monumenten und hörte von eben daher ein klägliches Wimmern. Nach einem Fehler des ganzen menschlichen Geschlechts hüpft' ihm das Herz im Leibe, zu wissen, was das wäre und was dort geschehe.

Er schlich sich also dahin und stieg in das Gewölbe, und wie er ein reizendes Weib erblickte, so stutzte er und glaubte, es sei ein Gespenst und ein Blendwerk böser Geister. Bald darauf aber, wie er die daneben liegende Leiche gewahr wurde und die Tränen betrachtete, und das göttliche Gesicht von Nägeln zerkrazt, so traf er eben mit seinen Gedanken die Wahrheit und hielt sie für eine Dame, welche über den Verlust ihres Mannes trostlos sei.

Er holte eine kleine Mahlzeit aus seinem Schnappsack, reichte sie freundlich der Dame dar und trug alle Trostgründe, die er wußte, der Betrübten auf das beweglichste vor, damit sie nicht in ihrem vergeblichen Schmerz beharre und ihre schöne Brust mit unnützen Seufzern abzehre. ›Wir müssen alle sterben! Das ist nun nicht zu ändern!‹ sagte er, ›wir alle müssen einmal in dergleichen Häuslein ziehen!‹ und fügte noch alles übrige hinzu, wovon sonst sich diese Schwären in dem Herzen heilen lassen. Aber ihr Schmerz wuchs noch mehr bei diesen Trostgründen, sie erzürnte sich darüber, schlug sich wütend den Busen, riß ihre Locken aus dem Haupte und streute sie auf ihren geliebten Gemahl.

Der Soldat war aber kein Mann, der sich leicht abschrecken ließ; er fuhr fort mit seinen Trostgründen und gab sich alle Mühe, sie zu bereden, daß sie etwas Speise zu sich nähme. Ihre Begleiterin wurde zuerst überwunden, der nektarische Geruch vom Weine hatte ihre Begierden erregt; schüchtern reichte sie ihre Hand dem freundlichen Mann entgegen, erquickte sich mit Speis' und Trank und fing selbst an, die Hartnäckigkeit ihrer Frau zu bestürmen.

›Was wird dir's helfen‹, sagte sie, ›wenn dich nun der Hunger wird aufgezehrt haben, wenn du dich lebendig begräbst, wenn du deinen reinen Geist von dir stößst, eh' ihn noch das Schicksal abruft? O liebe Frau, dein abgeschiedener Gemahl weiß nichts von deinem Harm, ihn rührt nicht deine Qual! Willst du wider den unveränderlichen Willen des Schicksals ihn wieder lebendig machen? Oder willst du nicht lieber die weiblichen Vorurteile ablegen und noch so lange die Freuden des Lebens genießen, als es erlaubt ist? Siehe selbst, diese Leiche sollte dich belehren, wie flüchtig das Leben sei!‹

Kein Sterblicher wird dadurch beleidiget, wenn man ihn zwingt, Speise zu sich zu nehmen und zu leben. Also ließ sich denn auch endlich diese Dame, von dem Fasten einiger Tage ausgehungert, von ihrem hartnäckigen Entschlusse zurückbringen und füllte sich nicht weniger begierig mit der Speise, durch deren Anblick sich das Mädchen vorher hatte überwinden lassen.

Übrigens wißt ihr, was der Mensch verlange, wenn er sich satt gegessen und getrunken hat. Mit eben den Schmeicheleien, wodurch der Soldat die Dame bewegt hatte, nicht mehr sterben zu wollen, griff er nun auch ihre Keuschheit an. Dieser Jüngling schien ihr nicht häßlich und unartig zu sein, und das Mädchen stand dem Soldaten treulich bei, weil ihm das auferweckte Leben durch ihn sehr wohl behagte, und rief oft ihrer tugendhaften Frau zu:

›Selbst wider dich willst du hartnäckig immer streiten?
Du liebst, und deine Liebe schmeichelt dir?

O häufe nicht auf Leiden größres Leiden!
Wer dich getröstet hat, Madame, lieget hier!‹

Was soll ich euch länger aufhalten? Ihr wißt vielleicht, wie schnell der Übergang von Traurigkeit zu Liebe ist! Die Dame fastete auch hier nicht länger, und der unüberwindliche Soldat überredete sie, auch diese Fasten aufzuheben.

Sie lagen nicht nur diese Nacht zusammen, in welcher sie Hochzeit machten, sondern auch den folgenden und dritten Tag. Freilich schlossen sie die Türen der Gruft zu, damit jedermann, wer von Bekannten oder Unbekannten an das Monument kommen würde, glauben möchte, die keuscheste Frau unter dem Monde habe über dem Leibe ihres Mannes den Geist aufgegeben. Übrigens ergötzte den Soldaten sowohl die Schönheit der Dame als auch das Geheimnis, und er kaufte, soviel ihm sein Vermögen erlaubte, das Beste, was er erhalten konnte, und trug es, sobald die Nacht hereinbrach, in das Gewölbe.

Wie die Verwandten eines von den ans Kreuz Gehängten bemerkten, daß keine Wache zugegeben sei, so zogen sie ihn bei Nacht herab und erwiesen ihm noch die letzten Pflichten, und der Soldat wurde, während er am Busen seiner Geliebten lag, hintergangen. Bei anbrechender Morgendämmerung bemerkte er, daß ein Dieb an dem einen Kreuze mangelte. Er fürchtete sich vor der Lebensstrafe und lief zu seiner Getrösteten und erzählt' ihr, was sich zugetragen habe, und daß er das Urteil nicht erwarten wolle, sondern seine Nachlässigkeit gleich selbst mit seinem Schwerte zu bestrafen beschlossen habe. Er bitte sie nur noch um diese einzige Gefälligkeit, daß sie ihn zur Ruhe bestatten und mit dem unseligen Grabe ihres Mannes auch zugleich ihren Freund bedecken möge.

Die Dame war nicht weniger barmherzig, als sie keusch war, und rief: ›Ach, das wollen die Götter nicht zulassen, daß ich zu gleicher Zeit die zwei Sterblichen, welche ich am zärtlichsten liebte, in einem Grabe sehen solle! Nein! Besser ist es, daß ich den Toten aufhänge, als den Lebendigen umbringe.‹ – Nach dieser Rede befahl sie, daß man den Leichnam ihres Mannes aus dem Sarge zöge und an das Kreuz hänge, von welchem der Dieb war gestohlen worden. Der Soldat bediente sich der List der klugen Dame; und den Tag darauf verwunderte sich alles Volk und konnte nicht begreifen, wie es der Verstorbene müsse gemacht haben, daß er sich ans Kreuz geschlagen hätte.«[90]

Die Matrosen nahmen die Erzählung des Eumolp mit Lachen auf; Tryphäna aber wurde darüber bis an die Ohren rot und schmiegte ihr Gesicht auf das zärtlichste an den Nacken des Giton. Aber Lykas lachte nicht, sondern schüttelte sein zorniges Haupt und sagte: »Wenn der Befehlshaber ein gerechter Mann gewesen wäre, so hätt' er den Leichnam des Mannes wieder zurück in sein Grab bringen und das Weib dafür ans Kreuz schlagen lassen sollen.« Vermutlich kamen ihm wieder der Ehebruch seiner Frau und das auf der Liebesreise geplünderte Schiff in den Sinn. Aber der Friedenskontrakt erlaubte nicht, empfindlich darüber zu sein, und die allgemeine Freude, welche alle Gemüter zuvor wider ihn würde eingenommen haben, ließ dem Zorne keinen Raum.

Unterdessen hatte sich Tryphäna dem Giton auf den

Schoß gesetzt; bald gab sie ihm unzählige Küsse auf den Busen und bald brachte sie jedes Härchen an seinem Köpfchen in Ordnung, welches seine Lage verändert hatte.

Ich aber betrübte mich darüber; der neue Vertrag stand mir gar nicht an, und nahm weder Speise noch Trank zu mir, sondern sah beide mit gefährlichen und wilden Blicken an. Jedes Küßchen war mir ein Dolch ins Herz! Jede Schmeichelei, welche das geile Weib dem Knaben machte! Noch wußt' ich nicht, ob ich mehr über den Knaben zürnen sollte, daß er mir meine Freundin raubte, oder auf die Freundin, daß sie mir den Knaben verdürbe. Beide waren meinen Augen unausstehlich, und lieber wollt' ich in der vorigen Gefangenschaft sein.

Dazu kam noch, daß Tryphäna mit mir wie mit einem Fremden sprach, und nicht wie mit ihrem vorigen Lieblinge; und Giton achtete mich nicht für würdig, nur einmal im Vorbeigehen mir vorzutrinken; oder, was das Geringste ist, mich nur einmal bei meinem alten Namen zu nennen. Ich glaube, er befürchtete, bei der wieder aufs neue angefangenen Freundschaft die alte Wunde wieder aufzureißen. Die zurückgehaltenen Tränen schwollen in meinem Busen an und wollten mit schweren Seufzern mein Herz zersprengen und die Seel' im Leibe mir ersticken.

Indem ich in dieser Verfassung dasaß, wurde Lykas aufs neue wieder gegen mich entzündet, weil ich vielleicht in meinen blonden Locken ihn noch mehr reizte. Er liebäugelte mir und versuchte, ob er wieder die alte Wollust bei mir genießen könnte. Er machte gar nicht mit seiner Stirne den Herren gegen mich, sondern bezeugte sich so gefällig wie der beste Freund. Allein, alles war vergeblich. Endlich verwandelte sich seine verachtete Liebe in Wut, und mit Gewalt wollt' er seine Wünsche befriedigen. Indem kam unerwartet Tryphäna zu uns und bemerkte seine Unmäßigkeit. Beschämt bracht' er sich, so geschwind er konnte, wieder in Ordnung und floh von dannen.

Dieser Anblick hatte alle Begierden der Tryphäna erregt, sie fragte mich: »Was wollte Lykas mit dir machen?« und mit Gewalt brachte sich mich zum Geständnisse. Nach dieser Erzählung brach alles in Flammen bei ihr aus, sie erinnerte mich an unsere alte Vertraulichkeit und den Genuß des vorigen Vergnügens. Aber ich, von so vielen Strapazen abgemattet, wollte mich zu nichst verstehen. Wütend überfiel sie mich nun mit ihren Umarmungen und drückte mich so heftig an sich, daß ich schreien mußte. Eine von ihren Mägden lief darauf herbei und glaubte nicht anders, als daß ich verlangte, was ihre Frau haben wollte, und trennte uns beide voneinander. Tryphäna, vor Begierden lechzend, schimpfte und schmähte, daß ich sie so verachtet hatte, drohte und ging zum Lykas, um ihn desto mehr gegen mich aufzuhetzen, daß sie beide gemeinschaftlich sich an mir rächen könnten.

Sagen muß ich euch aber, daß mich dieses Mädchen vor diesem, da ich der Liebling von ihrer Frau war, sehr liebte; also war es ihm sehr empfindlich, mich mit der Tryphäna überrascht zu haben; es seufzte und war sehr begierig, alles von mir zu wissen. Endlich, nach einiger Überwindung, brach es in Folgendes aus: »Wenn du noch einen Tropfen ehrlichen Geblüts hast, so wirst du sie für nichts mehr als eine Hure achten; und wenn auch die Natur in dir aufrührerisch werden sollte, so hast du nicht nötig, sie bei einem solchen läufigen Weibe zu besänftigen.«

Alles dieses quälte mich sehr. Aber deswegen war ich am meisten besorgt, daß Eumolp alles, was geschehen wäre, erfahren möchte; denn dieser Erzpoet würde mich mit seinen Versen gerächt haben, und dadurch würd' ich ohne Zweifel lächerlich geworden sein.

Da ich aber darauf dachte, dieses zu verhindern, so kam er selbst zu mir und wußte alles, was sich zugetragen hatte; denn Tryphäna hatt' es dem Giton erzählt, indem sie dadurch sich bei ihm schadlos zu halten suchte. Eumolp erzürnte sich sehr darüber, insbesondere deswegen, weil dadurch die Friedensartikel gebrochen waren.

Sobald mich der Alte erblickte, bedauerte er mich und bat, daß ich ihm alle Umstände erzählen sollte. Ich erzählte ihm also aufrichtig, wie mir Lykas und Tryphäna begegnet wären. Nachdem er dieses gehört hatte, so schwur er, mit den bittersten Versen mich zu rächen, indem selbst die Götter diese Verbrechen nicht unbestraft vorbeilassen könnten.

Während dieser Streitigkeiten schwoll das Meer auf, Wolken wälzten sich überall zusammen und bedeckten den Tag mit erschrecklichen Finsternissen. Die Matrosen liefen zitternd zu ihren Arbeiten und zogen die Segel vor dem Sturm hernieder. Der Wind trieb bald dahin und bald dorthin die Fluten, und der Steuermann wußte nicht, wohin er sich wenden sollte. Bald wehte der Wind nach Sizilien, und bald trieb ein Nordwind das Schiff in einem Wirbel an die Küsten von Italien; es war ein Spiel der Winde. Und was gefährlicher als alle Sturmwinde war, es fiel auf einmal eine so dichte Nacht herab, daß der Steuermann nicht einmal den Schiffsschnabel mehr erblicken konnte. Wie alle Hoffnung zur Rettung verschwunden war, so hob Lykas gefaltet seine Hände empor und sagte: »O du Enkolp, steh uns in diesen Gefährlichkeiten bei! Ach gib dem Schiffe das göttliche Gewand und das Sistrum wieder! Ich bitte dich bei allen Göttern! Erbarme dich unser! Du hast ja sonst ein mitleidiges Herz!« Wie er noch so schrie, so warf ihn ein Wirbelwind ins Meer. Er kam ein wenig wieder empor, aber der Sturm bedeckte ihn mit seinen Wogen, und ein Schlund verschlang ihn. – Plötzlich ergriffen die getreuesten Sklaven die Tryphäna, setzten sie auf den Nachen und entführten sie mit dem größten Teil ihrer Kostbarkeiten dem augenscheinlichen Tode.

Ich aber umarmte den Giton und weint' und schrie: »Also haben wir das allein von den Göttern verdient, daß sie uns nur im Tode vereinigten! Aber auch das wird das grausame Schicksal nicht zugeben. Siehe, jetzt wird die Flut das Schiff umkehren! Ach, das Meer wird unsere verliebten Umarmungen zertrennen! Gib, wenn du deinen Enkolpion wahrhaftig geliebt hast, ach, so gib ihm noch Küsse der Liebe, da es noch erlaubt ist, und raube noch diese letzte Wollust dem eilenden Schicksale.«

Wie ich dieses gesagt hatte, so warf Giton sein Gewand von sich ab, hüllte sich in das meinige, hob sein Köpfchen an meine Lippen empor und gab mir die brünstigsten Küsse. Und damit keine mißgünstige Welle uns so zusammenhängend voneinander reißen könne, zog er den Gürtel um uns beide herum und sagte: »Wenn es auch nicht anders sein kann, so wird uns doch das Meer zusammenvereinigt tragen müssen. Oder will es uns barmherzig an ein Ufer treiben, so wird ein vorübergehender Wandrer so menschenfreundlich sein, uns in unserer Vereinigung zu begraben, oder welches das Äußerste ist, auch die erzürnten Wogen müssen uns so verbunden in den Sand legen.« Ich erduldete dieses letzte Band der Liebe und erwartete, wie auf dem Totenbette zubereitet, ohne Furcht und Angst den Untergang.

Unterdessen richtete der Sturm die Befehle des Schicksals aus und zerbrach alles, was noch ganz am Schiffe war. Mastbaum, Steuerruder, Seile und alle Ruder waren verloren. Wie ein roher und unbearbeiteter Haufen Holz ging das Schiff mit den Wellen.

Auf einmal kamen Fischer mit kleinen Schiffchen eilfertig herbeigerudert, um Beute zu machen; wie sie aber noch Leute auf dem Schiffe sahen, welche im Verteidigungsstande waren, so verwandelten sie die Grausamkeit in Hilfe.

Und wie man sich so besprach, hörten wir ein ungewöhnliches Murmeln in der Kammer des Steuermanns, es glich dem Gebrüll einer gefangenen Bestie, die sich losmachen will. Wir gingen dem Gebrülle nach und fanden dann den Eumolp da sitzen und ein ungeheueres Pergament mit Versen anfüllen. Wir verwunderten uns darüber, daß er noch bei dem bevorstehenden Tode ein Gedicht machen könne, zogen ihn mit allem seinen Geschrei heraus und befahlen ihm, doch nicht so närrisch zu sein. Aber er glühte von Zorn auf, daß wir ihn unterbrochen hatten, und sagte: »Laßt mich doch nur noch diesen Gedanken endigen! Ich bin am Ende meines Gedichts.« Ich ergriff den Rasenden, ließ den Giton herbeikommen, und wir zogen ihn auf die Erde, da er noch vor Wut brüllte.[91]

Nachdem wir damit fertig waren, so gingen wir traurig in eine Fischerhütte, sättigten uns mit Speisen, die vom Schiffbruche verdorben waren, und brachten hier die traurigste Nacht zu.

Den andern Tag, wie wir Rat hielten, welcher Gegend wir uns anvertrauen wollten, sah ich auf einmal einen Leichnam auf einer leichten Welle an das Ufer gespület werden. Der Anblick rührte mich, und ich betrachtete mit lebhaften Augen die Treulosigkeit des Meeres.

»Ach!« rief ich aus, »vielleicht erwartet diesen in irgendeinem Weltteile seine sichere Gemahlin! Vielleicht ein Sohn, der das Meer nicht kennt! Oder vielleicht hat dieser seinen Vater verlassen und ihm zum Lebewohl einen Kuß gegeben! Das sind die Ratschlüsse der Sterblichen! Das ist das Ziel ihrer großen Gedanken! Siehe, wie der Mensch schwimmt!«

Noch beweint' ich ihn als einen Unbekannten. Wie aber die Wellen sein unbeschädigtes Gesicht ans Land gebracht hatten, so erkannt' ich in ihm den vor kurzem erschrecklichen und unversöhnlichen Lykas. Zu meinen Füßen lag er jetzt.

Ich konnte mich der Tränen nicht länger enthalten, schlug die Brust mit verdoppelten Schlägen und rief: »Wo ist nun dein Zorn? Wo deine Macht? Da liegst du nun, eine Beute der Fische und Seetiere! Du, der du vor kurzem mit deinen Herrschaften prahltest, konntest dir nicht einmal im Schiffbruche ein Brett von deinem großen Schiffe zueignen!

Gehet nun hin, ihr Sterblichen, und schwellet eure

Busen mit großen Gedanken auf! Gehet hin und macht aufs kläglichste Pläne für eure durch Betrug erworbenen Güter auf tausend Jahre hinaus! Dieser da sah gestern die Berechnungen seines Vermögens durch! Dieser da bestimmte sogar den Tag, wenn er in sein Vaterland kommen würde! Ihr Götter und Göttinnen, wie weit ist er vom Ziele seiner Hoffnungen!

Aber das Meer nicht allein ist den Sterblichen so treulos. Jenen Krieger betrügen seine Waffen; jenen begräbt der Ruin seines Hauses, indem er seinen Hausgöttern opfert: und dieser stürzt vom Wagen und gibt den Geist auf; den einen erstickt zuviel Speise und der andere stirbt vom Fasten. Wenn man es ganz richtig berechnen will, so ist überall Schiffbruch. – Aber die Schiffbrüchigen sind nicht so glücklich, begraben zu werden.[92] Als wenn es dem Körper was hülfe, daß er auf diese und keine andere Art aufgelöst würde! Feuer, Wellen und Zeit sind hier einerlei. Es mag sein, was es will, so kommt es alles auf eins hinaus. Aber dort zerfleischen wilde Tiere den Leib. Als wenn das Feuer barmherziger mit ihm umginge! Ja, wir halten dieses ja für die härteste Strafe, wenn wir auf unsere Sklaven zürnen!

Was ist es denn also für eine Raserei, alle Sorgfalt anzuwenden, damit ja nicht etwas von uns unbegraben bleibe, da auch das Schicksal wider unseren Willen es so verordnet hat?«[93]

Nach dieser Betrachtung erwiesen wir dem Leichnam die letzten Pflichten. Mit unwilligen Händen richteten wir dem Lykas einen Scheiterhaufen auf und verbrannten ihn. Eumolp sah unterdessen weit in die Ferne, um dem Toten eine Grabschrift zu machen.

Nachdem wir ihm die letzten Pflichten erwiesen hatten, so traten wir die beschlossene Reise an und erstiegen binnen kurzer Zeit voll Schweiß einen Berg, von dessen Gipfel wir nicht weit davon eine Stadt auf einer Anhöhe erblickten. Wir wußten in der Irre nicht, was es für eine wäre, bis wir endlich von einem Pächter erfuhren, daß es Crotona sei, eine von den ältesten Städten Italiens und ehedem dessen Hauptstadt. Wir erkundigten uns sehr genau, was für eine Art von Menschen diesen edlen Ort bewohnte und was für Gewerbe sie hauptsächlich trieben, nachdem die häufigen Kriege alle ihre Reichtümer aufgezehrt hätten.

»O meine Freunde«, sagte der Mann, »wenn ihr Handelsleute seid, so ändert euren Vorsatz und sucht auf eine andre Art euch was zu verdienen. Wenn ihr aber zu der feinern Art von Menschen gehört und euch für verschlagen genug haltet, so ist was daselbst zu gewinnen. In dieser Stadt macht man sich nichts mehr aus den Wissenschaften, die Beredsamkeit wird nicht mehr geachtet, Mäßigkeit und unsträfliche Sitten werden weder gerühmt noch belohnt, sondern alle Menschen, die ihr darinnen sehen werdet, teilen sich in zwei Teile, denn sie werden entweder erschlichen oder erschleichen. In dieser Stadt zieht man seine eigenen Kinder nicht mehr auf[94], weil jeder, welcher schon seine Erben hat, weder zu Gastmahlen noch festlichen Spielen zugelassen wird, sondern aller Bequemlichkeiten des Lebens beraubt unter den Hefen des Volks im verborgenen leben muß. Wer aber keine nahen Anverwandten hat, kommt zu den höchsten Ehrenstellen. Diese allein sind Soldaten, sind allein tapfer, sind allein rechtschaffen. Ihr werdet diese Stadt«, fuhr er fort, »für nichts anderes als ein Lager halten, in welchem die Pest gewütet hat, wo man nur Leichname sieht, welche Raben zerfleischen.« –

Eumolp, welcher die meiste Weltkenntnis unter uns hatte, stellte Betrachtungen über die Neuheit dieser Sache an und gestand, daß ihm diese Art, sich zu bereichern, nicht übel gefiel. Ich glaubte, der Alte scherze nach seinem poetischen Leichtsinn, aber er ließ mich nicht lange bei diesen Gedanken und sagte: »O könnt' ich doch in einem bessern Aufzug erscheinen! Das ist, wenn ich nur ein prächtigeres Kleid hätte, welches die Lügen bekräftigte; dann würd' ich, beim Herkules, nicht diese Tasche mit mir herumtragen, sondern den Augenblick wollten wir Gold in Menge haben.«

Ich antwortete ihm, daß diesem leicht könne abgeholfen werden, wenn ihm gefällig sei, den geraubten Mantel, und was wir auf dem Landgute des Lykurg erbeutet hätten, anzuziehen. Die Mutter der Götter würde uns in der gegenwärtigen Not mit ihrem Beistande nicht verlassen und uns für das Zutrauen, das wir zu ihr hätten, Geld dazu bescheren.

»Machen wir Komödianten!« sagte Eumolp, »ich bin euer Herr, wenn euch dieser Plan gefällt!«

Niemand wollte diese List verdammen, welche uns nichts schaden konnte. Damit also die Sache unter uns bliebe, schwuren wir dem Eumolp einen feierlichen Eid und gaben ihm dadurch Gewalt, uns zu brandmalen, zu binden, mit dem Schwerte zu ermorden, oder was ihm sonst belieben würde. Wie echte Klopfechter ergaben wir uns ihm mit Seel und Leib auf das heiligste.

Nachdem wir unsern Eid abgelegt hatten, grüßten wir ihn, als verstellte Sklaven unsern Herrn und lernten unsere zu spielenden Rollen. Der einzige Sohn des Eumolp wäre gestorben, ein Jüngling von einer erstaunlichen Beredsamkeit, der außerordentliche Hoffnung von sich gegeben. Dieser untröstliche Greis sei deswegen aus seinem Vaterlande gegangen, damit er nicht täglich, die Klienten und guten Freunde seines Sohns, oder sein Grabmal, die ewige Ursache seiner Zähren, sehen müßte. Dazu sei noch erst kürzlich ein Schiffbruch gekommen, durch welchen er über eine Million Verlust gehabt; daß er zwar daraus sich nichts mache, aber daß es doch deswegen ihm unangenehm sei, weil er seine Bedienten dadurch verloren und es seine alte Würde beleidigte, daran Mangel zu leiden. In Afrika besitz' er noch dessungeachtet über drei Millionen an Gütern und Kapitalien; denn er habe auf den Fluren zu Numidien so viel Sklaven, daß er ein Karthago damit erobern könne.

Wie wir damit fertig waren, so befahlen wir dem Eumolp, so oft zu husten, daß man ihn für schwindsüchtig hielt: sich zu stellen, als wenn er immer den Durchfall habe: alle Speisen, sie möchten so köstlich sein, als sie wollten, öffentlich zu verachten: von nichts als Gold und Silber zu sprechen: von uneinträglichen Gütern und unfruchtbaren Länderreien; außerdem sollt' er täglich über Rechnungen sitzen und alle Tage was an seinem Testamente ändern: und damit die Komödie vollkommen gespielt werde, so sollte er, sooft er einen von uns rufen wollte, ihm einen andern Namen geben, daß es desto eher das Ansehen hätte, er sei der Herr von vielen, die nicht zugegen wären. –

Als dieses alles in Ordnung gebracht war, so baten wir die Götter, daß sie unser Vorhaben beglücken möchten, und wandelten unsere Straße weiter. Aber Giton war nicht mehr imstande, die ihm ungewöhnliche Last weiterzutragen, und der Lohnbediente des Eumolp war seines Dienstes satt; öfters legte er seinen Sack nieder, und fluchte, daß wir so schnell liefen, und schwur, daß er entweder die Sachen von sich werfen oder damit durchgehen würde.

»Glaubt ihr«, sagte er, »daß ich ein Esel sei oder ein Lastschiff? Ich habe mich als einen Menschen verdingt, und nicht als ein Pferd! Ich bin ein ebenso freies Geschöpf wie ihr, ob mich gleich ein armer Vater gemacht hat!« Und nicht einmal mit diesen Scheltworten war er zufrieden, sondern hob oft ein Bein in die Höhe und beleidigte auf das schändlichste unsere Ohren und Nasen. Giton spottete über die Faulheit dieses Kerls und macht' es ihm mit dem Munde nach, damit er den schlimmen Geruch von seiner Nase abhielt.

Auf einmal aber setzte sich Eumolp wieder auf sein altes Steckenpferd, und sagte: »O ihr Jünglinge, viele haben sich mit der Poesie betrogen! Denn sobald einer einen Vers gedrechselt oder einen zärtlichen Gedanken in einen Schwall von Worten gewickelt hat, so bald denkt er auch: Nun bist du eben auf dem Helikon!

So haben oft einige den gerichtlichen Geschäften entsagt, ihre Glückseligkeit bei der Poesie gesucht und sind nach ihr wie nach einem zugänglichern Hafen geflüchtet, indem sie glaubten, es sei leichter, ein Gedicht hervorzubringen als eine Streitschrift mit spitzigen Sentenzlein durchflochten.

Übrigens ist ein edelartiges Genie nicht zu eitel und verläßt sich bloß auf sich selbst. Der Geist kann nicht empfangen oder eine Geburt hervorbringen, als bis er viel von den echten Quellen der Gelehrsamkeit getrunken hat. Man muß alle widrigen Worte vermeiden und nichts aus dem Pöbel hervorholen, damit man mit Recht sagen könne:

›Ich hasse dich, unheiliger Pöbel, und
Verscheuche dich von meiner Musen Hainen!‹

Dann muß man auch dafür sorgen, daß keine Gedanken in das Ganze hineingeflickt zu sein scheinen, sondern es muß alles wie ein Gewand von einer schönen Farbe glänzen. Homer ist Zeuge davon, die neun lyrischen Poeten, der römische Virgil und die glückliche Kühnheit des Horaz. Denn die übrigen haben den Weg nicht gesehen, auf welchem man zu den Musen gelangt, oder wenn sie ihn sahen, fürchteten sie sich, ihn zu betreten.

Zum Beispiel: Wer ein Gedicht über den bürgerlichen Krieg, ein schweres Werk, verfertigen will und den Geist nicht voll Wissenschaften hat, der wird unter der Last versinken. Man darf die Reihe der Begebenheiten nicht nacheinander in Versen erzählen, das kann ein Geschichtsschreiber weit besser; sondern durch kühne Wendungen, Ratschläge der Götter, wunderbare Gedanken muß das große Genie, wie auf der Blitze Flügeln, zum Erhabnen sich emporschwingen. Es muß mehr die Rede eines von Begeistrung Wütenden sein, ein hinreißender Strom von großen Gedanken, als eine aufrichtige Erzählung mit Zeugen versehen.[95]

Zum Beispiel, wenn euch dieser Anfall von Begeistrung gefällt, obgleich die Feile noch nicht darüber gewesen ist.[96]

›Schon hatte Rom den Erdenkreis bezwungen,
Wo Meer und Erde war, wohin nur Sonne
Und Luna schien – und suchte neue Länder![97]
Schon gingen zu entfernten Nationen
Durch tausend Klippen schwere Kriegesschiffe![98]
Und wo noch eine Küste lag verborgen
Und noch ein Land, wo Gold geboren wurde –
Das war auch Feind! ›Zum Kriege!‹ rief das Schicksal.
Der Krieger suchte Gold, nicht mehr Triumphe:
Der Ahnen Lust gehörte für den Pöbel:
Soldaten suchten unbekannte Wonne,
Und Purpur unsrer Scipionen Kronen,
War dunkel gegen indian'sche Farbe.[99]
Für Wolle mußten Serer Seide bringen,
Numidien seinen Marmor zu Palästen,
Arabien süßen Duft von feinen Fluren!
Allein noch nicht genug: auch neue Wunden
Muß man dem längst gewünschten Frieden schlagen! –
Aus Mauritaniens ungeheuren Wäldern[100]
Holt man mit schwerem Golde wilde Tiere.
Aus Libyen Sande bis zum letzten Ammon –
Damit ein teurer Zahn gefangne Römer
Zerfleische! Schiffe müssen weit herfahren
Den zähnefletschenden ergrimmten Tiger
In einem goldnen Tempel eingeschlossen,
Damit in Rom er Menschen morden könne,
Um satt an ihrem Blute sich zu trinken,
Indes die Römer freudig dazu klatschen!
Ach, daß ich's sagen muß, dein günstig Schicksal,
O Rom, wird bald aus deinen Mauern weichen!
Nach persischem Gebrauch[101] stiehlt man den Knaben,
Wenn sie zur Jugend reifen, ihre Mannheit,

Und quetscht der Bräute süße Frucht mit Eisen,
Verheerend die Natur zur glatten Wollust!
Man hält den Wuchs der Blüten zu den Früchten
Zurück – der Zeiten edle Flucht zum Jüngling!
Natur sucht sich, doch ohne sich zu finden!
Zur Hure wird der Knabe jetzt geschaffen,
Und weichlich ohne Nerven muß er wandeln!
Die Haare flattern duftend um den Nacken!
Unzählig sind der neuen Kleider Namen,
Um seine Schande männiglich zu zeigen. –
Wie ungeheuer üppig wird geschwelget
An prächt'gen Tafeln von Zitronenholze![102]
Für schlechte Adern werden Tonnen Goldes,
Mehr Gold als Holz, nach Afrika getragen!
Und um sie müssen Heere Sklaven stehen
An Purpurbetten, die ein Schwarm von Schmeichlern
Besoffen drückt – und hier wird nun die Beute
Von vielen totgeschlagnen Nationen –
Der ganzen Welt in einem Schmaus verschlucket! –

Erfindrisch ist dein Gaum! Aus tiefem Meere
Muß dir Sizilien lebendig bringen
An deinen Tisch den Skar, und zehr'nde Austern
Der See Lucrin, damit du wieder hungerst,
Und Phasis muß dir seine Vögel schicken
Und die Musik von seinen Ufern rauben,
In seinen traurigen, verwaisten Zweigen
Sucht sie umsonst der sie gewohnte Zephir!

Die tolle Wut erwählt auf deinem Wahlplatz,
Und jede Stimm' ist Folge größrer Beute.
Das Volk ist feil zusammen mit den Vätern!

Verkäuflich alles! Geld ist Bürgermeister!
Auch Greise denken nicht an röm'sche Freiheit!
Das Geld stürzt alle Römermacht zu Boden!
Da liegt der Alten Majestät im Staube!
Und überwunden, von dem Volk vertrieben,
Muß Cato wandern! Selbst sein Nebenbuhler
Schämt sich des Siegs und der erhaltnen Beile.[103]
O Schande Rom! Welch ein Ruin der Sitten!
In diesem war dein Stolz nun überwunden
Und deine Macht – nicht er! – und deine Zierde!
Von deiner eignen Hand wirst du besieget,
Und ohne Rächer bist du nun verloren. –
Drauf raubt der Wucher alle deine Beute
Von beiden Meeren! Folge von dem Schwelgen!
Kein Haus ist sicher! Jeder Leib verpfändet!
Wie eine Seuche leis' erst in die Nerven
Sich schleichet, wie ein Dämon dann allmächtig
Im Menschen wütet und mit Martern peinigt,
Und dann ihn grausam sich zu töten reizet –
So müssen in Verzweiflung zu den Waffen
Die Römer greifen, um sich wieder Schätze
Zu rauben oder töten sich zu lassen.
Gefahren haben sie nicht zu befürchten,
Wer kann verlieren, scheuet nur Gefahren.
Und welche Künste konnten aus dem Schlummer
Auf Purpurbetten, Rom, dich besser wecken,
Von Wollust eingewieget, als die Waffen,
Als Mut und Bürgerkrieg und Tod und Wunden?
Drei Helden schenkte dir dazu das Schicksal,
Die in verschiednen Schlachten halb Bellona
Begrub. Des Crassus Kopf liegt bei den Parthern:
Pompeius im ägypt'schen Meer, der Große:

Und Julius, den größten aller Römer,
Hat undankbar sein Vaterland ermordet,
Als wenn die Mutter Erd' an einem Orte
Die mächt'gen Leichen nicht ertragen könne,
Verteilte sie der großen Männer Aschen.[104]
Die ihr nach Ehre dürstet, denkt ihr Schicksal! –

Es lieget zwischen Pozzol und Neapel[105]
Ein Ort verborgen unter faulem Nebel,
Von Sümpfen, die herquellen vom Cocytus,
Aushaucht er lauter heiße gift'ge Dämpfe.
Es kann Autumnus keine goldnen Früchte
Hintragen, und der Frühling keine Blumen,
Und keine blühnde Zweige voll von Sängern
Der süßen Liebe, keine Nachtigallen.
Hier wohnt das alte Chaos, schwarze Felsen
Und schmutzge Kiesel sind kaum wert zu tragen
Noch traurige Zypressen voll Gespenster.
In diesen hob sein schwarzes Haupt voll Asche
Empor der schreckliche Monarch der Toten
Und schrie zu der eilenden Fortuna:

›O, Königin der Menschen und der Götter,
Fortuna, Hasserin des sichern Stolzes,
Die du den Bettlern Zepter und Monarchen
Oft Ketten schenkest, weißt du wohl, daß Rom dich
Nun endlich einmal überwunden habe?
Und daß du keine Größe finden könnest,
Die fähig sei, es in'n Ruin zu stürzen?
Die Jugend Roms selbst hasset seine Kräfte,
Und läßt mit sich als wie mit Mädchen buhlen,
Und mag der Siege Glück nicht mehr ertragen.

O siehe, wie die Römer nach dem Luxus
Hier wüten, um die Beuten zu vernichten!
Paläste bis hinauf zu den Gestirnen
Erbauen sie von Gold' und Felsenhäuser
Verjagen Seen von den alten Ufern!
Auf ihren Fluren wird das Meer geboren
Und mitten in dem Meere Zaubergärten!
Sieh die Natur der Dinge sie verändern!
Schon stürmen sie mein Reich, die Erde wanket,
Denn ihrer Feste Säulen sind durchgraben!
Die Berge sind erschöpft! Das Eingeweide
Der Erde wird von ihnen nun zerrissen,
Weil Rom zu jedem Dinge Felsen brauchet!
Die Schatten fürchten schon der Sonne Strahlen![106]
O blick' einmal mit zornigem Gesichte
Die Römer an! Demüt'ge sie, Fortuna!
Entzünde Bürgerkrieg in ihren Geistern!
Und schicke wieder unserm Reich Erschlagne!
Schon lange haben wir kein Blut getrunken,
Und meine liebe Tisiphone lechzet,
Seitdem der kühne Sylla hat geschlachtet
Und von der Römer Blute Saaten wuchsen.‹

Er sprach's: und spaltete mit seiner Rechten
Den Boden, um der Göttin sie zu reichen.
Drauf sprach Fortun' aus ihrem leichten Busen:

›O Vater, dem das Totenreich gehorchet,
Dein Wille soll geschehn! Wenn ich entdecken
Den Schluß des Schicksals darf. – In diesem Busen
Empört sich kein geringrer Zorn! Im Herzen
Auflodert keine leichtre Flamm'! Ich hasse

Die Macht, die ich dem stolzen Rom gegeben!
Die ungeheure Größe soll zerstürzen!
Die Göttin, die sie schuf, kann sie vernichten!
Verbrennen will ich seine tapfren Heere,
Mit ihrem Blut den Gott der Trauer weiden! –
Schon rasselt Waffenschall in meinen Ohren –
Auf beiden weiten Ebnen der Philippen
Erblick' ich Nationen sich ermorden!
Thessalien ist Feu'r von Scheiterhaufen!
Iberien bedecket von Erschlagnen,
Und Libyen! Ich seh' die Ufer seufzen
An dir, o Nil! und Actium voll Schiffbruch
Und leichenvoll und wüten den Apollo![107]
Mach' auf die Tore deiner Reiche, Pluto!
Nicht länger sollen sie nach Blute dürsten!
Nimm auf die Millionen neuer Seelen!
Dein alter Charon wird in seinen Nachen
Die blut'gen Schatten wohl nicht alle bringen!
Nein, eine Flotte muß er haben. Sätt'ge
Du, Tisiphone, dich mit Strömen Blutes!
Zerfleischt kommt eine ganze Welt voll Schatten
Zu deinem Styx, nun friß zerrißne Glieder!‹

Kaum hatte sie geendigt das Orakel,
So fuhr ein lichter Blitz aus einer Wolke
Und Donner rollten schrecklich durch die Himmel.
Der Schatten König kroch in seine Hölle
Und zitterte vor seines Bruders Keilen.

Darauf verkündigten die Niederlagen,
Die kommen würden, Zeichen an dem Himmel[108]
Den Titan sahe man mit einer Wolke

Sein blutig Angesicht bedecken: Fackeln
Vom Bürgerkriege flammten in den Lüften:
Und Cynthia verlöscht ihr volles Antlitz,
Den Blick entzog sie dem Verbrechen: Donner
Zerrissen widerhallende Gebirge:
Im Laufe sterbend standen Ströme stille:
Der Himmel wütet vom Geräusch der Waffen:
Mars stößt in die Trompete, die Gestirne
Erschüttert Kriegeston: und Ätna speiet
Aus seinen Eingeweiden Feuerwogen
Und schicket sie wie Blitze nach dem Himmel.
Die Gräber öffnen sich, und aus den Urnen
Erheben Geister sich und zischen greulich:
Und durch die Atmosphäre ziehn Kometen
Mit langen Feuerschweifen schrecklich brennend:
Und plötzlich fällt herab ein blut'ger Regen. –

Und kurz darauf geschah, was dies uns drohte.
Der Sieger Caesar zögerte nicht länger
Und zog aus seinem Gallien, sich zu rächen,
Mit seinen Helden hin zum Bürgerkriege.

Auf jenen lüft'gen Alpen, wo sich Pfade
Alkmenens Sohn durch tausend Felsen bahnte,[109]
Dort ist ein Ort dem Herkules geheiligt,
Die ew'ge Residenz des strengen Winters.
Dort ragt sein grauer Scheitel an die Sterne!
Hier sitzt der Himmel auf den Riesengipfeln!
Der wütendsten der Sommersonnen Strahlen
Gehn nicht dahin, und nicht ein laues Lüftchen!
Gebirge können dort von Eis und Reifen
Mit ihren droh'nden Schultern Welten tragen!

Held Caesar hatte diesen Ort erstiegen
Mit seinen mutgen Kriegern, ihn betrachtet,
Und übersah von dessen höchstem Gipfel
Sein Vaterland, Hesperiens goldne Fluren.
Hier hob er in den Himmel seine Hände.[110]

›Dich, Richter Zeus, und dich, o Land der Venus,
Das mit Triumphen einst ich hab' entzücket,
Ruf ich zu Zeugen an, daß ich gezwungen
Der Rache Schwert in diese Fluren trage!
Aus meinem Vaterlande will man mich verbannen,
Indes der Rhein vom Blut der Feind' errötet! –
Indes ich Gallier in Alpen jage,
Die wieder unser Kapitol zu stürmen
Im Sinne hatten, will man für die Siege
Zu der Belohnung mich aus Rom verweisen!
Ich habe sechzigmal den Sieg davongetragen,[111]
Dadurch der wilden Deutschen Mut gebändigt,
Das ist der Dorn in meiner Römer Augen!
Und doch, wem sind denn die Triumphe schrecklich?
Wer sind die, welche meine Rache heischen?
Ein feiles Sklavenvolk mit Geld erkaufet!
Stiefmutter ist mein Rom von diesen Sklaven!
O diese Rechte wird kein Träger fesseln!
Ihr meine Sieger und Begleiter gehet
Und schaffet wütend euch das Recht mit Schwerte!
Wir haben miteinander triumphieret,
Und dies Verbrechen wollen sie bestrafen.
Ihr meine Freunde müßt euch selbst belohnen,
Ich habe nicht allein gesieget. Also
Mag nun Fortun' entscheiden, ob wir Strafe
Und Schande für Trophäen haben sollen.

Erhitzt den Mut in euren Nerven! Krieger!
Entschieden ist die Sach'. Unüberwindlich
Ist Caesar unter soviel tapfern Helden!‹

So sprach er unter seinem Heer erhaben.
Schnell flog ein kühner Adler auf zur Sonne,[112]
Und aus dem dunkeln, fürchterlichen Haine
Erscholl zur linken Seit' ein lautes Murmeln,
Und lichte Flammen blitzten durch die Zweige,
Der Himmel tat sich auf und Phöbus glänzte
Mit strahlendem Gesichte durch die Welten.
Doch Er allein war mehr als dieses alles.
Voran ging er, schön wie der Gott des Krieges,
Mit kühnen Schritten durch die wilden Felsen,
Das Eis war Rosen unter ihren Füßen,
Doch wie die Helden durchgedrungen waren,
Zerschmolz das Eis, und mit den Hufen schlugen
Die Pferde durch gefrorner Flüsse Decken,
Und von den hohen Bergen schossen Ströme
Herab, schnell vom geschmolznen Schnee geboren.
Doch plötzlich standen sie im Laufe stille,
Man konnte glauben, auf Befehl des Schicksals,
Zusammenfroren Wellen wie gebunden.
Allein nun glitschten aus der Männer Füße,
Da lag zerstreuet Roß und Mann und Waffen.
Vom Himmel stürzten Wolken auf sie Hagel,
Es wüteten um sie die Wirbelwinde,
Aus ihren Sitzen rissen sich die Felsen
Und fielen wie gefrorner Meere Schollen
Auf ihre Waffen! Ungeheure Tiefen
Von Schnee und Hagel lagen auf der Erde!
Und mit Orkanen hatte nun der Winter

Die Fluren überwunden, die Gestirne
Des Himmels überwunden, und die Ströme
Mit Fesseln an den Ufern überwunden –
Doch nicht den Caesar! Mit dem großen Spieße
Schlug er ins Eis und ging mit sichern Schritten.
So ging einst Herkules durch die Gebirge
Des Kaukasus – auf des Olympus Gipfeln
Verachtung blickend[113] Zeus und warf die Berge
Zurück auf die rebellischen Giganten. –
Schon übergibt man furchtsam dem Erzürnten
Die festen Plätze von Italiens Grenzen.
Nun flieget Fama mit geschwindem Fittich.
Nach Romes stolzem Berge Palatinus,
Ein Donnerschlag verkündigt sie den Römern.
Sie hören Caesars Flotten auf dem Meere,
Durch alle Alpen seine Legionen,
Und daß sie noch von deutschem Blute rauchen.
Und Waffen, Blut und Brand und Niederlagen
Und aller Krieg schwebt ihnen vor den Augen.
Aufruhr und Furcht und Sturm und Schrecken wüten
Und zweifelhaft teilt Rom sich in Parteien.

Der will zu Land entfliehen, der auf dem Meere,
Schon sind die ungetreuen Fluten sichrer
Als Vaterland! Der greifet zu den Waffen
Und spricht: das Schicksal rufet uns zum Kriege!
Nach seiner Furcht flieht jedermann geschwinder.
Und im Tumulte führt man aus den Toren
Das röm'sche Volk – erbärmlich ist's zu sehen! –
Wohin die Flucht den Führer treibet. Wehrlos
Verlässet es sein Vaterland entvölkert.
Rom suchet auf der Flucht sein Heil. Geschlagen

Sind schon die Römer und verwaiset stehen
Noch da die Häuser. Dieser fasset zitternd
Die Kinder auf den Arm, und jener träget
Auf seinem Schoße seines Hauses Götter,
Verläßt die Schwelle weinend und verwünschet
Der Römer Feind und bringt ihn um mit Worten.
Der drückt sein zärlich Weibchen an den Busen,
Und jener graue Väter; und die Jugend
Trägt auf dem schwachen Nacken, was sie liebet:
Der Geiz'ge nimmt sein Gold und trägt's zur Beute.
So, wenn der Südwind auf dem Meere stürmet
Und Flut auf Fluten wälzet, stehen Schiffer
Auf ihrem Schiff bestürzet, weder Ruder
Noch Segel helfen, dieser will den Hafen,
Und jener läßt zur Flucht die Segel schwellen
Und überläßt auf Klippen sich dem Glücke.

Pompeius flohe mit den Bürgermeistern,
Der Riese Roms, vor welchem Pontus zittert,
Der Schrecken des Hydasp, der Räuber Klippe
Bei dessen ungeheueren Triumphen
Selbst Zeus in seinem Kapitol erstaunte!
Auch dieser flieht sein Vaterland! O Schande!
Nun sah des Großen Rücken auch Fortuna!

Den Rücken? Welche Strafe! Wie Er zeigten
Die Götter ihrem Rom nun auch den Rücken,
Sie fliehen von der Erde voll Verbrechern.
Vor allen andern hüllt sein lächelnd Antlitz
Der Fried' in einen Helm und flieht die Erde
Mit einem Schild' an den schneeweißen Armen
Und wandelt flüchtig nach dem Schattenreiche.

Er wird begleitet von der reinen *Treue*
Und der *Gerechtigkeit* mit fliehnden Haaren
Und von *Concordien* im Trauerkleide.

Die Hölle speiht dafür aus ihren Schlünden
Ein ganzes Chor von rächrischen Göttinnen.
Die drohende *Bellona* und *Erinnys,*
Mit Fackeln in den Händen die *Megäre,*
Die *Traurigkeit* und die *Treulosigkeit* und
Des Todes Ebenbild mit gelben Augen.
Die *Wut* hebt unter ihnen ohne Zäume
Ihr blutig Haupt empor, ihr scheußlich Antlitz,
Wovon ein Helm die tausend Wunden decket.
In ihrer Linken ist ein Schild zerfleischet
Von unzählbaren Pfeilen; in der Rechten
Trägt sie des Krieges Fackel auf die Erde.

Von den Gestirnen steigen zum Olympe
Und teilen in Parteien sich die Götter.
Dione führet ihres Caesars Sache,
Und *Pallas* tritt ihr bei und *Mars* ihr Liebling,
Indem er seinen mächt'gen Speer erschüttert.
Pompeius findet Hilfe beim *Apollo*
Und bei *Dianen* und *Alkmenens* Sohne:
Der Große[114] war nach ihm der zweite Herkul.

Trompeten schmettern. Ihren schwarzen Scheitel
Reckt zu den Obern mit zerrißnen Haaren
Discordia, von deren Augen flossen
Und deren Lippen Blut und scheußlich Eiter:
Des Rachens Zähne waren rostig Eisen,
Und Drachen spien aus den Haaren Flammen:

Zerrißne Kleider hingen an den Busen:
Sie schüttelte mit ihrer hagern Rechten
Von ihrer Fackel blut'ge Feuerfunken.
Nun ging sie aus den dicken Finsternissen
Des greulichen Cocytus aufs Gebirge
Des edeln Apennins mit wilden Schritten,
Wovon sie alle Welt und jedes Ufer
Erblicken konnt' und alle Kriegesscharen,
Und brüllt' voll Wut aus ihrem schwarzen Busen:

›Ergreifet wütend, Völker, eure Waffen!
Ergreifet sie! Werft Fackeln in die Städte!
Nicht Weib und Knab' und Greis soll müßig liegen!
Die Erde zittre selbst! Und alle Häuser
Zerfallen. Du, Marcell, sei strenger Richter![115]
Du, *Curion,* feur' an den röm'schen Pöbel![116]
Du, *Lentulus,* gestatte keinen Frieden![117]
Zerbrich du, Halbgott Caesar, diese Tore!
Zerbrich! Was zauderst du! Stürz ein die Mauern!
Nimm das gesparte Gold! Und du, Pompeius,
Du weißt nicht mehr dein festes Rom zu schützen?
Die Zuflucht zu den Griechen kann nichts helfen!
Thessalien muß von deinem Blute trinken!‹

Und es geschah, was sie der Welt befohlen.«

Da dieses Eumolp mit einer erstaunlichen Geläufigkeit der Zunge aus sich geströmet hatte, so kamen wir nach Crotona. Wir herbergten diesen Tag in einem kleinen Wirtshause, den andern Morgen aber suchten wir ein reicheres auf und fielen gleich unter einen Haufen von Erbschafterschleichern, welche sich sehr genau erkundigten, wer wir seien und woher wir kämen. Nach der Vorschrift unsers gemeinschaftlichen Ratschlages vergrößerten wir alles mit einer gewaltigen Beredsamkeit und entdeckten ihnen, wer und woher wir wären. Sie hatten nicht den geringsten Zweifel darüber; und gleich um die Wette legten sie dem Eumolp ihre Schätze zu Füßen und suchten alle seine Gunst durch Geschenke zu gewinnen.

Lange lebten wir auf diesem Fuß zu Crotona. Eumolp schwamm in Glückseligkeit und dachte so wenig mehr an seinen vorigen Zustand, daß er sogar sich bei seiner Familie rühmte: Niemand könne seinem Ansehen daselbst widerstehen, und daß wir alle ungestraft, wenn wir etwas verbrochen hätten, unter dem Schutze seiner Freunde sicher sein würden.

Ich aber, ob ich gleich in den täglich immer mehr und mehr zunehmenden Bequemlichkeiten des guten Lebens meinen Leib vollgestopft hatte und glaubte, daß mein gutes Glück nunmehr sich nicht um mich bekümmere, dachte doch öfters nicht so sehr an meine gegenwärtige Lebensart als an die Ursache davon und sagte zu mir selbst: Was dann, wenn ein verschmitzter Erbschleicher einen Spion nach Afrika wird geschickt und unsern Betrug entdeckt haben? Was dann, wenn der Lohnbediente seiner gegenwärtigen Glückseligkeit überdrüssig das ganze Geheimnis bei seinen Bekannten wird ausgeschwatzt und unsere Streiche neidisch verraten haben? Nun, dann müssen wir uns wieder auf die Flucht begeben und zu unserer lieben Armut zurückkehren, die wir so schlau von uns scheuchten. Ihr Götter und Göttinnen, in welcher Unruhe leben die Herumschwärmer! Täglich befürchten sie, was sie verdient haben. –

Nach diesem erbaulichen Monologe ging ich traurig aus unserm Hause, um in der freien Luft meinen Geist wieder aufzuheitern. Kaum aber war ich in die öffentlichen Spaziergänge getreten, so ging ein niedliches Mädchen auf mich zu, nannte mich bei meinem falschen Namen Poliän und sagte mir, wie vertraulich, ihre Frau bäte mich, daß sie ein paar Worte mit mir reden dürfe.

»Schönes Kind,« antwortet' ich bestürzt, »du kommst an den unrechten Mann! Ich bin ein fremder Sklave und einer solchen Einladung im mindesten nicht würdig.«

»O, ich kenne dich sehr gut!« sagte das Mädchen, »zu dir, zu dir, mein Freund, bin ich abgeschickt worden! Aber du weißt, daß du ein Adon bist, und bist stolz darauf! Es ist unbillig, daß du deine Umarmungen verkaufst und nicht aus Liebe gibst! Warum denn hingen sonst diese zierlich gelockten Haare um das polierte Gesicht? Weswegen diese schalkhafte Bewegung der Augen? Dieses süße, langsame Liebäugeln? Und diese Nymphenschrittchen, deren Fußstapfen man zu einem Meßstabe brauchen könnte, als daß du deine Schönheit herumträgst, um sie zu verkaufen?

Du siehst mich an? Ich bin dir wahrhaftig keine Wahrsagerin und bekümmere mich um nichts weniger als den Himmel der Sterngucker! Aber ich verstehe die Kunst, aus den Gesichtszügen die Sitten der Menschen zu erfahren, und wenn ich dich gehen sehe, so weiß ich, was du denkst. Willst du uns also verkaufen, worum ich dich bitte, so hast du einen Käufer gefunden; willst du es aber aus Liebe geben, welches etwas menschlicher ist, so mache denn, daß man dir eine Wohltat zu verdanken hat; denn dadurch, daß du dich zu einem Sklaven erniedrigest, wird die Begierde meiner Frau, dich zu umarmen, desto heftiger. Es gibt gewisse Damen, deren Leidenschaft nur die rohe Natur verlangt, und die Begierden wallen nicht eher in ihren Busen auf, als bis sie schöne Sklaven oder hoch aufgeschürzte Türhüter gesehen haben. Einige entzündet ein Klopfechter, ein bestaubter Mauleseltreiber oder ein ausgeklatschter Possenreißer auf dem Theater. Aus dieser Zunft ist meine Dame. Sie überspringt vierzehn Bänke vom Orchester und sucht sich im Winkel unter dem Pöbel, was sie lieben will.« –

Ich war voll Entzücken über diese schmeichelhafte Rede. »Bist du wohl selbst die Dame, welche mich liebt?« fragt' ich sie; das Mädchen lachte laut über diese frostige Schmeichelei. »O«, sagt' es, »du hast ein wenig zuviel Eigenliebe! Noch kein Sklave kann sich rühmen, mich überwunden zu haben. Behüten mich alle Götter davor, daß ich meine Liebe am Kreuze sollte hängen sehen! Diesen rührenden Anblick will ich den vornehmen Damen überlassen, die so sehr gelüstig sind, die Narben von Peitschen zu küssen! Nur Ritter, mein schöner Sklave, können das Herzchen dieses Kammermädchens mit Liebe anschwellen!«

Ich mußte mich über diese unordentlichen Begierden verwundern und unter die Ungeheuer der Liebe rechnen, daß die Magd den Stolz der Dame und die Dame die Demut der Magd hätte.

Da wir endlich mit unsern Scherzen zu weit ausschweiften, so bat ich das Mädchen, ihre Dame unter diese Ahornbäume zu führen. Dem Mädchen gefiel diese Bitte. Es hob sein Röckchen etwas höher hinauf und wandt' sich in einen Seitengang von Lorbeerbäumen.

Kurz darauf kam es wieder zum Vorschein und führte eine Dame aus dem Schatten hervor und zu mir – und eine Göttin schlug ihre Arme um meinen Nacken, welche schöner war als alle Statuen. Jede Sprache ist ohnmächtig, ihre Gestalt zu beschreiben, und was ich sagen werde, wird zuwenig sein.

Ihre Haare wallten in natürlichen Locken die Schultern herab: auf ihr niedriges Stirnchen beugten sich die Spitzen derselben vorwärts:[118] ihre Augenbrauen liefen daran bis an die Grenze der Backen herum und verloren sich sänftiglich zwischen Augen, die heller als alle Sterne glänzten, wenn kein Mond am Himmel ist: von ihrer Stirne stieg ein klein wenig gebogen die Nase herab, und ein Mündlein hatte sie, dergleichen Praxiteles im Taumel der süßesten Begeistrung an der Göttin der Dryaden gesehen hat: und Kinn und Nacken und Hand und Fuß außer den feinen goldenen Bänderchen übertraf die Weiße des Marmors von Paros. – Meine alte Liebe, die Doris des Lykas, verschwand aus meinem Kopfe dagegen, wie Dämmerung vor Auroren.

»Und du vergissest Zeus zu sein
Und schläfest bei den Göttern,
O Vater Jupiter, in deinem Himmel ein
Bei deinen Spöttern?
Hier sollten aus der kühnen Stirne
Die schönsten Hörner steigen dir!
Europa war nur eine feile Dirne –
Hier würd' ich, wär' ich Zeus, zum Stier!
Zu dieser sollte Flaum, so weiß wie Schnee,
Auf reiner Flut dich wie zu Leden führen!
Das ist die wahre Danae!

Versuch' es nur, dies Leibchen zu berühren!
Wie deine Semele
Zerschmolz von deines Glanzes Flammen,
So wirst du fließen selbst zusammen
Von dieser Zaubrin Flammen.«

Diese jugendliche Begeistrung ergötzte sie. Sie lächelte, wie die schönste Grazie, und Luna schien mir von einem Wölkchen in den reinen Äther gegangen zu sein und ihr volles Antlitz darinnen zu zeigen. Darauf schlug sie zärtlich mit ihren Fingerchen an meine Wangen und sagte liebkosend: »Wenn dir ein schönes, junges Weibchen, das zum erstenmal in diesem Jahr einen Mann erkannte, nicht unanständig ist, so hast du, o Jüngling, ein Schwesterchen gefunden! – Schon hast du zwar ein Brüderchen – denn meine Liebe hat es ausgekundschaftet –, aber was hindert dich, ihm noch ein Schwesterchen zuzugesellen? Ich komme zu dir in eben dem Grade der Verwandtschaft! Würdige mich nur, mir bisweilen zur Abwechselung, wenn es dir gefällig sein wird, ein Küßchen zu geben!« –

»Bei allen deinen göttlichen Reizen bitt' ich dich«, rief ich aus, »verschmähe nicht einen fremden Menschen! Nimm ihn unter deine Verehrer auf! Ewig anbeten will ich dich, wenn du es erlaubest! Und damit du nicht glauben mögest, daß ich mich umsonst diesem Tempel Amors nahe, so schenk' ich dir meinen Bruder.«

»Was?« sagte sie, »du schenkst mir den, ohne welchen du nicht leben kannst? Von dessen Umarmungen die Glückseligkeit deines Geistes abhängt? Welchen du so liebest, wie ich dich gegen mich wünsche?« –

Wie sie das sagte, so war eine solche Grazie in der

Melodie ihrer Worte, so liebliche Töne versüßten die harmonische Luft, daß ich glaubte, die Sirenen schwebten über die Lorbeerbäume dahin und sängen ihr süßestes Liedchen.[119] Im Taumel entzückender Bewunderung stand ich da – mein Geist und alles, was Sinn an mir war, wurde von einem gewissen Glanze bezaubert, wie keiner im ganzen Himmel sein kann. – »Wie ist dein Name, o Göttin?« fragt' ich sie, nicht mehr bei mir selbst. –

»So hat dir meine Magd nicht gesagt«, antwortete sie, »daß ich Circe heiße? Ich bin zwar nicht die Tochter des Phöbus, und meine Mutter hat den Lauf der Welt nicht, wenn es ihr gefiel, an ihrem Busen zurückgehalten[120]; doch werd' ich etwas besitzen, das vom Himmel abstammet, wenn uns das Schicksal wird vereiniget haben. Ein Gott sagt mir es, ich weiß nicht, in was für geheimen Ahndungen und unaussprechlichen Gedanken! Nein! Circe liebt nicht ohne Ursache den Poliänon! Sooft ich diesen Namen nur nenne, so oft lodert auch das Feuer der Symphatie in meinem Busen auf. Laß mich dich umarmen, Geliebter! Du darfst hier keine Neugierigen befürchten! – Dein Brüderchen ist weit von diesen Lauben entfernt!« –

So sagte die reizende Circe und umwand mich mit weichern Armen als Flaum und zog mich auf einen Rasen nieder.

»Voll von Blumen, wie auf Idas Gipfel
Einst die Mutter Erde goß,
Als Frau Juno Zeusen wie Lede genoß,
Und der blühnden Bäume Wipfel
Dämmerung der Lieb' umfloß.

Unter Junons Schoße
Schwollen sanft empor
Hyazinth und Rose
Aus der Erd' hervor,
Veilchen und Cyperon
Wollten sie erheben,
Und auf einem Wölkchen
Schienen sie zu schweben –
Ebenso lag ich in Circens Schoße
Seliger als Jupiter
Auf der Erde weichstem Moose!
Blumen blühten um uns her,
Und in blütenvollen dunklen Lauben
Schnäbelten sich Venus' Turteltauben.«[121]

Tausend Küsse gaben wir uns auf diesem Blumenthrone; Circe umschlang mich feurig mit den Armen der Begierden und suchte mich dadurch in das Heiligtum der Liebe zu führen, in welchem ich den süßesten Nektar der Jugend opfern sollte. Ich kam vor das Pförtlein des Heiligtums, aber wie ich weder Gefäß noch Nektar hatte, so rief Circe wütend aus: »Wie? Hat dich mein Kuß beleidigt? Atm' ich was Unreines aus meinem Munde? Wie? Gefällt dir der Tau der Liebe an meinem Busen nicht? Oder wenn das nicht ist, befürchtest du irgend den Giton?« –

Ich wurde röter als Purpur und ließ die sich noch ein wenig emporsträubenden Flügel gänzlich sinken, und alle Seele fuhr aus allen Nerven meines Leibes. »Bei allen Göttern«, sagt' ich, »bitt' ich dich, meine Königin! Mache mich nicht noch elender! Ich bin behext!« –

Circe wollte diese lächerliche Entschuldigung nicht

hören; verächtlich wandt' sie die Augen von mir und fragte ihr Mädchen: »Sage Chrysis, aber rede die Wahrheit! Bin ich unreinlich? Ist irgend etwas Ekelhaftes in meinen Locken? Lösch' ich mit irgendeinem natürlichen Fehler meine Schönheit aus? Hintergehe deine Frau nicht! Ich weiß nicht, wobei wir etwas versehen haben.« –

Das Mädchen schwieg stille. Darauf riß sie ihr einen Spiegel aus den Händen und untersuchte jedes Fleckchen am ganzen Gesichte und betrachtete jede Mien' und jedes Lächeln, welches die Verliebten zu machen pflegen, riß ihr in die Blumen verflochtenes Gewand von der Erde und ging hitzig in ihre Kapelle der Venus.

Ich aber lag da wie ein armer Sünder, wie von einer Zaubrin an einen jähen Abgrund geführt, und fragte meinen Geist, ob ich wirklich hier die entzückendste Wollust meines Lebens einbüßte? –

»Wie, wenn die schlummerreichste Nacht
Vom Himmel sinkt und Träume mit uns spielen,
Herausgegrabnes Gold vor unsern Augen lacht,
Und wir die Schätze schon in unsern Händen fühlen,
Der Schweiß von Wangen rinnt und Sorge quält den Geist,
Daß der Besitzer uns nicht seinen Schatz entreißt;
Und nun der Morgensonne Strahlen
Die leere Wahrheit deutlich malen –
Dann wünscht die Seele noch, was sie erwacht verlor,
Und malt die Träume sich mit allen Bildern vor.«

So schien mir auch dieses ein wahrer Traum und eine wahre Bezaubrung gewesen zu sein. Ohnmächtig lag ich da, kein Nerv wollte sich regen, und ich war nicht imstande aufzusteigen. Endlich erholt' ich mich wieder ein wenig und ging nach Hause und legte mich ins Bette unter dem Vorwand, es sei mir nicht wohl.

Gleich darauf kam Giton, welcher meine Krankheit erfahren hatte, traurig in mein Schlafzimmer. Ich sagt' ihm aber, um ihn zu beruhigen, daß ich nur deswegen zu Bette gegangen sei, um ein klein wenig einzuschlummern; und unterhielt ihn dann mit allerlei Sachen; aber von meinem Unglück durft' er nichts wissen, denn ich befürchtete seine Eifersucht; und um allen Verdacht zu vermeiden, gab ich ihm Küsse und zog ihn zu mir ins Bett und wollte versuchen, ob ich wirklich behext sei. Aber Schweiß und Keuchen war vergebens. Zornig stand er auf und beklagte sich über diese Schwächlichkeit des Leibes und die Veränderung der Seele und sagte, er habe längst bemerkt, daß ich ihn jetzt nur zum Nothelfer brauche.

»O liebes Brüderchen«, antwortet' ich ihm, »meine Liebe zu dir ist immer einerlei! Nur seit kurzer Zeit ist sie ein wenig vernünftiger geworden und braust nicht mehr so stark.«

»Nun! wenn das ist«, sagte er lächelnd, »so dank' ich dir, daß du mich nach Sokratischer Art und Weise liebst! Denn Alcibiades soll ja, wie seine Freunde sagen, ebenso unberührt in dem Bettchen seines Lehrmeisters gelegen haben.«

Mit Zähren in den Augen antwortet' ich ihm: »Glaube mir, liebstes Brüderchen, ich weiß nicht mehr, daß ich ein Mann bin! Ich empfinde nichts davon! Ach, der Teil meines Leibes ist gestorben, mit welchem ich ehemals Achill war!«

Wie Giton diese klägliche Nachricht erfahren hatte, so lief er davon in den innren Teil des Hauses, damit man ihm, wenn man ihn allein bei mir würde gefunden haben, nichts Böses nachreden möchte. Kaum war er hinaus, so trat Chrysis in mein Schlafzimmer und übergab mir folgendes Briefchen von ihrer Frau.

»Circe dem Poliän
Wenn ich verbuhlt wäre, so würd' es dir übelgehen! So aber muß ich dir sogar für deine Ohnmacht danken. Im Schatten der Wollust hab' ich länger gespielt.

Aber was du machst, möcht' ich wohl wissen! Bist du denn mit deinen Füßen nach Hause gekommen? Denn die Ärzte behaupten, daß man ohne Nerven nicht gehen könne. Raten will ich dir, junger Mensch, nimm dich vor der Gicht in acht! Ich habe niemals einen Kranken in so großer Gefahr gesehen. Ach ihr Götter! Schon bist du vielleicht des Todes! Wenn eben dieser Trost in deine Schenkel und Hände geschlagen ist, so kannst du dich zur Abfahrt fertig machen.

Nun, wir sind ja Menschen! Ob du mich gleich auf der empfindlichsten Seite beleidigt hast, so will ich doch einem so gefährlichen Kranken das Mittel nicht verhehlen, sein Leben zu retten. – Wenn du wieder willst gesund sein, so bitte den Giton. Ich versichere dich, du wirst deine Nerven wiedererhalten, wenn er dir drei Rasttage zu halten erlaubt. – Was mich betrifft, so hab' ich keine Sorge, daß sich jemand finden möchte, dem ich weniger gefalle. Es schmeichelt mir weder Spiegel noch Ruf.

Lebe wohl, wenn du kannst!«

Wie Chrysis merkte, daß ich die ganze Spötterei gelesen hatte, so sagte sie: »Es kann einem bisweilen so ein Streich gespielt werden, insbesondere in dieser Stadt, wo es Hexen gibt, die sogar den Mond vom Himmel herabzaubern können. Aber wir wollen dir schon diese Bezaubrung vertreiben. Schreibe nur so zärtlich, als du kannst, an meine Gebieterin zurück und besänftige ihr Gemüt wieder mit einer ungeheuchelten Unterwürfigkeit! Denn, ich muß die Wahrheit gestehen, seit dem Augenblicke, da sie die Beschimpfung erhielt, ist sie nicht mehr bei sich.«

Gern gehorcht' ich dem Mädchen und schrieb ihr diese Antwort.

»Poliän der Circe

Ich gesteh' es, reizende Circe, daß ich oft gesündigt habe, denn ich bin auch ein Mensch und noch jung; niemals aber hab' ich vor diesem Tage den Tod verdient.

Hier hast du einen Strafbaren, der seine Sünden bekennt! Ich habe alles verdient, wozu du mich verdammen wirst. Ich habe eine Verräterei begangen, einen Menschen umgebracht, einen Tempel bestohlen. Diese Verbrechen kannst du bestrafen. Willst du mich umbringen, so komm' ich mit meinem Schwerte; bist du nur mit Peitschenstreichen zufrieden, so lauf' ich nackend zu dir. Nur dieses einzige bedenke, daß nicht Ich, sondern die Werkzeuge gesündiget haben. Wie ein mutiger Soldat hatt' ich keine Waffen. Wer diese verdorben habe? Das weiß ich nicht.

Vielleicht tat die Seele, von Entzückung hingerissen, einen Sprung und kam dem trägen Leibe zuvor; oder vielleicht hab' ich im Taumel der Begierden das Opfer verschüttet, eh' ich ins Heiligtum der Liebe kam. Ich kann bei diesem allen kein Verbrechen finden.

Du befiehlst mir, daß ich mich vor der Gicht in acht nehmen soll? Als wenn sie noch heftiger werden könnte, da sie mir den Schatz geraubt hat, durch welchen ich bei dir glückseliger als Zeus im Himmel und auf Erden werden konnte!

Alle meine Entschuldigung besteht darin: ich werde deine Gnade wiedererhalten, wenn du mir wirst erlaubt haben, meinen Fehler zu verbessern. Lebe wohl!«[122]

Nachdem ich die Chrysis mit diesem Versprechen zurückgeschickt hatte, so sucht' ich, so gut ich konnte, meinen übel zugerichteten Leib wiederherzustellen. Ich badete mich, gebrauchte eine mäßige Salbe, aß die nahrhaftesten Speisen, Eschlauch und dergleichen hitzige Sachen und trank sehr wenig Wein dazu. Vor dem Schlafengehen macht' ich einen kleinen Spaziergang und begab mich ohne Giton in mein Schlafzimmer; denn die Sorgfalt, alles wiedergutzumahen, war bei mir so groß, daß ich befürchtete, Giton möchte mich in die Seite kitzeln und alles wieder verderben.

Den Tag darauf, da ich völlig wiederhergestellt, frisch und gesund an Seel' und Leib aufgestanden war, ging ich wieder in eben diesen Gang von Ahornbäumen, und ein Schauer überlief mich, da ich mich an die gestrige Begebenheit darinnen erinnerte. Ich erwartete unter deren Schatten die Chrysis, meine Wegweiserin. Ich ging ein wenig spazieren und setzte mich an das Örtchen, wo sie mich gestern angetroffen hatte.

Gleich darauf erschien sie und brachte ein altes Mütterchen mit sich, und nachdem sie mich gegrüßt hatte, sagte sie: »Nun, wie ist dir's armer Gebrechlicher? Bist du wieder guten Mutes?«

Darauf zog das alte Weib eine Binde von verschiedenen bunten Fäden gewebt aus seinem Busen und wickelte sie um meinen Nacken. Nun vermischt' es Sand mit Speichel und machte wider meinen Willen Zeichen mit ihrem Mittelfinger an meine Stirne damit.

»Wir dürfen noch hoffen, solange wir leben,
Solange wir leben, nicht denken ans Grab!
Erscheine, gewaltiger Vater Priap!
Und woll' uns deinen Segen geben!«

Nachdem diese Zauberei vorbei war, so befahl es mir, dreimal auszuspeien und dreimal magische Steinchen in den Busen zu werfen, welche es in ein Tüchlein von Purpur gewickelt hatte. Darauf untersucht' es mit seinen Händen den behexten Teil an meinem Leibe; und eh' es noch seine Zauberworte ausgemurmelt hatte, gehorchten die Nerven ihrem Befehle und füllten die Hand der Alten mit einem ungewöhnlichen Schwulste an. Sie machte Freudensprünge darüber und rief: »Siehest du, meine Chrysis! Siehest du, was für einen Rammler ich für andere aus seinem Lager gehetzt habe?«

Nun übergab mich die Alte der Chrysis, welche vor Freuden außer sich war, daß sie das verlorne Kleinod ihrer Gebieterin wiedergefunden hatte. Mit eiligen Schrittchen führte sie mich zu ihr in das lieblichste Örtchen auf der ganzen Erde, wo alles war, was die Natur den Menschen zur Augenweide hervorgebracht hat.

»Der edle Ahorn goß hier Sommerschatten nieder,
Und ihr beschornes Haupt hob dort die Ficht' empor,
Und durch Zypressen sah der Lorbeer stolz hervor.
In Wipfeln gaukelten mit kühlendem Gefieder
Der Frühlingslüfte ganzes Chor
Und wehten Balsam in die offnen Glieder.

Und durch Blumen rollen Quellen
Unter ihnen klare Wellen –
Murmeln zornig sich zu Schaum
An den kleinen Kieselsteinen –
Süßer als in Paphos Hainen
Muß sich schlummern hier ein Traum!

Für verliebte Seelen
Ist der Ort gemacht!
Amors Philomelen
Singen in der Büsche Nacht
Lauter Lieb' aus ihren Kehlen!
Nymphen schleichen, um sie nicht zu stören,
In die kühlen Grotten und hören
Entzückter sie als die Musik der Sphären.«

Sie lag auf einem goldnen Ruhebettchen, ihren schneeweißen Nacken auf eine Junonische Hand gelehnt, kühlte mit einem Myrtenzweige die laue Luft. Wie sie mich erblickte, überzog ihr Gesicht eine Rosenröte wegen der gestrigen Begebenheit. Darauf, wie sich alle ihre Mädchen entfernt hatten, setzt' ich mich auf ihren Befehl an ihre Seite; sie hielt den Zweig vor meine Augen und kühner durch diese Scheidewand gemacht, fragte sie mich: »Nun, mein lieber Gichtbrüchiger, kommst du heute als ein ganzer Mensch? Hast du dich wiedergefunden?«

»Ich wollte«, gab ich zur Antwort, daß du lieber versuchtest, als fragtest!« Und darauf umarmt' ich sie mit ganzem Leibe, und wir nahmen und gaben uns unzählige Küsse bis zur Sättigung. Die Schönheit ihres enthüllten Leibes bezauberte mich mit nie empfundnen Reizen und zog mich allmächtig zum höchsten Genusse der Wollust. Schon sprachen unsere Lippen die Sprache stechender Begierden! Schon hatten unsere gelüstigen Hände alle Art von Liebe gefunden! Zusammengewachsen waren unser Leiber, zusammengeflossen unsere Seelen! –

Aber auf einmal lag ich wieder ohnmächtig da, als wie vom Blitze getroffen.[123]

Bei dieser offenbaren Beschimpfung lief die Dame endlich zur Rache. Sie rief ihre Sklaven und befahl, mich wie einen Hund hinauszupeitschen. Dieses war ihr noch zuwenig für ein so schweres Verbrechen, sie rief alle Mägde und den Abschaum von Gesinde zusammen und gebot, mich anzuspeien. Ich hielt die Hände vor meine Augen und dachte nicht daran, um Vergebung zu bitten, weil ich wußte, was ich verdient hatte; und ausgespien und ausgeprügelt wurd' ich zur Tür hinausgeworfen – hinausgeworfen wurde Proselenos, die Alte, und Chrysis bekam eine ganze Tracht Schläge. Die ganze Familie fragte traurig und erschrocken, und murmelte, wer die Ruhe ihrer Gebieterin so sehr gestört hätte.

Ich aber ergab mich in mein Schicksal, weil ich es nicht ändern konnte, verband und bedeckte alle meine Wunden aufs beste, damit Eumolp mich nicht noch dazu schadenfroh ausspotten und Giton bedauern möchte, und ging mutig nach Hause. Alles, was ich, ohne mich schämen zu dürfen, tun konnte, war, ich stellte mich unpäßlich, hüllte mich ins Bett und ließ alle Wut an dem aus, welcher die Ursache von allem diesen Unglück gewesen war.

»Dreimal ergriff ich fürchterlich
Das Messer mit der Hand![124]
Und dreimal krümmt' er furchtsam sich,
Als wie ein Wurm im Sand!
Es zitterten mir selbst die Glieder,
Ich konnte nicht und legt' es wieder nieder.
Und da ich's wütend wieder nahm,
Verkroch er sich voll Furcht und Scham
Voll Todesangst ins Eingeweide,
Vermummte sich, als wenn es auf ihn schneite.
Geköpft hätt' ich den Bösewicht!
Allein ich fand sein Köpfchen nicht;
Drum mußt' ich ihn mit Worten strafen,
Ihn schimpfen wie den ärgsten Sklaven.«

Ich richtete mich also auf den Ellenbogen und ärgerte den Eigensinnigen mit dieser Anrede: »Was antwortest du, du Scheusal aller Menschen und Götter? Sünde ist es, wenn man dich unter die wirklichen Dinge zählt! Hab' ich das um dich verdient, daß du mich herab hinunter in die tiefste Hölle stürzest? Daß du mich um die in der ersten Kraft blühenden Jahre bringest und mir die Mattigkeit des spätesten Alters aufbürdest? Gib mir einen Totenschein, wenn du mir das Leben nicht wiedergeben willst!«

»Er aber schlug die Augen immer nieder,
Kein Wort, kein Spott gab ihm das Leben wieder.
Da hing sein Haupt, als wie zerknickter Mohn,
Und war nicht mehr der Wollust stolzer Thron.«

Wie ich diese abscheuliche Schmährede gehalten hatte, so reute sie mich und ich errötete innerlich darüber, daß ich meine Schamhaftigkeit vergessen und mit dem Teile des Leibes gezankt hatte, an welchen ernsthafte Leute zu denken sich scheuen. Lange rieb ich mir die Stirne. Endlich rief ich aus: »Und was hab' ich denn Böses getan, wenn ich mich meines Schmerzes nach dem Rate der Natur entledigt habe? Ist es nicht eben das, wenn wir auf unsern Magen fluchen? Oder auf den Gaumen? Oder auf den Kopf, wenn er uns wehe tut? Zankte nicht Ulysses mit seinem Herzen! Und züchtigen nicht die Theaterhelden ihre Augen, als wenn sie Ohren hätten? Die Podagristen verwünschen ihre Füße, die Chiragristen ihre Hände und die Triefäugigen ihre Augen, und die ihre Finger beschädigt haben, verstampfen den Schmerz mit ihren Füßen.

Was blickt ihr mich mit runzelnvoller Stirne
Catonen an? Warum verdammet ihr
Die Schildrung der Natur? – O Freunde, glaubet mir!
Sie lächeln drüber im Gehirne! –
Gewissenhaft, ohn' alle Heuchelei,
Sag' ich, was unterm Volk geschehen sei!
In einer Sprache voller Klarheit
Erzähl' ich lächerliche Wahrheit.
Wer weiß denn nicht, was man im Bett mit Mädchen macht?[125]

Die Götter werden uns deswegen nicht bestrafen,
Daß bei Aspasien bisweilen wir geschlafen!
Für *einen* Mann sind sie so reizend nicht gemacht!
Der weise Vater Epikur
Verstand gewiß so gut als wie ihr die Natur!
Der lehrt uns gründlich, daß für Götter in dem Himmel
Selbst dies das Beste sei, wie uns im Weltgetümmel.

Nichts ist falscher als dieser abgeschmackte Wahn der Menschen, und nichts ist abgeschmackter als diese geheuchelte Strenge.«[126]

Nach Beendigung dieser Rede rief ich den Giton und sagte zu ihm: »Liebes Brüderchen, erzähle mir, aber auf dein Gewissen!, brachte Ascylt die Nacht, da er dich mir entführte, mit Wachen zu, oder war er mit einer keuschen Witwennacht zufrieden?« Der Knabe hielt schamhaftig sein Händchen vor die Augen und schwur mit den ausgewähltesten Worten, daß ihm Ascylt keine Gewalt angetan habe.

Ich wollt' ihn nicht länger quälen und mich selbst nicht mit der Erinnerung der vorigen Begebenheiten, und war nun darauf bedacht, wie ich wieder in meinen vorigen Zustand kommen konnte. Ich fing von oben an und ging aus, um den Priap zu bitten, mir zu helfen. Ich nahm eine zuversichtliche Miene an, kniete auf die Schwelle seines Tempels und redete in der Göttersprache mit dem Gotte.

»Du, des Bacchus und der schönen Nymphen Begleiter,
Welchen selbst die reizende Dione
Wäldern und Gärten zum allmächtigen Gotte geboren,
Welchen Lesbos und das blüh'nde Thasos,

Welchen geschmückte Lyder in prächtigen Tempeln anbeten,
Zu Hypäpen[127] ewig Opfer bringen –
Sei mir gnädig, Beschützer der Reben! Du, der Dryaden
Wonne! Höre, was ich schüchtern bitte!
Nicht mit dem Blute der Unschuld besudelt erschein' ich, o Vater!
Keinen Tempel hab' ich je bestohlen!
Sondern arm und verunglückt bin ich am edelsten Teile!
Dieser nur hat wider dich gesündigt!
Wer aus Mangel sündigt, ist wohl weniger strafbar –
Mache wieder heiter meinen Busen!
Sohn der Dione, verzeih, was ich wider Willen verbrochen!
Wenn mir wieder wird Fortuna lächeln,
Dann will dankbar ich dich anbeten, dir feierlich opfern!
Dann will ich ein Mutterschwein, ein Böckchen
Und den Vater der Herden, den schönsten gehörneten Widder,
Zum Altare tragen, ihn mit Blumen
Schön umflechten! Und schäumen soll dir Falerner entgegen!
Knaben sollen um den Tempel taumeln!«

Indem ich mein Gebet verrichte und immer sorgfältig untersuche, ob die Hand des Gottes bei mir anfing zu wirken, trat die Alte mit zerrissenen Haaren herein. Sie sah abscheulich in ihrem schwarzen Trauerkleide aus, ergriff mich bei der Hand, der ich bei jedem Geräusche zitterte, und führte mich aus dem Vorhofe.

»Was für Hexen«, sagte sie, »haben dir deine Nerven verzehrt? In welches Auskehricht bist du getreten? Oder auf welche Leiche? Nicht einmal deinen Knaben hast du befriedigen können, sondern schlotternd, schwächlich, abgemattet wie ein müdes Roß an einem Hügel, hast du alle Mühe und allen Schweiß vergeblich angewandt. O hättest du nur allein gesündigt und die Götter nicht auch wider mich aufgebracht! Und ich soll mich nicht an dir rächen?«

Darauf führte sie mich in die Zelle der Priesterin; ich ließ mit mir machen, was sie wollte, sie stieß mich auf ein Bett, nahm ein Rohr von der Tür und schlug auf mich ein, ohne daß ich ein Wort dawider hervorbrachte. Und wenn nicht das Rohr vom ersten Schlage zerbrochen wäre und dadurch ihre Wut zurückgehalten hätte, so hätte sie mir vielleicht Arm und Kopf entzweigeschlagen.

Ich seufzte nicht sowohl deswegen, als weil sie nun auch anfing, meinen Zustand zu untersuchen. Die Tränen rollten mir darüber aus den Augen, ich hielt meinen rechten Arm an meine Stirne und legte meinen Kopf auf das Kopfkissen.

Die Alte selbst weinte aus Sympathie mit, setzte sich auf die andere Seite des Bettchens und beklagte sich mit zitterlicher Stimme, daß sie zu lange lebte. Endlich kam noch die Priesterin dazu und sagte: »Warum seid ihr in meine Zelle gekommen? Ihr liegt ja da, wie vor einer frischen Urne! Und sogar an einem Festtage, wo selbst die Trauernden sich freuen?«

»O!« sagte die Alte, »o Enothea! Dieser junge Mensch, welchen du hier siehst, ist unter einem schlimmen Gestirne geboren worden, denn er kann mit seinem Vermögen weder einem Knaben noch Mädchen dienen! Du hast in deinem Leben keinen so unglückseligen Menschen gesehen! Er ist so schlaff wie Leder im Wasser! Kurz, für was hältst du den, welcher aus dem Bette der Circe, ohne Wollust genossen zu haben, gestiegen ist?«

Wie Enothea dieses gehört hatte, so setzte sie sich zwischen uns beide, schüttelte lange den Kopf und sagte endlich: »Nur ich allein weiß diese Art von Krankheit zu heben! Und damit ihr nicht glauben möget, ich wolle hier mit meiner Kunst prahlen, so bitt' ich, daß dieser Jüngling eine Nacht bei mir schlafe, den andern Morgen soll er wie Horn und Stahl sein!

Die Ober- und die Unterwelt
Gehorchen meinen Worten!
Ich schließe, wenn es mir gefällt,
Der Mutter Erde Pforten.

Im Frühling, wenn die Bäume blühn,
Kann ich sie dürre machen!
Und kahlen Angern geben Grün
Und Wüsten lassen lachen.

Schlag' ich an trockne Felsen an,
So kommt ein Nil gezogen;
Und stillen muß der Ozean
Auf mein Geheiß die Wogen.

Zephire müssen Balsam wehn,
Mich fächeln ganz gelinde;
Im Laufe müssen Ströme stehn,
Und in dem Sturm die Winde.

Ein Tiger, der in Libyen wohnt,
Und Drachen müssen schweigen;
Und auf ein Wörtchen muß der Mond
Herab vom Himmel steigen.

Die Sonne mußte Phöbus schon
In meinen jüngern Jahren
Mit seinen Pferden auf mein Drohn
Zurücke wieder fahren.

Die Flammenstiere konnt' ein Weib
In Colchos gut behandeln,
Und Circe gar zum Zeitvertreib
Den Mensch in Schwein verwandeln.

Wie einst Ulyß bei ihr erfuhr
Mit seinen Reisgesellen,
Und Proteus kann aus der Natur
Ein jedes Ding vorstellen.

Ich aber stürz' in'n Ozean
Den Ida samt den Hainen,
Und Flüsse laufen berghinan,
Als liefen sie mit Beinen.«

Ein Schauer überlief mich nach dem andern, wie ich diese wunderbare Macht hörte, und öfters sah ich die Alte dabei an. Endlich rief diese: »O Enothea, übe deine Macht aus!« Darauf wusch sie neugierig sich die Hände und legte sich über das Bettchen, und küßte mich einmal und noch einmal.

Enothea setzte darauf einen Tisch in die Mitte des

Altars, bedeckt' ihn mit lebendigen Kohlen und brachte mit geschmolzenem Peche ein vom Alter gesprungenes Gefäß wieder in Ordnung. Nun schlug sie einen Nagel wieder in die beräucherte Wand, welcher daraus gefallen war, da sie das hölzerne Gefäß herabziehen wollte. Nun gürtete sie ihren priesterlichen Schurz um sich und setzte eine ungeheure Pfanne auf das Feuer und holte zugleich mit einer Gabel aus einem Speiseschrank ein Säckchen mit Bohnen und ein durchlöchertes Überbleibsel von einem uralten Hirnschädel. Sie machte das Säckchen auf und schüttete einen Teil von den Bohnen auf den Tisch und befahl mir, daß ich sie geschwind reinigen sollte. Ich gehorchte im Augenblick und säuberte sie emsig von den alten schimmligen Hülsen. Aber dennoch beschuldigte sie mich der Trägheit, nahm mir sie eilig aus den Händen, biß mit der größten Geschicklichkeit die Hülsen mit den Zähnen herab, spie sie auf die Erde und bemalte gleichsam den Boden mit Fliegen. Es ist wunderbar, wenn man bedenkt, wie erfinderisch die Armut ist. Wie viele Künste hat uns schon der Hunger gelehrt! Meine Priesterin schien auch zu dieser Sekte zu gehören; denn ihre Wohnung war das wahre Heiligtum der Armut.

Hier glänzte nicht in Gold des Elefanten Zahn,
Und abgeschliffen warf der Marmor keine Strahlen!
Auf Weidenpfählen Stroh ist eine sanft're Bahn,
Und dient zugleich zum Sitz bei mäß'gen Abendmahlen.
Von ird'nen Töpfen war die Ecke ganz besetzt,
Ein großer Zuber stand von Wasser voll daneben,
Und Schüsselchen von Holz mit Scheuern durchgewetzt,

Und noch ein Fläschchen voll – Geruch vom Saft der Reben.
Von Stroh und Leimen war die luft'ge Wand gemacht,
Von Binsen und von Rohr ein Dach darauf gedecket;
Als Schätze hatte man in dieses Haus gebracht,
Was an der Armut Tisch, als wie Ambrosia schmecket.
Mit einem Blumenkranz gar schön umflochten hing
Gedörrtes altes Obst, als wie im grünen Laube
Zum Putz im Zimmer da; hier glänzt ein Speierling,
Ein bunter Apfel da, dort eine trockne Traube.
In ihre Hütte nahm Theseus den großen Held
Einst Hekale so auf; dadurch ist's ihr gelungen,
Daß sie die Musen selbst zum Muster vorgestellt
Und Kallimach sie hat der Nachwelt vorgesungen.

Als sie die Bohnen gereiniget hatte, so zog sie auch ein wenig Fleisch von dem Schädel herab und legte den Kopf, der wohl so alt sein mochte wie sie selbst, mit der Gabel wieder in den Speiseschrank. Darüber zerbrach der vermoderte Sessel, auf welchen sie getreten war, um hinaufreichen zu können, und die alte Priesterin stürzte auf das Feuer, indem sie aus ihrem Gleichgewicht gekommen war. Die Pfanne wurde zerbrochen, das Feuer ausgelöscht, sie verwundete sich den Ellenbogen an einem Brande, und ihr ganzes Gesicht war voll Asche und Kohlen.

Erschrocken sprang ich herbei und hob die Alte nicht ohne Lachen auf. Gleich darauf trippelte sie in die Nachbarschaft, um Feuer zu holen, damit die Aussöhnung nicht verzögert werden möchte.

Kaum war sie zur Tür hinaus, so kamen drei heilige Gänse, welche, wie ich glaube, gewohnt waren, am

Mittage ihre Mahlzeit von der Alten zu holen, fielen mich an und standen mit einem wütenden Gezische um mich herum. Die eine zerriß meinen Rock, die andere zerrte die Bänder an meinen Schuhen auseinander, und die dritte, welche die Anführerin zur Grausamkeit war, zerfleischte mein Schienbein mit ihrem sägeförmigen Schnabel. Ich vergaß aller der Possen, zog einen Fuß aus dem Tischchen und wehrte mich aufs tapferste mit bewaffneter Hand. Ich war nicht mit einem Verteidigungsschlage zufrieden, sondern rächte meine Wunden mit dem Tode der Gans.

So mußten wohl die Stymphaliden
Einst in Arkadien wüten,
Die Herkules aus ihrer Gruft
Mit Klapperblechen jagte durch die Luft.
So quälten den Phineus die scheußlichen Harpyien
Die Eiter, Gift und Tod in seine Mahlzeit spien.
Der Äther zitterte von ihrem Heulen voll,
Das bis zur Residenz der Götter wild erscholl.
Man konnte Musen nicht vor ihnen singen hören,
Die Freude war verscheucht aus ihren frohen Chören,
Und aus den Angeln rissen sich empörte Sphären.

Die andern fraßen nun die Bohnen auf, die auf dem Boden hier und da zerstreut lagen, und watschelten ihrer Heerführerin beraubt wieder zurück in den Tempel. Ich war über meine Rache vergnügt, versteckte die erschlagene Gans hinter dem Bett und wusch die leichte Wunde an meinem Schienbeine mit Essig aus. Darauf fürchtete ich den Zorn der Alten und faßte den Entschluß, davonzugehen; wickelte meinen Mantel zusammen und ging zur Tür hinaus. Kaum war ich auf die Schwelle getreten, so kam mir Enothea entgegen mit einem Topfe voll Kohlen. Ich mußte also wieder zurückgehen, warf meinen Mantel ab und blieb in der Tür stehen, als ob ich sie da hätte erwarten wollen.

Sie brachte das Feuer mit einem Rohre wieder in Ordnung und legte Holz darauf. Nun entschuldigte sie sich, daß sie nicht eher zurückgekommen wäre, ihre Nachbarin hätte sie nämlich nicht eher von sich gelassen, als bis sie drei Becher, wie gewöhnlich, ausgeleert hätte. »Was hast du«, fuhr sie fort, »in meiner Abwesenheit gemacht? Wo sind die Bohnen hin?«

Ich aber, der ich glaubte, eine lobenswürdige Handlung getan zu haben, erzählte ihr das ganze Treffen nach der Ordnung, und damit sie nicht traurig darüber sein möchte, erbot ich mich, ihr den Verlust der Gans zu ersetzen. Ich holte sie ihr hinter dem Bette hervor, und als die Alte sie erblickte, so erhob sie ein so großes Geschrei, daß ich glaubte, alle Gänse der ganzen Welt zischten um mich herum. Ich war ganz bestürzt darüber und konnte nicht begreifen, was ich für eine neue Art von Verbrechen begangen hätte. Ich fragte nach der Ursache ihres Zorns und warum sie eher Mitleiden mit der Gans als mit mir habe.

Aber sie schlug die Hände über dem Kopf zusammen und schrie: »Wie, Bösewicht, du redest noch? Weißt du nicht, was für eine abscheuliche Tat du begangen hast? Du hast die Wollust des Priap umgebracht, eine Gans, welche der Liebling aller Matronen war! Und damit du nicht glaubest, es sei eine Kleinigkeit, so wisse, daß, wenn es der Magistrat erfährt, du ans Kreuz mußt! Du hast meine Wohnung mit Blut besudelt, die bis auf diesen Tag noch unentheiliget war! Du hast gemacht, daß jedermann, der mir nicht wohl will, mich von meiner Priesterinstelle vertreiben kann!«

Nun riß sie sich ohn' Maß und Ziel
Heraus das graue Haar, zerschlug die Brust mit Schlägen,
Zerriß die Wangen sich, und aus den Augen fiel
Herab ein ganzer Tränenregen.
Wie wenn ein Strom herab von Bergen schießt
Und Täler überschwemmt, wenn Eis und Schnee zerronnen
Von lauer Luft und warmen Frühlingssonnen,
Und nun der Winter vor dem Lenz zerfließt:
So überströmt' ein Strom die Wangen voll von Jammer,
Die Seufzer pochten an den Busen wie ein Hammer,
Und brausten darin wie Wind' in Äols Kammer.

Darauf sagt' ich ganz erschrocken zu ihr: »Ich bitte dich, schreie nicht mehr! Einen Strauß will ich dir für deine Gans schaffen!«

Indem ich darüber erstaunte, und sie in dem Bettchen saß und den Tod der Gans beweinte, kam Proselenos dazu und brachte die Opfergebühren; und wie sie die Gans tot daliegen sah und uns um die Ursache der Traurigkeit befragte, fing sie selbst an, bitterlich zu weinen und mich zu bejammern, als wenn ich meinen Vater und nicht eine Gans umgebracht hätte. Endlich wurd' ich des Geheuls überdrüssig und sagte: »Sagt mir einmal, ob ich nicht mit Gelde, wenn ich auch noch dazu fußfällig bäte, mein Verbrechen aussöhnen könnte, und wenn ich auch einen Mord begangen? Hier habt ihr zwei Goldstücke, mit welchen ihr Götter und Gänse kaufen könnet!«

Sobald der Schein davon der Enothea in die Augen gefallen war, so sagte sie: »Verzeihe, lieber Jüngling! Ich bin deinetwegen bekümmert! Meine Klagen sind Beweise meiner Liebe und nicht des Zornes gegen dich! Wir wollen dafür sorgen, daß es niemand erfahre. Bitte du nur die Götter, daß sie deine Handlung verzeihen!« –

Wer einen Kasten hat voll Silber und voll Gold,
Dem ist Fortuna selbst, die flatterhafte, hold.
Rechts fliegen scharenweis' ihm alle guten Vögel!
Und immer schiffet er mit aufgeschwollnem Segel.
Er gießet Danaen ein Klümpchen in den Schoß,
Und wie entzaubert springt der Liebe Gürtel los.
Er machet dem Akris, des Mädchens altem Drachen,
Mit seinem Golde weis, er woll' es selbst bewachen.
Ein Dichter ist er, ist ein Redner, Advokat,
Und wenn er spricht, so hat Gerechtigkeit gesprochen,
Beklagter habe was und habe nichts verbrochen!
Du wirst ans Kreuz gehängt, weil er's gesprochen hat.
Er übertrifft sogar an Ansehn die Catonen,
Ist mehr als Servius und alle Labeonen.
Kurz, wünsche, was du willst! Dein Wunsch wird dir erfüllt. –
Hast du mit Golde nur den Kasten angefüllt,
So kannst du alles auf der weiten Welt erlangen!
Du hast in ihm den großen Jupiter gefangen.

Unterdessen setzte Enothea unter meine Hände eine Schüssel voll Wein, machte meine Finger auseinander, und wie sie sie darinnen mit Lauch und Petersilie gereiniget hatte, so warf sie Haselnüsse mit heiligen Worten in den Wein und wahrsagte daraus, sie mochten entweder untersinken oder darauf schwimmen. Ich konnte sehr leicht begreifen, daß diejenigen oben schwammen, welche keine Kerne, und diese untersanken, welche die volle Frucht in sich hatten.

Darauf wandt' sie sich zur Gans, schnitt ihr die Brust auf und zog die gesündeste Leber daraus, und nun prophezeite sie mir meine zukünftigen Schicksale. Ja, damit gar nicht eine Spur von meinen Verbrechen übrigbliebe, zerlegte sie die Gans und steckte sie an den Bratspieß und bereitete dem, welcher, wie sie selbst sagte, kurz zuvor des Todes schuldig war, ein herrliches Mahl.

Nun ging der Becher herum, und die Alten verzehrten mit dem größten Vergnügen die Ursache ihrer Traurigkeit, die Gans. Wie sie aufgegessen war, sah mich Enothea mit einem taumelnden Blick' an und sagte: »Nun wollen wir die Aussöhnung vollenden, damit du deine Nerven wiederbekommst!« Und zugleich brachte sie einen ledernen Priap herbei, tunkt' ihn in Öl, das mit gestoßenem Pfeffer vermischt war, wälzt' ihn dann in Nesselmehle herum und schob ihn nach und nach mir in den Leib hinein. Nach diesem bestrich die grausame Alte meine Schenkel mit eben diesem vermischten Öle. Dann vermengte sie Gartenkressensaft mit Stabwurz und rieb meine Weichen damit; und nun ergriff sie ein Büschel grüne Nesseln und fing an, bedächtig alle Teile unter dem Nabel zu hauen.

Wie die Nesseln anfingen, mich zu brennen, so lief ich davon. Die Alten liefen, so sehr sie konnten, mir nach, und ob sie gleich von Wein und Geilheit taumelten, so kamen sie doch noch zu mir in die nämliche Straße und verfolgten mich noch durch einige andere Gassen und schrien immer: »Haltet auf! Ein Dieb! Ein Räuber!«

Dennoch entwischt' ich ihnen; aber meine Fußzehen waren alle auf der Flucht blutig gestoßen.

Als ich nach Hause kam, so warf ich mich ganz abgemattet ins Bette. Ich konnte aber nicht ein Auge zutun, weil mir alles im Kopfe herumging, was mir begegnet war. Ich rief aus: »Niemand kann soviel besondre Zufälle erfahren haben wie du! Noch mußte mich auch das mißgünstige Glück mit der Liebe quälen. Ach! Ich Unglückseliger! Fortuna und Amor haben sich wider mich verschworen! Amor ist allezeit grausam gegen mich, ich mag lieben oder geliebt werden, so quält er mich. – Nun liebt mich auch Chrysis auf das heftigste und verfolgt mich mit ihrer Liebe! Wie sie mich zu ihrer Frau bringen sollte, verachtete sie mich als einen Sklaven, weil ich als Sklave gekleidet war – jetzt will sie sogar mit Gefahr ihres Lebens dir folgen, wohin du willst! Sie, die zuerst deinen Zustand so sehr haßte! Inbrünstig schwört sie jetzt, nicht von deiner Seite zu gehen! –

Aber Circe allein bezaubert mich, alle andere veracht' ich. Was ist reizender als sie? Was hatte Ariadne oder Lede, das ihrer Schönheit gleichkam? Womit wollte sie Helene, womit selbst Venus übertreffen? Paris, der Schiedsrichter der auf ihre Schönheit eifersüchtigen Göttinnen, wenn er dieses zärtliche Liebäugeln in den Augen meiner Circe bei dem Wettstreite hätte schweben sehen – Helenen samt den Göttinnen hätt' er ihr geschenkt! – Ach, wär' es nur wenigstens erlaubt, ihren holdseligen Mund zu küssen! Ach, jenen himmlischen und göttlichen Busen an meine Brust zu drücken! Vielleicht würde dieser Leib dann seine Kräfte wiedererhalten, und die Teile würden daran wiederaufleben, welche, wie ich nicht anders glauben kann, behext sein müssen.

An meine Beschimpfungen denk' ich nicht; daß ich geprügelt worden bin, weiß ich nicht, wenn ich nur wieder ihre Gnade erhalten könnte!«

Das Bild der reizenden Circe wurde darauf so lebendig in meiner Phantasie, daß es alle Lebensgeister in mir erhitzte. In der Wut der Liebe ergriff ich mein Bett und glaubte, meine Liebe in den Armen zu haben. Aber alles war vergeblich; es war ein leeres, totes Bild der Wollust. Ich zankte mit meinem feindseligen Genius und verglich mich mit den alten Heroen, welche auch von den Göttern waren verfolgt worden, und suchte mich dadurch zu trösten.

Mich Armen nicht allein verfolgt ein Gott mit Plagen
Und stürzt das Schicksal in Gefahr,
Vor mir hat Herkules den Himmel müssen tragen,
Weil Juno seine Feindin war:
Und noch vor ihm ließ sie den Pelias erschlagen
Von seinen sanften Töchtern gar:
Laomedon erfuhr Neptunens wilde Rache,
Sein liebes, wunderschönes Kind,
Die Hesione sollt' auffressen gar ein Drache:
Wie grausam nicht auch Götter sind!
Den Telephus verfolgt sogar der Gott der Reben,
Den Ros' und Efeu stets umlaubt:
Ulysses mußte lang' auch vor Neptunen beben
Und jedes Schiff wurd' ihm geraubt.[128]
Der Gott der Gärten und der Gott der schönen Damen
Verfolget mich zu Land und Meer!
Er raubet grausamlich mir meines Frühlings Samen
Und – schickt mir schöne Circen her!

Ich brachte die ganze Nacht in dieser Unruhe zu; sobald es Tag wurde, kam Giton, welcher erfahren hatte, daß ich diese Nacht zu Hause gewesen sei, vor mein Bett, hielt mir eine lange Rede über meine Ausschweifungen und sagte mir endlich, daß sich die ganze Familie über mich beschwerte, weil ich niemals zu Hause sei, und fügte endlich hinzu: »Der Krug geht solange zu Wasser, bis er zerbricht! Das Ding wird noch einen traurigen Ausgang haben!« –

Ich merkte nun wohl, daß er etwas von mir mußte erfahren haben; erkundigte mich also bei ihm, ob jemand nach mir gefragt hätte. »Heute«, sagt' er, »niemand; aber gestern kam ein artiges Mädchen zur Tür herein, unterhielt sich lange mit mir und ermüdete mich ganz, indem es immer die Rede auf dich brachte. Endlich sagt' es, du habest einen schlimmen Streich gemacht, und du würdest gewiß die Sklavenstrafe ausstehen müssen, wenn der beleidigte Teil in seiner Klage beharrte.«

Diese Nachricht gefiel mir gar nicht, und ich fing wieder an, mich mit der Frau Fortuna zu zanken. Kaum hatt' ich angefangen, so kam Chrysis dazu und fiel mir um den Nacken, als wenn sie mich aus lauter Liebe zu Tode drücken wollte. »Nun hab' ich dich!« sagte sie, »wie ich dich wünschte! Du mein Verlangen, du meine Wollust! Nie wirst du dieses Feuer auslöschen können, als mit deinen letzten Blutstropfen!«

Die Hitze dieses Mädchens verwirrte mich, ich bediente mich der Schmeicheleien, um es wieder loszuwerden. Ich befürchtete sogar, Eumolp möchte die heftigen Ausrufungen der Liebe hören; und das Glück hatt' ihm die Miene eines Herrn gegeben. Ich wandt' daher alle Mühe an, um die Chrysis zu besänftigen. Ich machte den

Verliebten und sagt' ihr lauter süße Wörtchen, so daß sie endlich glaubte, ich sei es wirklich. Darauf malt' ich ihr die Gefahr vor, in welcher wir beide wären, wenn man uns beisammen erwischte, und daß Eumolp deswegen toben und rasen würde. Sobald sie das gehört hatte, verließ sie mich, und desto geschwinder, weil sie den Giton kommen sah, welcher kurz vorher wegging, ehe sie hereintrat.

Kaum war sie hinaus, so kam einer von den neuen Sklaven des Eumolp in aller Eile herbeigelaufen und schwur hoch und teuer, daß der Herr sehr zornig auf mich sei, weil ich ihm seit zwei Tagen nicht aufgewartet habe. Ich würde daher sehr wohl tun, wenn ich mich auf eine gute Ausflucht besänne; denn sein Zorn sei so heftig, daß es ohne Prügel nicht vorbeigehen würde.

Ich sah den Giton so niedergeschlagen an, daß er sich nicht unterstand, mich wegen des Mädchens zu befragen. Er riet mir, was den Eumolp beträfe, mehr mit ihm zu scherzen als ernsthaft zu handeln; welches ich denn auch tat.

Er empfing mich sehr freundlich und scherzte mit mir darüber, daß mir Venus so gnädig sei, und lobte meine Gestalt und meine Reize und versicherte mich, daß alle Damen nach mir sähen. »O!« sagt' er, »ich weiß sehr wohl, daß du von der Schönsten in der ganzen Stadt geliebt wirst! Lieber Enkolp, das kann uns noch einmal zu etwas nützen! Spiele du nur die Rolle eines Liebhabers gut, meine angefangene will ich schon fortspielen!« –

Er hatte noch nicht ausgeredet, so trat eine von den frömmsten vornehmen Damen herein, mit Namen Philumena, welche oft in ihrer Jugend mit der frischen

Blüte ihres Alters Erbschaften herausgelockt hatte und nun, da die Blüte längst verschwunden war, ihren Sohn und ihre Tochter den verwaisten Alten aufdrang, um ihre Kunst durch ihre Nachkömmlinge ausüben zu lassen.

Sie kam also auch zum Eumolp, empfahl ihre Kinder seiner Klugheit und vertraute seiner Gütigkeit sich und alle ihre Hoffnungen. Er sei der einzige auf dem ganzen Erdenkreise, welcher mit heilsamen Lehren die Jugend täglich unterrichten könne. Kurz, sie hinterließ ihre Kinder im Hause des Eumolp, damit sie ihn nur möchten reden hören; das sei die beste Erbschaft, die man der Jugend geben könne. Wie gesagt, so getan. Sie hinterließ die schönste Tochter mit ihrem sehr schönen Brüderchen in dem Schlafzimmer und gab vor, in den Tempel zu gehen, um ein Gelübde für sein Wohlsein zu tun.

Eumolp, welcher so mäßig war, daß auch ich ihm noch Knabe zu sein schien, verschob nicht, das Mädchen zu Lesbischen Geheimnissen einzuladen. Aber er hatte sich für einen Podagristen und Lendenlahmen ausgegeben, und wenn er nicht die ganze Verstellung beibehielt, so mußt' er befürchten, daß die ganze Komödie ihr Ende erreichen könnte. Damit also das nicht geschehen möchte, bat er das Mädchen, auf seiner Gütigkeit zu sitzen. Seinem Sklaven Korax aber befahl er, daß er unter das Bett, worin er lag, knien sollte, die Hände auf die Erde und den hintern ans Bett. Er gehorchte und machte die Kunst des Mädchens von oben unterm Bette nach. Wie das Ding zu seinem Ausbruch kommen wollte, so rief Eumolp mit heller Stimme: »Korax, geschwinder! Noch einmal so geschwind!« Der Alte lag so artig zwischen seiner Freundin und seinem Sklaven, daß man es für ein Spiel gehalten hätte, wenn es Kinder gewesen wären.

Eumolp fing das Spiel noch einmal von vorne an, wie es vorbei war, und lachte aus Leibeskräften, so, wie wir alle. Ich selbst, damit ich nichts verlernen möchte, ging zu dem Brüderchen der Schwester, welcher sie durch den Spalt wie eine lebendige Maschine betrachtete, und versuchte, ob etwas mit ihm anzufangen sei. Dieser war gleich bereitwillig und in seiner Kunst vollkommen; aber auch bei ihm verfolgte mich meine feindselige Gottheit.

Doch schmerzte mich diese Ohnmacht nicht so sehr, wie die vorigen, denn kurz darauf erhielt ich meine Nerven wieder und empfand mich plötzlich in meinem alten gesunden Zustande. »Ihr großen Götter im Himmel«, rief ich aus, »habt mich wieder ganz gemacht! Du, Merkur, der du die Geister in die Hölle führst und wieder auf diese Oberwelt zurückbringst, hast mir wiedergegeben, was mir eine feindselige Hand geraubt hatte! – Wisse, Eumolp, daß ich mehr sei als Protesilas[129] und irgendein Held des Altertums?«

Wie ich dieses gesagt hatte, hob ich den Rock auf und zeigte mich in meiner ganzen Stärke dem Eumolp. Er erstaunte darüber, und damit er sich gänzlich von der Wirklichkeit davon überzeugen möge, befühlt' er das Geschenk der Götter mit beiden Händen. Diese unaussprechliche Wohltat gab mir meine vorige Freude wieder. Wir lachten über die List der Philumene und die Geschicklichkeit ihrer Kinder und bedauerten, daß wir ihnen nichts nützen würden; denn um zu erben hatte sie Mädchen und Knaben in unsere Hände geliefert.

Diese Art, verwaiste Alte zu fangen, gab mir Gelegenheit, über unsere Lage Betrachtungen anzustellen. Ich riet dem Eumolp, auf seiner Hut zu sein, indem wir leicht könnten gefangen werden. »Bei allen unsern Handlungen«, sagt' ich, »müssen wir sehr klüglich zu Werke gehen. Sokrates, der weiseste Sterbliche nach dem Urteile der Menschen und Götter, pflegte sich zu rühmen, daß er weder ein Wirtshaus noch eine unruhige Menge Volkes seines Anblicks gewürdigt habe. Nichts ist behaglicher, als wenn man immer nach den Regeln der Weisheit handelt. Alles das ist wahr. Keine Art von Menschen gerät aber eher ins Unglück, als welche ihres Nächsten Gut begehren. Woher aber sollten die Herumstreicher, woher die Spitzbuben nehmen, wovon sie leben könnten, wenn sie nicht Beutelchen oder Säckchen, die von Erze wie von Golde klingen, wie Hamen unter das Volk aushingen? Wie die stummen Tiere vom Köder gefangen werden, so würden die Menschen auch nicht durch die Hoffnung allein gefangen, wenn sie nicht etwas zu beißen vor sich sähen.

Weswegen haben uns die Crotoniaten bis jetzt so prächtig aufgenommen? Sie erwarteten das Schiff aus Afrika, wie du versprochen hattest, mit deinem Gelde und mit deiner Familie. Aber es kommt nicht. Schon sind sie erschöpft, und ihre Freigebigkeit vermindert sich. Das Glück, wenn ich mich nicht irre, wird uns nun bald wieder für die empfangenen Wohltaten büßen lassen!« –

»Ich habe«, sagte Eumolp, »eine Art von Mittel ausgedacht, wie wir unsere Erbschleicher hintergehen können«; und zugleich zog er sein Testament aus der Tasche und las Folgendes daraus her.

»Alle, welche in meinem Testamente Vermächtnisse erhalten, außer meinen Freigelassenen, empfangen sie mit dieser Bedingung: daß sie meinen Leib in Teile zerschneiden und vor dem Volk' aufessen. Sie dürfen sich deswegen nicht so sehr entsetzen; denn es gibt gewisse Völker,[130] welche das Gesetz haben, daß sie ihre Verwandten nach ihrem Tode aufessen müssen; sogar zanken sich diese mit den Kranken, daß sie so lange zubringen und dadurch ihr Fleisch verschlimmern. Ich bitte meine Freunde, daß sie sich dessen nicht weigern. Mit ebenden Empfindungen, mit welchen sie für meinen Geist bitten, mögen sie auch meinen Leib verzehren.« –

Kaum hatt' er dieses hergelesen, so traten einige von den Vertrautesten des Eumolp in sein Schlafzimmer, und wie sie sein Testament in seinen Händen erblickten, so baten sie ihn inständig, daß er ihnen was daraus vorlesen möchte. Gleich erfüllt' er ihren Willen und las es ihnen vom Anfange bis zu Ende.

Sobald sie die Bedingung gehört hatten, waren sie sehr traurig; aber der große Ruf, in welchem Eumolp stand, verblendete ihre Augen und Seelen; und sie waren so demütig in seiner Gegenwart, daß sich keiner unter ihnen unterstand, sich darüber zu beklagen. Aber einer davon, mit Namen Gorgias, war bereit, alles zu erfüllen, wenn er nur nicht länger warten dürfe. Eumolp antwortete ihm: »Ich befürchte nicht, daß sich dein Magen davor ekeln werde. Er wird dir gehorchen, wenn du ihm für eine Stunde so viele Güter versprichst. Mache nur die Augen auf und stelle dir vor, nicht einen Leichnam, sondern hundertausend Taler zu sehen! Dazu kommt noch, daß ihr allerlei Gewürze habt, mit welchen ihr den Geschmack verändern könnt. Keine Art von Fleisch schmeckt für sich gut, sondern es muß durch eine Kunst verwandelt und dem ekelhaften Magen gefällig gemacht werden. Mit vielen Beispielen kann ich euch das beweisen.

Die Saguntiner, als sie von Hannibal belagert wurden, aßen Menschenfleisch[131] und erwarteten keine Erbschaft. Die Perusier taten ebendas in der größten Hungersnot; und alles, was sie zu dieser Speise antrieb, war der Hunger. Wie Numantia vom Scipio eingenommen wurde, so fand man Mütter, welche ihre halbaufgegessenen Kinder noch im Schoße hatten. Übrigens, da nur die Einbildung uns einen Ekel dabei verursacht, so überwindet euch damit, daß ihr nur an die ungeheuren Vermächtnisse denkt, welche ihr von mir empfanget!« –

Eumolp trug diese abscheulichen Neuigkeiten mit so wenig Ordnung vor, daß die Erbschleicher anfingen, ein Mißtrauen in ihn zu setzen. Sie untersuchten gleich alle unsere Reden und Handlungen genauer; ihr Verdacht wurde vergrößert, und sie hielten uns nun für nichts anderes als für Herumstreicher und Spitzbuben. Dazu kam noch, daß uns einige Fremde daselbst erkannt hatten. Sie beschlossen also alle einmütig, sich an uns wegen ihres großen Aufwandes zu rächen.

Chrysis, welche dieses alles erfuhr, erzählte es mir wieder. Wie ich es hörte, so erschrak ich so heftig darüber, daß ich im Augenblick mit ihr und dem Giton davonfloh und den Eumolp seinem feindlichen Schicksal überließ.

Wenig Tage darauf erhielt ich die Nachricht, daß die Crotoniaten, unwillig darüber, daß sie den alten Spitzbuben so lange auf gemeinschaftliche Unkosten auf das prächtigste ernährt hatten, ihn wie Massilienser behandelt. Bei diesen war zu den Zeiten der Pestilenz der Brauch, daß einer von den Armen freiwillig sich zum Opfer anbot, wenn sie ihn ein ganzes Jahr lang mit den ausgesuchtesten Speisen ernähren würden. Dieser wurde dann mit Eisenkraut bekränzt, mit heiligen Kleidern angetan und durch die ganze Stadt mit Verwünschungen geführt, daß auf ihn alles Unglück der Stadt fallen möchte; und darauf von einem Felsen gestürzt.

Ende des zweiten Bandes.

ANMERKUNGEN

Leserinnen und Leser

1 Auf diese Art lebten fast alle göttlichen Genies auf dieser sublunarischen Erde, und leben noch so. Sie wissen – leider! – nicht, was sie da mit gutem Gewissen machen sollen; denn den meisten unter ihnen war und ist das Talent nicht gegeben, wie mein lieber Jakob Rousseau Noten schreiben und graben und hacken zu können. Man könnte fast allen die Grabschrift machen, die La Fontaine sich machte:

»Quant à son tems bien sçut le dispenser
Deux parts en fit, dont il soulait passer
L'une à dormir, et l'autre à ne rien faire.«

2 Hier kann ich nicht unterlassen, einige Verse aus einem Gedicht anzuführen, welche sehr gut sind, ob das Gedicht gleich selbst öffentlich durch die Hände des Scharfrichters verbrannt worden ist. Man kann auch dieses als ein Beispiel ansehen, daß man in dem schlimmsten Buche etwas Gutes finden könne, wenn man unter die Bienen gehört.

»De la vertu chacun vante la gloire
C'est un beau mot, il trompe les humains –
Un moine abscur, feu Saint François d'Assise
A pris pour elle un grotesque cordon.
Benoit, Pacôme, Antoine, Hilarion
Dans le désert ont jeûné pour lui plaire;
Frère Gusmand la mit dans un Rosaire,
François de Paul dans la soupe à l'oignon.
Le vieux Simon en fit un scapulaire,
Bruno lui mit un pesant capuchon. . .«
u.s.w.

Man könnte *beinahe* von diesem verbrannten Buche die Anmerkung machen, welche Voltaire dem König von Dänemark sagte:

»Un livre est-il mauvais? Rien ne peut l'excuser.
Est-il bon? Tous les Rois ne peuvent l'écraser.
On le supprime à Rome et dans Londres on l'admire,
Le Pape le proscrit, l'Europe le veut lire.«

Denn sobald es verbrannt war, so stieg es gleich dem Vogel Phönix schöner aus seiner Asche hervor.

3 Lactanz nennt eben auf diese Art den göttlichen Mann auf dieser Erde, welchen einige andere Kirchenväter zum Vorläufer Christi machen, den Sokrates »einen einfältigen, dummen, rasenden, verwegenen, hirnlosen Kerl und Schwätzer.«

4 Sextus Empiricus führt diese Stellen am Ende seines Systems zu zweifeln an, woselbst er eine ganz abscheuliche Stelle für uns aus eben diesen Streitschriften des Zeno anführt, welche ich der Seltenheit wegen noch übersetzen will.

»Ich weiß nicht«, sagt er, »warum man sich wundert, daß Oedip seiner Mutter Jokasta ehelich beigewohnt hat! Denn wenn seine Mutter krank gewesen wäre, so würd' er ihren Schmerz ein wenig haben besänftigen wollen, indem er sie mit seinen Händen an irgendeinem Teil' ihres Leibes gejuckt hätte, und man würde nichts Unanständiges in dieser Handlung gefunden haben. Warum sollte man für unanständig halten, wenn er seine Mutter ergötzte und sie tröstete, indem er ihr einige andere Teile des Leibes juckte und dadurch rechtmäßige Kinder mit ihr zeugte?« – Diese Stelle lehrt uns den Zeno besser kennen, als alles Lob und aller Tadel, womit ihn die Alten belegt haben.

Erster Band

1 Bis hierher geht der Nodotische Anfang.

2 Eben dieses kann man auch über alle unsere sechsunddreißig sogenannten Akademien in Deutschland sagen, denn die studierenden Jünglinge werden darauf närrischer gemacht, als sie dahin von ihren Schulrektoren kamen. Theologie und Rechte werden ihnen auf die pedantischste Weise beigebracht, und unsere *Professores magnifici* sind mehr als unsere Reichsstände der Satire wert, daß wir noch unter dem ungeheuren Joche der römischen Gesetze und Erklärer und der abgeschmackten Vorurteile der scholastischen Theologie seufzen müssen. Ein weiser Mann, ein sokratischer Geist ist selten da anzutreffen; und die schönen Wissenschaften, von welchen die wenigsten, die sich als Erzlieblinge der Musen ausgeben, wissen, was sie sind, werden von erzürnten Journalisten gelehrt.

3 Diese Stelle ist eine von den dunkelsten im ganzen ›Satiricon‹, und die Scaliger, Burmänner und die übrigen Giganten unter den Gelehrten haben in der größten Verzweiflung ihre Unwissenheit darüber gestanden und zugleich aber behauptet, daß sie keinem Tiere, vom Weibe geboren, auf dieser Unterwelt erklärlich sei. Der Busensfreund unserer neuern Antiquaren, von welchen sie Schminke borgen, Franz Junius selbst, gestehet deswegen in seinen Büchern von der Malerei der Alten, daß wir – sechssinnigen Menschen nicht alles wissen können.

Ich will es also auch nicht wagen, diese Stelle zu erklären, es möchte Verwegenheit von mir zu sein scheinen, und die Erklärung derselben von einem göttlichen Manne, wie ihn die Griechen würden genannt haben, vom Winckelmann anführen. Er berührt diese Stelle an verschiedenen Orten seiner *Geschichte der Kunst,* ich will seine Haupterklärung hier meinen Lesern abschreiben.

»Der Verfall der Kunst mußte notwendig durch Vergleichung mit den Werken der höchsten und schönsten Zeit merklich werden, und es ist zu glauben, daß einige Künstler gesucht haben, zu der großen Manier ihrer Vorfahren zurückzukehren. Auf diesem Wege kann es geschehen sein, so wie die Dinge in der Welt vielmals im Zirkel gehen und dahin zurückkehren, wo sie angefangen haben, daß die Künstler sich bemühten, den älteren Stil nachzuahmen, welcher durch die wenig ausschweifenden Umrisse der ägyptischen Arbeit nahekommt.

Da hier Petron von den Ursachen des Verfalls der Beredsamkeit redet, beklagt er zugleich das Schicksal der Kunst, die sich durch einen ägyptischen Stil verdorben, *welcher,* nach dem eigentlichen Ausdrucke der Worte zu übersetzen, *ins enge zusammenbringet, oder -ziehet, (post quam Aegyptiorum audacia tam magnae artis compendiariam invenitz).* Ich glaube hier eine von den Eigenschaften und Kennzeichen des ägyptischen Stils zu finden; und wenn diese Erklärung stattfände, so wären die Künstler um die Zeit des Petronius und vorher auf eine trockne, magere und kleinliche Art im Zeichnen und Ausführen gefallen. Diesem zufolge könnte man voraussetzen, daß, da nach dem natürlichen Lauf der Dinge, auf ein äußerstes das ihm Entgegengesetzte zu folgen pflegt, der magere und dem ägyptischen ähnliche Stil die Verbesserung eines übertriebenen Schwulstes sein sollen. Man könnte hier den Farnesischen Herkules anführen, an welchem alle Muskeln schwülstiger sind, als es die gesunde Zeichnung lehret.

Man könnte auch die Klage des Petronius auf die häufigen Figuren ägyptischer Gottheiten deuten, welches damals der herrschende Aberglaube in Rom war, so daß die Maler, wie Juvenalis sagt, von Bildern der Isis lebten. Durch diese Arbeit der Künstler in dergleichen Figuren könnte sich ein Stil, welcher den ägyptischen Figuren ähnlich war, auch in andern Werken eingeschlichen haben. Es finden sich noch jetzt einige Statuen der Isis völlig auf hetrurische Art gekleidet, die aus offenbaren Zeichen von der Kaiser Zeiten sind; ich kann unter andern eine in Lebensgröße im Palast Barberini anführen. Diese Meinung wird diejenigen nicht befremden, welche wissen, daß durch einen einzigen Menschen, wie Bernini ist, eine Verderbnis in der Kunst bis jetzt eingeführt worden, um so viel mehr könnte dieses durch viele oder durch den größten Teil der Künstler geschehen sein, die in ägyptischen Figuren arbeiteten.« *Geschichte der Kunst* S. 237, ferner S. 40 und in den Anmerkungen über die G. der K., S. 11, wo einige herkulanische Gemälde zur Erläuterung angeführt werden.)

Don Joseph von Salas erklärt diese Stelle noch auf eine andere Art nach dem Don Johann von Fonfeca y Figueroa y Xioles y Bajalos, welche den Ungelehrten vielleicht wahrscheinlicher vorkommen wird als die Wickelmannsche. Er führt eine Stelle aus dem ältern Plinius an, die folgendermaßen lautet: »Philoxenus Eretrius, ein Schüler des Nicomachus, war in der Arbeit ebenso geschwind wie sein Meister und erfand noch einige kürzere und *kompendiarische* Wege zur Malerei.« Darauf beschreibt er eine Art von Tücherfärberei der Ägypter – aber gefärbt ist nicht gemalt. – Beinahe könnte man aus der Petronischen Stelle schließen, die Ägypter hätten die Holz- und Kupferstecherei erfunden. – Wenn ich Neigung hätte, eine Professorenstelle zu erobern, so könnt' ich durch eine schön und gründlich scholastisch geschriebene Disputation darüber vermutlich eine von den S. T. Nutritoren verschiedener deutscher Akademien erhalten.

4 Diese Überschriften enthielten die Namen der Buhlerinnen und der knäblichen Buhler und ihr Alter und ihre Eigenschaften; über ihnen waren sie in ihrer größten Schönheit abgemalt. Wer sich dieses deutlich vorstellen will, darf nur das Handbuch einiger Damen von Stande, *L'Académie des Dames* durchblättern. Übrigens ärgere man sich nicht darüber, daß die Buhlerinnen ganz nackend dastanden; bei den Griechen und Römern konnten sich ehrbare Matronen, sogar an ihren hohen Festtagen, z. B. den Lupercalien und vielen andern, ohne Sünde zu begehen, ganz nackend zeigen. Damals gab es noch Menschen; jetzt sind wir alle Komödianten.

5 *Satirion,* Stendelwurz oder Knabenkraut, wurde bei den Alten sehr häufig gebraucht. Man bereitete es auf vielerlei Art zu; und Plinius versichert sogar, daß ein Mädchen mannstoll werde, wenn es nur diese Wurzel so lange in der Hand habe, bis sie darinnen warm werde. Eben diese Wirkungen soll sie auch bei den Männern hervorbringen. Einige von den griechischen und römischen Damen

versichern uns, daß das Frauenzimmer sich ihrer sehr selten bedient und dieses Mittel auch nicht nötig gehabt habe, wohl aber sehr oft die Männer.

Ob es wahr sei oder nicht, wollen wir unsern Leserinnen und Lesern zu entscheiden überlassen, da wir in dergleichen Sachen fast wenig Erfahrung haben.

6 Die Begierden des Ascylt wurden durch den Unfall im Bordell aufrührerisch gemacht, er mußte also auf diese Art den schönen Giton behandeln. Wir sind ein Spiel der Leidenschaften und unsere Fehler verdienen daher Verzeihung, weil sie notwendig sind.

7 »Ein weiblicher Mantel, welcher der Isis eigen, Fransen hatte und allezeit über beide Achseln herübergenommen und an zwei Zipfeln unter den Brüsten zusammengeknüpft war. Alle noch übriggebliebenen Statuen mit diesem Mantel stellen die ägyptische Göttin Isis vor.« Winckelmann in den Anmerkungen über die G. der K., S. 71. Dieser Mantel kommt noch einige Male in der Folge vor, deswegen hat Nodot das Schiff der Göttin scheitern lassen, damit Enkolp den seltenen Einfall haben konnte, daraufzugehen und ihn auf die einfältigste Art zu stehlen.

8 So weit geht das kleine Nodotische Fragment, von welchem Charpentier sagt: »Dieses allein ist mehr wert, als alles, was uns der Krieg in Deutschland gekostet hat. Der kleineste Teil davon ist nicht mit allen Königreichen der Welt zu bezahlen!« – Man wird mir es also auch nicht verdenken, daß ich es übersetzt habe.

9 Was das für Dinger sind, wird wohl den meisten Damen und Herren bekannt sein, welche diese Übersetzung lesen; denen, die so glücklich sind, sie noch nicht zu kennen, würden wir sie nicht beschreiben, wenn wir ihnen nicht auch etwas zum bessern Verständnis der alten Autoren sagen wollten; diese Dinger könnten sie einmal in Lesung des Aristophanes, Catull, Martial, Apulejus, Priapejen und anderer klassischen Schriften verwirren.

Wissen Sie also, daß *lederne Priapen* jenen Dingern sehr ähnlich sind, welche die Franzosen *Gaudemischeen* und die deutschen vornehmen Damen *Samthanse* zu benennen pflegen. »Da wissen wir nichts mehr, Herr Übersetzer!«

Ich will sie Ihnen gern hier abmalen und in Kupfer stechen lassen. – Doch, es fällt mir eben ein, daß Winckelmann in seiner Geschichte der Kunst einen solchen Priapus hatte in Kupfer stechen lassen; er ist zwar sehr schlecht gestochen, aber doch können Sie sich einen Begriff davon machen. S. 114 steht Merkur vor der Alkmene mit einem solche Priap angetan.

Auch die Rechtsgelehrten müssen einen richtigen Begriff von dieser Sache haben bei Ehescheidungen. Die Gräfin von Tanis, die natürliche Tochter des K. . . von C. . . mit einer Engländerin, ist in Schwaben bekannt genug, welche in männliche Kleider verhüllt, mit einem Gaudemischee umgürtet, ein sehr schönes Fräulein in Augsburg heiratete und den priesterlichen Segen empfing. – Ich bedaure das Schicksal dieser Dame von Genie! –

Es wird immer schlimmer! Alle Künstler, welche nur unsere fünf gewöhnlichen Sinnen zu vergnügen suchen, werden jetzt verachtet, nur diese allein, welche den sechsten Sinn, der schon so viel Unheil in der Welt gestiftet hat, zu entzücken sich bestreben, gelangen zu hohen Ehrenstellen. Der Erfinder des berühmten chinesischen Ringes soll wegen seiner Erfindung sehr hoch gestiegen sein. O dürfte man doch noch Briefe wie Peter Aretin schreiben! Guter Sancho

Pansa, dein Sprichwort: Ehrlichkeit währt am längsten! ist heutigen Tages das sicherste Mittel, aufgehängt zu werden. – Ich hoffe, durch diese Anmerkung mir die strengsten Theologen zu Freunden gemacht zu haben; worüber ich mich von Herzen freue! –

10 Die Mädchen der Griechen und Römer gürteten sich unter dem Busen. Psyche nahm also ihren Gürtel herab.

11 Man feierte bei den Griechen und Römern vielen Gottheiten dergleichen Metten, welche oft mehrere Nächte nacheinander fortdauerten; z. B. der Venus – wovon noch die zwei Gedichte *pervigilia Veneris* zeugen, welche der berühmte Henault geschmackvoll wiederhergestellt hat – dem Bacchus – und andern. Sie wurden meistenteils gefeiert

Wenn die Rose die Knospe durchbricht
Und Amor herrscht und Herzen Feuer fangen!

Diesen Metten haben Griechen und Römer die schönsten ihrer Genien zu verdanken, denn im Taumel der süßesten Liebe wurden sie hier von Alcibiaden gezeugt und Bacchidionen empfangen. Die alten Gesetzgeber Lykurg, Orpheus und Numa hatten alles dieses geordnet, damit der Staat Pflanzen von der besten Art erhalten möchte – woran leider unsere jetzigen Gesetzgeber nicht denken. Sie verfertigen nur Gebiß und Zaum für ihre Krüppel von Bürgern und bestrafen die Chloen mit dem Gefängnisse. – Wie werden mich wegen dieser Anmerkung die Dudeldumianer und Dudeldenyisten verfluchen! – Nun! Das mögen sie denn! Hab' ich ihnen doch nichts zuleide getan!

12 Die Hochzeitsbetten waren bei den Alten alle verschlossen. Die Freunde der Braut traten vor die Türe und sangen die lieblichsten Lieder, damit man das Geschrei der ermordeten Jungfer nicht höre. Heutigentages hat man dies nicht mehr nötig. Die Mädchen sind bei uns zu klug, als daß sie in der Hochzeitsnacht schreien sollten.

13 Dieses war eine von den größten Feierlichkeiten bei den Alten, wenn sie sich ihren ersten Bart abscheren ließen.

14 Bei den Alten mußte alles mit dem rechten Fuße angefangen werden, wenn sie aus- und eingingen, sich schlafen legten oder ins Bett stiegen oder aufstanden und sich ankleideten. Wenn aus Übereilung dieses vernachlässigt wurde, so hielten sie es für eine unglückliche Vorbedeutung und blieben den ganzen Tag zu Hause oder wohnten ihren Frauen nicht ehelich bei, damit ihnen nichts Böses widerfahren möchte. Ein Vorurteil, welches vielleicht nur den Damen nachteilig war; und doch konnten diese ja auch schreien: »Mit dem rechten Fuße!«, welches sie vermutlich auch werden getan haben.

15 Nach dem Tode Alexanders des Großen fingen die Künste und Wissenschaften unter seinen Nachfolgern in Ägypten an zu blühen, und Alexandrien war unter dem Ptolemäus Philadelphus das zweite Athen. Die größten Genien der damaligen Zeit zogen dahin. Daher kam es, daß die von Natur unwitzigen Ägypter durch Auferziehung und Umgang auch witzig wurden; und daher kam es ferner, daß die Alexandrinischen Buben, welche man wie eingepropfte griechische Zweige betrachten muß, durch ihren Witz, ihre Laune und ihr Gewächs die Wollust, das, was die Domherren in Italien piccioli Canonici nennen, der reichen Wollüstlinge unter den Römern wurden. Wenn sie sich hier nicht zu ihrem Vorteile zeigen, so muß man sie damit entschuldigen, daß sie sich nach ihrem Herrn richten mußten.

16 Die Römer wußten den Schnee auf eine besondere Art, die wir nicht mehr wissen, zu erhalten, und Nero soll, nach dem Plinius, der Erfinder davon sein.

17 In einigen Manuskripten steht sechs Pfund, und in einigen ein halbes; wem die kolossalischen Ironien gefallen, der kann mit dem Herrn Burmann sechs Pfund lesen.

18 Von dem Konsul Opimius bis auf die Lebzeiten Petrons kann man zweihundert Jahre zählen, und folglich war der Wein des reichen Herrn Trimalcion kein echter Opimianer.

19 *Liber esto.* Bacchus hatte auch den Namen *Liber* (frei), und hier liegt also ein unübersetzbarer Trimalcionischer Scherz verborgen.

20 Im lateinischen *soll* hier wieder eine Zweideutigkeit verborgen liegen; im Texte steht bloß, ihr werdet nicht leugnen, daß mein Vater ein Freier war.

21 Hier folgen die Reden von einigen bezechten Freigelassnen, welche im Lateinischen ihre eigene Sprache reden, die den Herrn Erklärern manchen Zorn verursacht hat, welche aber Petron nicht anders reden lassen konnte, wenn er der Natur getreu bleiben wollte. Die Betrunkenen haben zu jeder Zeit ihre eigene Sprache gehabt, schon vor der Erbauung des Turms zu Babel; obgleich die Gelehrten behaupten, daß alle Sprachen aus diesem Domturme gekrochen sein sollen.

22 Eine Art von Spiel, wo man mit einem Blick erraten muß, wieviel einer Finger in die Höhe gehoben habe. Die Italiener ergötzen sich noch daran, weil sie den ganzen Tag nichts zu arbeiten haben, und doch nicht immer stehlen, beten, assassinieren, Verse machen, singen, malen und Esel. . . können.

23 Nachdem Herr Burmann bei dieser Gelegenheit den erbärmlichen Pfarrherren derblich die Moral geprediget, so erklärt er die Stelle: Was Asiatisches – folgendermaßen. »Das Wort ›asiatisch‹ gefällt mir nicht. Ich lese statt *quid Asiatici* – was asiatisches – *Asi* und daraus mach' ich *Assi* – nach der Erklärung des Nonius ist das etwas, das für sich allein ohne Brühen und ohne Zutun eines andern zubereitet ist; z. B. *assa caro,* gebratenes Fleisch, *assa sudatio,* natürlicher Schweiß – Nun ferner! So hatte dieser da, dessen Stimme wie eine Trompete war, etwas Assi (Nun wissen ja meine Leserinnen und Leser schon, was das ist!) in seinen Eingeweiden, welches den Speichel und Schweiß verzehrte –«

Ei! ei! Herr Burmann! Was für ein gelehrter Mann Sie sind! Es ist zum Erstaunen! – Sie konnten unmöglich mit der einfältigen Erklärung des Heinsius zufrieden sein, welcher sagt: »Was Asiatisches – das ist etwas, was in Asien gebräuchlich ist; das ist nicht Ausspeien und nicht Husten und wie Cicero in seinen Reden lange kräftige Perioden machen.« Daß die alten Perser sich nicht geschneuzt, nicht gespeichelt und dergleichen haben, erzählt Xenophon in seiner weisen *Cyropädie,* so wie es noch verschiedene andere alte Skribenten erzählen. – Nur aus diesem kleinen Beispiele mag man sehen, was die Erklärer, Variantensammler und die meisten Schulmänner für Leute sind! Und wie bejammernswürdig die Auferziehung unsrer Jugend ist!

24 Scheffer, einer von den großen Erklärern des Petron, führt hier eine Stelle aus dem Macrobius an, welche die gebundenen oder wollenen Füße der Götter erklären kann. Nämlich die Statue des Saturnus sei das ganze Jahr angebunden gewesen und nur im Dezember, wo die Saturnalien gefeiert wurden, von ihren Fesseln befreit worden.

25 Hier spricht Echion die Sprache der Betrunkenen vortrefflich; nüchterne Leute können ihn kaum verstehen. Sein schwindelnder oder taumelnder Geist vermischt hier vermutlich den Titus und den Glykon in eine Person.

26 Der Kaiser Claudius wollte ein *Edikt,* nach dem Sueton, herausgeben, wodurch jedem Gaste in jeder Gesellschaft erlaubt werden sollte, sich dieser Freiheit der Zyniker zu bedienen. – Wenn Trimalcions Lehre gegründet wäre, daß nämlich viele von einem zurückgehaltenen Winde gestorben wären – wie denn einer von unsern großen deutschen Gelehrten, der sich leider(!) zum erstenmal in einer sehr vornehmen Gesellschaft, wie unter Göttern des Himmels und der Planeten, befand, daran gestorben ist – so wären wir Deutschen und die meisten Europäer, außer den Kaufmännern in Holland, sehr wegen der übertriebenen Schamhaftigkeit zu tadeln, da sich die meisten, insbesondere die Damen, vor ihren eignen Ohren schämen und sterben. Die heitern Menschen, die Griechen, nannten dies *königlich leben;* wenigstens die Zyniker.

27 Das ist – die ganze Handlung mit allen Umständen.

28 Ich hoffe, daß ich nicht nötig habe, meinen Leserinnen und Lesern, wie die lateinischen Burmänner ihren Lateinern, und die französischen Übersetzer ihren Französinnen und Franzosen, zu sagen, daß Trimalcion alle die Geschichtchen, welche er aus dem Altertume anbringt, trimalcionisiert.

Die babylonische Sibylle erteilte zu Cumä Orakel. Es ist wohl nicht glaublich, wie uns Herr Burmann hoch und teuer versichert, daß sie in einer gläsernen Flasche voll Öl gesteckt habe, damit sie nicht verfaule, sondern eher ist dieses zu mutmaßen, daß Trimalcion etwas Wunderbares hat gesehen haben wollen. – »Sibylle, was willst du?«, und sie antwortete: »Ich will sterben.«

29 Von der Schönheit der Gefäße der Alten kann man aus denen, die man in verschiedenen Gegenden um Neapel ausgegraben hat, urteilen. Winckelmann sagt von ihnen: »Die Zeichnung auf den mehrsten ist so beschaffen, daß die Figuren in einer Zeichnung des Raphael einen würdigen Platz haben könnten; und es ist merkwürdig, daß sich nicht zwei mit völlig einerlei Bildern finden, und unter so viel Hunderten, welche ich gesehen habe, hat jedes Gefäß seine besondere Vorstellung. Wer die meisterhafte und zierliche Zeichnung auf denselben betrachtet und einsehen kann und die Art zu verfahren weiß, in Auftragung der Farben auf dergleichen gebrannte Arbeit, findet in dieser Art Malerei den größten Beweis von der allgemeinen Richtigkeit und Fertigkeit auch dieser Künstler in der Zeichnung.« – *Geschichte der Kunst* S. 122.

In der Glasarbeit waren die Alten weit vollkommner als wir. Wer auch selten zu erstaunen pflegt, könnte über ihre Kunst darinnen erstaunen, wenn er die kleine Nachricht von der Glasarbeit der Alten in den Anmerkungen über die *G. der K.* läse. Winckelmann hatte hier Ursache, sich über den pöbelhaften Geschmack der Arbeit in unsern so sehr beliebten Porzellangefäßen zu beklagen. Verschiedene Künstler haben, wie ich aus sichern Nachrichten weiß, jetzt die größte Hoffnung, das schmiedbare Glas wieder zu erfinden. Ich wünsche ihnen eine bessere Belohnung, als diese war, welche der erste Erfinder von einem Krokodil erhielt.

30 Ein wollüstiger Tanz bei den Alten, Kordax genannt, welcher vermutlich mit mehr Leidenschaft anzusehen war als unsre ewigen immer einerleien Menuetten, Polonaisen, Anglaisen und dergleichen, wobei man nicht weiß, was man denken soll.

31 Trimalcion hatte bei aller seiner Narrheit doch immer ein ziemlich gutes Herz, so gut als es ein Römer in *seinen Umständen* haben konnte, und bisweilen auch einen klugen Gedanken – kurz! er ist beinahe der Shah Baham Crebillons und Wielands.

Herr Burmann macht hier die weise Anmerkung: Eben dieser Meinung war auch Horaz, der die alte Sentenz: *»Sei weise! Trinke Wein! Und glaube nicht, in einem kurzen Zeitraume ewig zu leben!«* in der elften Ode des ersten Buches, immer ebenso wiederholt hat – *ein echt epikurisches Schwein!* – Recht so! Herr Schulmeister! – wer kann den Haufen Narren sehn und sich nicht ärgern und nicht schmähn und nicht für Zorn zur Grube fahren! – möchte man hier mit unserm Gleim ausrufen.

32 Die Babylonier waren so künstlich, daß sie von den feinsten Flaumfedern Stoffe weben konnten; welches uns jetzt ganz unwahrscheinlich vorkommen würde, wenn wir nicht zu viele Beweise von dieser Kunst in den alten Schriftstellern fänden.

33 Hier kommt die berühmte gewebte Petronische Luft und der leinene Nebel vor. Properz, Tibull, Ovid, Martial und andere Dichter haben diese durchsichtige, gläserne Kleidung, wie sie auch einige nennen, der Livien, Tullien, Messalinen und der Lesbien, von denen Catull sang – *glubunt magnamini Remi nepotes* – ebensoschön beschrieben und die Kirchenväter noch schöner. Diese Beschreibungen, welche bei den Alten kleine, leichtfertige Spöttereien waren, sehen wir jetzt, weil wir die alte Winckelmannische Grazie verloren, fälschlich für Juvenalische derbe Bußpredigten an.

Man muß dieses Gedicht im lateinischen lesen, wenn man den Petron gänzlich verstehen will. Ich hab' es, ich muß es nur gestehen, an einigen Stellen verschönert; mir war es unmöglich, das kindische Spiel mit gedankenlosen Wörterchen zu übersetzen, welches insbesondere in dieser Stelle ist – *Ciconia Pietaticultrix, gracilipes, crotalistria* u.s.w.

Wenn Brockes noch lebte, wollt' ich ihn um die Übersetzung dieser Stelle bitten. Übrigens hoff' ich, daß meine Leser nichts verloren haben.

34 Damals mußte auch ein Wechsler seine Kunst gut verstehen, wo so viele tausend falsche Münzer waren, gegen welche unsere geschicktesten Juden Dummköpfe sind, wie wir aus den falschen Münzen, die noch jetzt gefunden werden, sehen können.

35 Auf diese Art wurden einige Geschenke unter die Gäste verteilt; welches bei andern Römern vermutlich mit etwas besserm Geschmacke wird geschehen sein als beim Herrn Trimalcion.

36 Das ist: und wenn du selbst einer von den großen Göttern wärest; denn diese wurden mit goldenen Bärten vorgestellt.

37 Wie der Kerl noch dazu schwört! Man könnte beinahe glauben, es wäre wahr, da man glauben muß, daß man in W. .g, ich schäme mich, den Namen dieser Akademie auszuschreiben, noch in unsern aufgeklärten Zeiten eine kluge Äbtissin als eine Hexe verbrannt hat; und da die Professoren der Theologie die Existenz der Hexen auf allen Akademien verteidigen und diejenigen für Atheisten halten, welche nicht ihrer Meinung sind. O ihr Zeiten! O Sitten!

38 Ich muß einmal für allemal hier eine Anmerkung machen. Die Knaben, welche die reichen Herren zu Lieblingen hatten, warteten und pflegten ihre Haare mit aller Mühe und Kunst, denn sie waren eins von den ersten Stücken ihrer Schönheit. Alle alten Autoren, welche die Knabenliebe berührt haben,

bezeugen dieses; aus welchen denn ferner zu sehen ist, daß die Knabenliebhaber nur allein das Haupthaar schön und lang verlangten. Horaz singt dieses reizend seinem lieben Ligurin vor:

»O crudelis adhuc et Veneris muneribus potens,
Insperata tuae cum veniet pluma superbiae,
Et quae nunc humeris involitant, deciderint comae,
Nunc et qui color est puniceae flore prior rosae,
Mutatus Ligurinum in faciem verterit hispidam,
Dices, heu!« u.s.w.

Unsere schönen Leserinnen mögen Herrn Rammler bitten, daß er ihnen auch diese Ode seines Horaz übersetze. Ich wag' es nicht, das zu übersetzen, was Rammler aus ihm übersetzen will.

Die entzückende Ode des Anakreon auf seinen Bathyll fängt sich gleich mit den bezaubernden Haaren seines Bathyll an.

Auch die Anhängerinnen der Sappho, die alles versuchen, ob sie gleich ohnmächtig sind, liebten an ihren Mädchen die langen, schönen Haare. Warum, das wird unsern Leserinnen und Lesern zu untersuchen überlassen, wenn sie es nicht schon untersucht haben.

39 Man wickelte seinen Mantel um den linken Arm, wenn man keinen Schild bei sich hatte, um sich zu verteidigen und die Hiebe abzuwenden.

40 Die Römer hielten den Tisch für was Heiliges

41 Ein kindisches Spiel, welches noch in einigen Provinzen Deutschlands die Ammen die Kinder mit diesem angeführten Verslein lehren, welches dem lateinischen gleich ist.

42 Gerichte, welche aus Leckerbissen bestanden, worunter insbesondere der Krammetsvogel gehörte.

43 Krammetsvogel oder Krammetzvogel hat seinen Namen von Hieronymus, welches auf deutsch Grammetz ausgesprochen wird, weil diese Vögel sich um Hieronymus-Tag zuerst einfinden.

44 Weiße Kleider waren bei den Römern ein Zeichen der Würde oder einer Feierlichkeit.

45 Die Alten aßen die Bären sehr gern, und ihr Fleisch soll wirklich den hier angegebenen Geschmack haben. Shakespeare hat diesen Gebrauch der Alten in seinem Antonius angebracht, wo ihrer sechse zehn Bären sollen aufgezehrt haben.

46 Diese Bänder um die Beine hießen *Periscelides;* und wie Winckelmann uns berichtet, finden sich dieselben noch jetzt zuweilen auf Statuen in fünf Reifen, wie um das rechte Bein an ein paar Victorien auf irdenen Gefäßen in dem Museo des Herrn Mengs. Dergleichen Ringe um die Beine tragen noch jetzt die Weiber in den Morgenländern.

47 Im Originale steht: Aus dem tausendsten des Merkur hab' ich sie machen lassen; das ist: Er hätte den tausendsten Teil seines Gewinns dem Merkur gewidmet, und weil Merkur dieses Gelübdes nicht bedurfte, so hätt' er seiner Frau ein Armband daraus machen lassen. Zehn Pfund soll also hier einen ungeheuer großen Reichtum anzeigen; obgleich römische Pfunde nicht so schwer waren wie die deutschen.

Übrigens lache man nicht zu sehr über die Eitelkeit dieser Damen und des Herrn Trimalcion. Wovon unterhält man sich denn in unsern Gesellschaften?

Eben davon, wenn man nicht *Pharao* und *L'hombre* und *Quadrille* und *Tarock* und dergleichen spielt.

48 Einige Gelehrte haben sich deswegen miteinander gezankt, ob dieser Stein noch auf oder in der Erde sei oder nicht. Er ist vermutlich noch da, wiewohl nicht unter diesem Namen.

49 Es waren in Rom zu diesen Zeiten Parteien; die sich zu der einen hielten, nannten sich *Prasinati*, und die sich zu der andern: *Venetiani*. Die eine behauptete: »Dudeldum ist der größte Trillerschläger!« und die andere: »Dudeldum ist der einfältigste Kerl, der keinen reinen Ton im Halse hat; aber Dudeldey schlägt einen Triller – daß er den Dudeldum wie Apollo, der Sultan der Musen, den Marsyas schinden könnte.«

50 Dieser einzige Zug des Trimalcion, welcher zwar bei den Römern einen niedrigen Geist anzeigte, macht bei uns Erdenbürgern alle seine Narrheiten wieder gut. Sein Hauptfehler ist, daß er alles wußte, ohne etwas gelernt zu haben, und bei Personen von einem hohen Range ist es nichts Seltenes, daß sie alles zu wissen glauben – wie Crebillon in seinem Tanzai anmerkt. – Er sagt hier einen Gedanken, der unsern weisesten europäischen Monarchen selten einfällt, viel weniger den unweisen, welche die armen Untertanen wie die Ägypter ihre Krokodile anbeten müssen.

51 Jeder Freigelassene mußte dem Universalerben den zwanzigsten Teil seiner Einkünfte zahlen; und dieses wurde dadurch dem Carrion erlassen. Herr Burmann versichert uns, daß hier dem Erben auferlegt worden sei, diesen Zwanzigsten dem Freigelassenen zu zahlen, aber ohne Gründe. Seine Hauptgründe sind, wie gewöhnlich: So will ich! So befehl ich! – nach Art der Schulmeister, die alle Welt für ihre Schüler halten.

52 Die Alten waren deswegen sehr besorgt; und wenn sie nicht so viel im Vermögen hatten, Wache über ihre Gräber zu setzen, so ließen sie darüber einen entsetzlichen Fluch auf diejenigen schreiben, welche es tun würden. Burmann hat eine solche Grabschrift aus dem Mavillon herbeigeführt, *die noch zu Rom zu sehen ist,* welche also lautet:

»Wer hierauf wird gepißt	»Qui. hic. micerit.
oder gekackt haben,	aut. cacarit.
den sollen	habeat.
alle oberen und	Deos superos
unteren Götter	et inferos
strafen!«	iratos!«

53 Der zu frühzeitige Hahnenschrei war nach dem Johannes Sarisberiensis eine böse Vorbedeutung, und Trimalcion glaubte, es sei noch nicht lange Nacht.

54 Im Lateinischen ist hier das Wort: *Fulcipedia,* das ist: das eine Bein wäre bei ihr kürzer gewesen als das andere, oder sie hätte gehinkt. Die Lesarten aber sind hier verschieden, und nach dem Brantome wäre dies mehr ein Lobspruch als eine Beschimpfung gewesen; denn dieser sagt, *in den Lebensbeschreibungen der berühmten Damen seiner Zeit,* von der Königin Anna, nachdem er ihre Schönheit poetisch geschildert, daß sie ein wenig gehinkt habe, und fügt hinzu: »On dit, que l'habitation d'icelles femmes est fort delicieuse pour quelque certain mouvement & agitation, qui ne se rencontre pas aux autres.«

Einige Helden, welche auf den Kampfplätzen der goldenen Venus, oder vielmehr der schwarzen, wie sie die Griechen nannten, viele Siege davongetragen haben, unter allen Himmelsstrichen, haben mich hoch und teuer versichert, daß sie l'habitation d'icelles femmes allen andern vorzögen. – Ich hoffe, durch die Anführung dieser trefflichen Anmerkung mir die schönen hinkenden Damen zu Freundinnen gemacht zu haben. Wohl bekomm' es mir! –

55 Vermutlich hat Karl V. die Erfindung seines Leichenbegängnisses, welches er auch noch zu seinen Lebzeiten hielt, daraus genommen. Doch – damals konnte er dieses Petronsche Fragment noch nicht gelesen haben. Es ist dieses also auch einer von den vielen Beweisen, daß zwei Köpfe einerlei erfinden können.

Wenn Karl zu den Zeiten Petrons gelebt hätte, so müßte Petron, nach den Kunstrichtern, notwendig diese Satire auf ihn gemacht haben.

Zweiter Band

56 Dieses ist beinahe noch empfindungsvoller gesagt als das schöne Gedichtchen des göttlichen Plato:

»Ich gab ein Küßchen dem schönen Agathon.
Aus ihrer weißen Höhle
Flog auf die Lippen meine Seele
Und wollte flattern davon« –

57 Im Lateinischen: Mortalis ego sic perire coepi. Man erklärt diese Stelle, als wenn sie soviel sagen wollte: Ich habe die Menschheit ausgezogen und bin ein Gott geworden. – Ich halte den Gedanken, welchen ich übersetzt habe, für weit natürlicher und schöner.

58 Etheokles und Polynikes, zwei Söhne des Oedip, welche er mit seiner Mutter Jokasta gezeugt hatte, stritten sich beide ums Reich und ermordeten sich. Eine fürchterliche Geschichte, welche den Alten durch verschiedene Trauerspiele darüber immer in frischem Angedenken war.

59 Dieses kleine Gedichtchen würde man für keine Geburt des Petronischen Geistes halten, wenn es nicht in allen noch übrigen Manuskripten stünde. Es enthält eine alltägliche Moral, welche durch falsche Gleichnisse aufgeputzt ist, die im Lateinischen unverständlich und noch unverständlicher in den einfältigen Erklärungen sind, welche der Schwarm von Hummeln von Erklärern darüber gemacht haben.

60 Bei den Römern war es nicht erlaubt, daß jemand, mit Gewehren versehen, ausgehen durfte, außer den Soldaten. Wenigstens fing diese Gewohnheit kurz vor den Zeiten der Kaiser an.

61 Zu Rom wurden in dem Tempel des Friedens die Gemälde der größten Meister aufbewahrt, welchen Vespasianus hatte aufbauen lassen. Vor ihm waren in den Hallen der Tempel einige Gemälde von den größten Meistern zu sehen. In den griechischen Städten, wie hier Neapel, waren die Hallen der eigentliche Aufenthalt der schönsten Gemälde.

62 Zeuxis war ein Schüler des Apollodorus, welcher zuerst Licht und Schatten in seine Gemälde brachte und deswegen den Namen: Schattenmaler, σχιαγραφος erhielt.

63 Protogenes lebte zu den Zeiten des Apelles und war ein Rhodier von Geburt. Seine Gemälde waren mit dem größten Fleiß ausgearbeitet, und das

berühmteste von ihm war ein Gemälde von einem gewissen Jalisus, an welchem er sieben Jahre soll gearbeitet haben. Apelles tadelte auch das an ihm, daß er zu lange mit einerlei Sache zubrächte und dadurch seinen Geist abmattete. – Apelles wurde von diesem Gemäld' entzückt, wie er es sah – welch ein Lobspruch für ein Genie! – Er fragte ihn, wieviel er dafür bekäme. – Wie er den geringen Preis davon ihm gesagt hatte, so ärgerte sich Apelles darüber und gab ihm fünfzig Talente (50 000 Taler) dafür, ließ es sich dann als seine eigne Arbeit bezahlen und gab ihm noch das davon, was er über diese Summe erhalten hatte.–

Wo trifft man zu unsern Zeiten Züge von so schönen, neidlosen Geistern an? Unsere großen Künstler und Weisen unterdrücken ein junges, emporfliegendes Genie, aus Furcht, daß es sie verdunkeln möchte. Sie sind unter keinem Ionischen Himmel geboren! Ihre Empfindung ist Memorienempfindung! In ihrem wirklichen Leben sind sie so kalt wie ihre eiskalten Kunstrichter!

64 Apelles, der Maler der Grazie, war zu Ephesus unter dem rosendüftigen Ionischen Himmel geboren, in dem Lande, wo der Vater der Dichter, wie Winckelmann singt, mit der höchsten Grazie vor ihm begabt worden war.

Er war einer von den schönsten Geistern, die je aus dem Elysium der Grazien nach Griechenland versendet worden, wie wir aus den noch aufgezeichneten Begebenheiten seines Lebens wissen. Es kommt hier im lateinischen verdorbenen Texte das Wort *Monochromata* vor, dieses bedeutet Gemälde von einer Farbe, welche nach dem Plinius gewöhnlicherweise mit Zinnober gemalt waren.

65 Eine Nymphe raubte dem Herkules seinen Hylas, von seiner bezaubernden Gestalt entflammt.

66 Apollo hatte aus Versehen seinen Liebling Hyazinth getötet und verwandelte ihn dann in die Blume dieses Namens.

67 Hier wird der Dichter Eumolp eingeführt, welcher wahrhaftig keinen kleinen Geist hatte, wenn das Gedicht auf den bürgerlichen Krieg von ihm käme. Überhaupt ist der Charakter dieses Mannes so gezeichnet, daß er mir bisweilen unnatürlich vorgekommen ist. Aber ein Dichter steht in dem Rufe, daß er die entgegengesetzten Dinge tun könne, anders zu handeln, als er spricht, und in grauen Haaren den ausschweifendsten Jüngling zu machen im Stande sei.

68 Lysipp, einer der allergrößten Künstler der Griechen unter der Regierung Alexanders des Großen, suchte die Natur selbst nachzuahmen und folgte seinen Vorgängern nur, insoweit sie dieselbe erreicht oder sich weislich über dieselbe erhoben hatten. Plinius setzte die Blüte desselben in die hundertundvierzehnte Olympias. Von seinen Werken ist nichts erhalten, auch nichts künftig zu hoffen, da dieselben von Erze gewesen sind. Winckelmann in der *Geschichte der Kunst* an verschiedenen Orten.

69 Myron hat vornehmlich in Erz gearbeitet. Unter seinen Werken ist seine Kuh das berühmteste. Man weiß die Zeit nicht gewiß, in welcher er gelebt hat; vermutlich lange vor dem Phidias, wenn Erinna, die kurz nach dem Anakreon zu den Zeiten der Sappho lebte, das bekannte Sinngedicht darauf gemacht hat.

70 Dieses Gedicht scheint eine Satire auf den Nero zu sein, obgleich einige sehr schöne Stellen sich darin befinden. Nero soll nach dem Zeugnis einiger Alten auch wirklich ein Gedicht darauf gemacht haben. Übrigens wiederhol' ich, was ich schon von dem Eumolp gesagt habe. Petron hätte sein Gedicht über den bürgerlichen Krieg nicht von dem Eumolp machen lassen sollen; oder dieses nicht; oder seine geile Handlung am Ende.

Ich hoffe, daß allen, die diese Übersetzung lesen, die Umstände von der Eroberung von Troja, welche so unzähligemal besungen und beschrieben worden sind, bekannt sein werden und daß es unnötig sei, sie hier noch einmal zu beschreiben.

71 Ein totes kolossalisches Bild; besser Virgil: Mit ungeheueren Kreisen liegen die Drachen auf dem Ozeane.

72 Beim Virgil sehen wir in unsrer Phantasie die fürchterlichen Schlangen selbst, hier aber können wir sie vor dem Zischen und ihren Flammen nicht hören und sehen. Man sieht sehr deutlich, daß hier Petron oder Eumolp oder Nero die Beschreibung Virgils und nicht die Drachen selbst sich vorgestellt hat.

73 Hier ist die Leidenschaft übertrieben, kein Knabe kann die Empfindung des eignen Schmerzes so sehr verleugnen. Lessing in seinem *Laokoon* hat dieses schon bemerkt, wie jeder es bemerken wird, der das menschliche Herz kennt.

74 Ein enges Gemälde, wo sich jeder den Laokoon in jeder Lage vorstellen kann, in welcher er will; der einzige Vers vom Virgil: Er sträubt sich, mit den Händen die Schlingen zu zerreißen, ist mehr wert, als alle diese britisch-poetischen Beschreibungen.

75 Dieses Gemälde muß ziemlich groß gewesen sein.

76 Der Skar gehörte unter die *deliciae* der Römer, Ennius nannt' ihn zu poetisch: Hirn des Zeus. Die lateinischen Dichter haben seiner oft Erwähnung getan. Er kommt noch einigemal in der Folge vor.

77 Vermutlich hatte Enkolp dem Eumolp den Namen seines Lieblings nicht gesagt und ihn auch nicht deutlich genug beschrieben, da er ihm sein Unglück klagte.

78 Man mußte in einem solchen Gewand' erscheinen, wenn man mit dem Willen der Obrigkeit etwas aufsuchte. Suchte man etwas auf, welches man in ein Gewand verstecken konnte, so mußte man nackend kommen, außer einem Schurze vor den Teilen des Leibes, weswegen wir sündlichen Menschen uns zu schämen pflegen und andern ein Ärgernis geben; zur Sicherheit der Jungfrauen, Frauen und ältlichen Matronen und der unschuldigen schönen Knaben. Doch war dieses nur in Rom gewöhnlich, bei den Griechen war man nicht so einfältig, daß man nicht hätte wissen sollen, was unter einem Stückchen Tuche verborgen sei.

79 Nichts kann wahrer sein! – Man kann viel daraus schließen! Insbesondere, wenn man mit diesem Satze die Religionen beleuchtet, welche die Weisen, solange wir in der Geschichte lesen können, auf dieser Erde am heftigsten verfolgt haben. – Burmann hat diese Stelle nicht erklärt.

80 Die Gallier sahen nach dem Bericht vieler Alten sehr weiß aus.

81 Die Ägypter sollen nach einer Anmerkung des Aristoteles auswärtsgebogene Schienbeine gehabt haben; vermutlich nicht alle.

82 Lykas und Tryphäna müssen also vorher im Traume gesprochen und dadurch den Enkolp und Giton erschreckt haben.

83 Bei den Römern gab man niemals mehr als vierzig Streiche, damit der Mensch nicht verunstaltet würde; und damit man sich nicht verzählte, nur neununddreißig! wie uns der heilige Apostel Paulus mit seinem eignen Beispiele belehret.

84 Die Spartaner wurden von Kindheit an gewöhnt, die Schmerzen des Leibes geduldig zu ertragen. Plutarch erzählt, daß die edelsten Knaben jährlich einmal um den Altar der Diane tanzen und sich mit Ruten bis aufs Blut peitschen

lassen mußten. Nie soll einer deswegen geseufzt oder ein weinerliches Gesicht gemacht haben. Cicero sagt, daß sie bisweilen bis auf den Tod gepeitscht wurden, und doch ihr Gesicht nicht veränderten.

85 Die Alten glaubten, daß das Öl, in welchem man einen Salamander aufbewahre, die Haare ausfallen mache.

86 Medea auf ihrer Flucht mit dem Jason ermordete ihren Bruder Absyrt und streute einzeln dessen Glieder ins Meer, damit ihr Vater, der sie verfolgte, mit Zusammenlesung derselben die Zeit versäumte. Jupiter erzürnte sich über diesen Brudermord und überfiel die Argonauten mit einem ungeheueren Sturme.

87 Apollo und seine Schwester sind unter den schönen Göttern und Göttinnen durch ihre Haare berühmt. Beide haben davon bei den Griechen und Römern Zunamen bekommen, z. B. der Goldhaarige, Schönhaarige, beim Horaz und Virgil der Unbeschorne.

88 Die Griechen und Römer und Kleinasiaten hielten ein schönes Haar für das wesentlichste Stück der Schönheit, und bei welchem die Natur sparsam hier mit ihren Geschenken gewesen war, der suchte durch Kunst diesen Mangel zu ersetzen. Deswegen erfanden sie vielerlei Arten von Haarputz, von welchen wir, außer einigen Köpfen von alten Statuen und Gemälden, nur noch die Namen übrig haben.

89 Johannes Salisberienis hat eine Vorrede zu dieser weltbekannten und beliebten Erzählung gemacht, welche ich wegen ihrer Vortrefflichkeit zu übersetzen nicht unterlassen kann.

»Über den weiblichen Leichtsinn wird von den Autoren hie und da vieles geschrieben; vielleicht bisweilen fälschlich. Unterdessen hindert dieses doch nicht, im Lachen die Wahrheit zu sagen und mit erdichteten Erzählungen, welche die Weisheit nicht verwirft, auszudrücken, was in den Sitten anstößig sein könne. Denn aus diesen erhellt, wie leicht die Weiber lieben und von der Liebe zum Haß übergehen, wie schnell sie ihre Neigungen vergessen und, der Natur uneingedenk, bisweilen sich gegen ihre Söhne bewaffnen, und bisweilen gar gegen ihre Eingeweide wüten. Doch gibt es auch noch keusche Damen, obgleich ein Satirenschreiber sagt, daß ein völlig keusches Weib

Ein seltener Vogel auf Erden
Und einem schwarzen Schwan am allerähnlichsten sei.«

90 Den Leserinnen und Lesern wird die Matrone von Ephesus des La Fontaine bekannt sein, der diese Petronische Erzählung davon sehr verbessert und verschönert hat. Die reine philosophische Moral und der gesunde Menschenverstand sagen über diese Handlung der Matrone, was La Fontaine darüber sagt:

»– de mettre au patibulaire
Le corps d'un mari tant aimé
Ce n'etoit pas peut-être une si grande affaire;
Cela lui sauvoit l'autre: et tout considéré,
Mieux vaut goujat debout, qu'Empereur enterré.«

Die frömmste Dame wird gestehen müssen, daß ein solcher Held
»Plus digne d'être aimé que le mort le mieux fait«.

Doch muß ich den Eifersüchtigen zum Troste sagen, daß Joh. Salisberiensis die Anmerkung am Ende dieser Erzählung macht: »Du magst«, sagt er, »nach deinem Gefallen diese Erzählung des Petron für eine Geschichte oder Fabel halten. Unterdessen bezeugt Flavianus, daß sich wirklich diese Begebenheit zu

Ephesus zugetragen habe und daß das Weib wie eine ehebrecherische Mörderin bestraft worden sei.« Höchst unbillig wäre das Urteil gewesen! Die alten Griechen, selbst Drako würde nie so einfältig und grausam gestraft haben. Man setze sich nur an die Stelle der Matrone! Man wird nichts Unnatürliches finden.

91 Ein schöner Zug von einem erhabnen Genie. In einer solchen Lage ein Gedicht machen können, wie das auf den bürgerlichen Krieg ist, ist mehr als eine Ode unter Donnerwettern. Eine starke Phantasie beherrscht den Menschen oft mehr als alle übrigen Sinne, welches leider die rohen Erdensöhne nicht begreifen und lächerlich finden.

92 Die Alten fürchteten sich sehr vor dem Ertrinken. Einige Ausleger machen hier die lächerliche Erklärung: »Einige Philosophen hätten geglaubt, der Geist im Menschen bestünde aus Feuer, wenn nun einer ertränke, so stürbe seine Seele zugleich mit dem Leibe, denn dieses Feuer würde vom Wasser ausgelöscht und verlöre dadurch ihre Unsterblichkeit.« Und man findet auch wirklich verschiedene Stellen, welche diese Meinung bekräftigen. – Diogenes und andere Weise sagten: Macht mit mir was ihr wollt, wann ich gestorben bin, denn da empfind' ich ganz gewiß nichts mehr davon! und Mäzen: Ich sorge nicht für mein Grab, die Natur begräbt die Toten.

93 In einem gewissen gottlosen Buche, wie man es nennt, *Compère Mathieu* oder *Gevatter Matz* getauft, kann man über diesen Text eine ausführliche philosophische Predigt lesen, die der allgewaltige Père Jean hält, nachdem er den Engländer durch seine Beredsamkeit dazu bewogen hatte, daß er sich an einem Baum erhenkte, damit seine Reisegefährten aus Syberien in der großen Hungersnot etwas zu speisen bekämen, ohne daß sie um ihr Leben würfelten oder einen totschlügen.

94 Dieses ging bei den Alten sehr wohl an, man brauchte sie nur auszusetzen; das ist, in irgendeinen Wald tragen oder ins Wasser werfen.

95 Ebenso sagt Baco von Verulam in seinem Buche über die Vervollkommnung der Wissenschaften: »Die Dichtkunst muß sich über die Geschichte erheben und nur die erhabnern Taten beschreiben. Ein Dichter muß ein Stückchen von der Gottheit in sich haben, damit er die Seelen bezaubern und zum Erhabnen emporreißen könne. Und damit alle seine Worte wie Honig in die Busen der Kinder von Weibern geboren flössen, wurde ihm die Göttin Musica zur Begleiterin gegeben. Dadurch kann er die rohesten Geister gelind machen, Barbaren zähmen und sie bei den Ohren festhalten.« 2. B., 10. Kap., S. 169.

Die lange Stelle oben ist auf Lucans Gedicht gemacht, von welchem die ersten Bücher freilich gegenüber dem Gedichte Petrons verschwinden müssen wie der Mond vor der Sonne.

96 Man muß dieses Gesicht als die erste Ausströmung eines begeisterten Dichters betrachten. Es ist voll von schönen und erhabenen Gedanken. Jeder empfindliche Geist wird das Vergnügen dabei empfinden, das ich empfand, da ich es las und übersetzte. Die Männerchen, welche Horaz den Wanzen vergleicht, haben viele Stellen darinnen verdorben und zernagt. Überall findet man einen Haufen von verschiedenen Lesarten. Ich habe mich, wie ich glaube, derjenigen bedient, welche der Stelle, wo sie vorkommen, am angemessensten waren. Burmann hat sehr selten vom Petron mehr als die Sprache verstanden; deswegen hab' ich seine Verbesserungen an diesem Gedichte auch gar nicht gebraucht; wohl aber sehr oft die Lesarten, welche Henault, der beste Erklärer dieses Gedichts, aus der Handschrift des Colbert davon angeführt hat. Wenn mir die

Vergleichungen einiger Stellen dieses Gedichts mit einigen ähnlichen des Lucan nicht zu weitläufig und überflüssig geschienen hätten, so würd' ich oft hier sehr gelehrt haben scheinen können, insbesondere bei denen Leuten, welche Fielding Ungeziefer nennt.

Die Übersetzung selbst hab' ich so getreu gemacht, als ich es konnte, ohne unverständlich zu werden, und die römischen Gedanken in ihrer ganzen Stärke ausgedrückt, wo es in unserer Sprache möglich war.

Ich würd' es in Hexameter übersetzt haben, wenn nicht diese Versart durch die vielen geistlichen Gedichte in unsrer Sprache darinnen selbst heilig geworden wäre, und ich nicht hätte befürchten müssen, sie zu entheiligen. Dann ist auch dieses Metrum dem Gange unsrer deutschen Sprache sehr zuwider, wie die Gedanken in jenen Gedichten dem gesunden Menschenverstande meist zuwider sind. Es in gereimte Verse zu übersetzen, würde nicht viel besser gewesen sein als die Arbeit jenes Bildhauers, der der griechischen Statue des Apollo eine Fiedel in die Hand gab.

97 Man könnte dieses als eine Spötterei ansehen, wenn man den Petron verteidigen wollte, weil er gesagt hat, Rom beherrschte die ganze Welt – und suchte neue Länder.

98 Man will diese Stelle mit dem Besuch erklären, welchen Caesar den Briten machte, aber sehr ungereimt. Bei diesen war kein Gold zu holen; und dann tat es auch Caesar nicht aus dieser Ursache, welche hier getadelt wird. Man kann wohl besser die Unternehmungen des Crassus und Sylla und anderer hier anbringen.

99 Eine Art von afrikanischer Farbe, welche dem Purpur gleich kam.

100 Die abscheulichen Spiele der Römer sind so bekannt, daß ich nicht für nötig halte, sie hier zu beschreiben.

101 Semiramis soll zuerst die Verschneidung schöner Knaben erfunden haben, um sie zur Liebe zu gebrauchen; nach einer Stelle des Ammianus Marcellinus. Daß diese Art von Liebe hauptsächlich von den Persern herkomme und daß sie bei ihnen öffentlich erlaubt gewesen, ist aus vielen alten Autoren zu beweisen. Von ihnen kam sie zu den Griechen und von diesen zu den Römern.

102 Martial vergrößert dieses noch; er sagt, daß eine Tafel von Golde weniger koste als eine von diesem Holze – *Aurea, qui dederit dona, minora dabit.* – Plinius versichert uns, daß es bei den Römern solche Narren gegeben, welche eine von dergleichen Tafeln mit vierzigtausend Talern und noch mehr, nach unserer Münze gerechnet, bezahlt haben. Die Verschiedenheit der Adern machte hauptsächlich die Schönheit davon aus. Henault.

103 Vatinius wurde statt seiner erwählt, weil Pompeius und Crassus es ihrem Interesse nicht gemäß fanden, daß Cato erwählt würde.

104 Über den Tod des Pompeius und Caesar haben die Dichter viel gedacht, insbesondere haben sie viele Ursachen angegeben, warum Pompeius lange Zeit, nach dem Bericht einiger Geschichtsschreiber, unbegraben gelegen. Molza, einer der schönsten Genien des sechzehnten Jahrhunderts, dessen Hermaphrodit bekannter ist als seine bessern Gedichte, sagt noch das Beste darüber in folgendem Sinngedicht:

»Dux Pharia quamvis jaceas inhumatus arena
Non ideo fati est saevior ira tui:
Indignum fuerat tellus tibi victa sepulcrum,
Nec decuit coelo te nisi, Magne, tegi.«

Ein so großer Mann, der die ganze Erde überwunden hatte, konnte nur von dem Himmel bedeckt werden.

105 Henault und vor ihm Gonsal will hier den Berg Vesuv beschrieben haben; es ist aber augenscheinlich, daß hier ein andrer Ort beschrieben ist. Und wirklich haben andere Dichter ebenso wie Petron die Gegend um Puzzuolo beschrieben.

106 Die Sonnenstrahlen waren den Schatten nach dem Zeugnisse der Alten sehr fürchterlich; sie brachten ihre Langeweile gern im Dunkeln zu.

107 Hier sind die verschiedenen Land- und Seeschlachten bezeichnet, welche in den bürgerlichen Kriegen sind geschlagen worden. Apollo ist deswegen hier mit im Spiele, weil Augustus ihn für seinen Schutzgott hielt und ihm wegen seiner Siege viel Ehre erwies.

108 Es ist wunderbar, daß vor jeder wichtigen Veränderung auf diesem Erdboden, der schon so viele Meilen von dem Sirius entfernt ist, viele unbegreifliche Vorboten erschienen sind und erschienen sein sollen. Fast alle diese Zeichen, welche hier Petron sehr schön beschreibt, sollen sich nach dem Bericht der glaubwürdigsten Geschichtsschreiber zugetragen haben, und alle Dichter, die von den Helden des Bürgerkrieges gedichtet, bedienten sich derselben; bis auf den Geisterriesen Shakespeare. Machiavelli untersteht sich nicht, diese und diejenigen, welche sich kurz vor seinen Zeiten zugetragen, in Zweifel zu ziehen. Wer das 56ste Kapitel im ersten Buche seiner *Discorsi* darüber liest, wird sich gewiß verwundern. Er sagt: »Donde e' si nasca, io non sò.« Doch sagt er endlich: »Pure potrebbe essere, che sendo questo aere, come vuole alcuno Filosofo, pieno d'intelligenze, le quali per naturale virtù prevedendo le cose future et avendo compassione à gli uomini, acciò si possino preparare alle diffese, gli auvertiscono con simili segni.« Hier ruf' ich mit dem Schah Baham aus: »Jamais question plus difficile!« –

109 Herkules soll einmal über die Alpen gegangen sein und daselbst viele Denkmale hinterlassen haben.

110 Livius erzählt von dem Hannibal, daß er eben da über die Alpen gekommen sei, wo man weit nach Italien sehen könne. Seine Soldaten wollten aus Verdruß über die Beschwerlichkeiten der Reise nicht weitergehen, da er ihnen aber Italien zeigte und die entzückenden Fluren darinnen, so hätten sie sich mit ihm durch eine Hölle hineingeschlagen.

111 Caesar hat nach dem Zeugnis des Solin und der ältesten Handschriften vom Plinius 52mal gesiegt; Petron nimmt hier also poetisch die runde Zahl.

112 Die Erklärer machen hier aus dem Adler einen Raben oder Habicht, aber der delphische Vogel im Original kann hier nur den ersten wegen der Erhabenheit der Stelle bedeuten. Auch der Adler war dem Apollo geheiligt.

113 *Toruo ore* – Diese Gebärde war dem Jupiter sehr gewöhnlich und man findet sie auf den meisten alten Köpfen von ihm, wie die Anschauer derselben bemerkt haben. Aus dieser Stelle kann man hauptsächlich die Größe des Petronischen Genies bestimmen.

114 Pompeius und Magnus bedeuteten bei den Römern den nämlichen Mann. Er hatte in seiner Jugend wie Alexander durch einen wichtigen Sieg nach dem andern sich diesen Beinamen erworben. Wer wie Plutarch vergleichen kann, kann viel Ähnlichkeit bei diesen beiden Großen finden.

115 Es waren damals ihrer zwei dieses Namens, der eine war Konsul im Jahre

Roms 702, und der andere das folgende Jahr. Der erstere, von welchem hier die Rede ist, hieß Marcus Claudius Marcellus. Dieser war es, welcher zum ersten den Vorschlag tat, den Caesar wider die Erlaubnis, welche man ihm gegeben hatte, aus Gallien zurückzurufen.

116 C. Scribonius Curio, einer von den schönsten Genies seiner Zeit, war unter der Zahl der Tribunen im Anfange des bürgerlichen Krieges. Er war erstlich dem Caesar nicht gewogen, welcher ihn aber durch vieles Geld auf seine Seite zu bringen wußte.

117 L. Cornelius Lentulus war Konsul das nämliche Jahr, welches das 704te Roms und, wie man sagen kann, das letzte der Republik war. Dieser war einer von denen, welche sich am heftigsten den Friedensvorschlägen, welche Caesar tat, widersetzten. Henault.

118 Eine kurze Stirn war bei den Alten ein wesentliches Stück der Schönheit; aber eine kurze Stirn konnte immer zu gleicher Zeit breit und hoch sein, nämlich die hereinwachsenden Haare mußten machen, daß sie kurz zu sein schien. Deswegen kämmen noch jetzt die Circassierinnen die abgestutzten Haare auf der Stirne von oben über dieselbe herunter, so daß sie fast bis an die Augenbrauen reichen. Winckelmann in den *A.ü.d.G. der. R.*

Man muß diese Petronische Beschreibung für weiter nichts als ein *Porträt* halten.

119 Die Sirenen waren wegen ihres bezaubernden Gesanges bei den Alten berühmter als selbst die Musen, ob diese sie gleich in einem Wettstreite überwunden hatten. Wer ein Beispiel davon hören will, der hör' es in dem Agathon des Oberpriesters der Grazien, des griechischen Wieland.

Circe mußte eine Stimme haben, wie Aspasia eine hatte, von welcher Aelian erzählt: Sie hat eine so süße, so zarte Stimme, daß du glaubst, die Sirenen singen, wenn sie redet.

120 Die Mutter der alten Circe war die Geliebte des Phöbus, mit welcher er diese Tochter zeugte.

121 Diese Stelle ist aus der Iliade des Vaters der Dichter nachgeahmt, wo Zeus in seiner Juno die Göttin der Liebe auf dem weichsten Ida umarmt. Viele Dichter haben diese Stelle nachgeahmt und übersetzt. Wieland hat die Quintessenz davon in ein *metastasisches* Liedchen gegossen und Jakobi sie trefflich nachgeahmt.

122 Chaulieu hat eine witzige Nachahmung von diesem Briefchen in gutem Latein an die verewigte Herzogin von Bouillon geschrieben. Wer über die Schalkhaftigkeit dieses Weisen der Musen lächeln will, kann sie in dem ersten Bande seiner Werke am Ende der guten Ausgabe zu Paris nachlesen, denn in den ärgerlichen Nachdrucken der deutschen Buchhändler ist er nicht befindlich.

123 Ich habe Mitleiden mit dem armen Enkolp! Man kann sich in keine schlimmre Lage mit der feurigsten Phantasie versetzen! – Hier hätte Nodot, wenn er nur ein wenig Belesenheit in den Schriften der Genies gehabt hätte, da er selbst keins hatte, die schönen Verse des göttlichen Ariost ins Latein übersetzen können:

»Egli l'abbraccia, et a piacer la tocca:
Or le baccia il bel petto, ora la bocca,
Ma ne l'incontro il suo destrier trabocca,
Ch'al desio non risponde il corpo infermo.
Tutte le vie, tutti li modi tenta,

Ma quel pigro rozzon non però salta.
Indarno il fren gli scuote e lo tormenta
E non può far, che tenga la testa alta.«
Vers 48, im achten Gesange des rasenden Roland.

Gern übersetzt' ich diese Verse den Damen, aber... und... rufen: Falle nieder, Weltkind, und bete die Göttin χαλοχαγαυια an! Und ich muß von der Schönheit dieser Göttin entzückt niederfallen und anbeten und wie ein armer Sünder um Gnade bitten.

124 Herr Burmann hat zur besseren Deutlichkeit dieses Messer mit einem Holzschnitte säuberlich abdrucken lassen.

125 Der göttliche Plato selbst – wer es nicht glauben will, kann es in seinem Abendmahle lesen – sagt und behauptet: Keiner war wohl so faul und träge in seinem Leben, daß er nicht *einmal* sollte – geliebt haben.

126 Diese echt Yorkische Verteidigung mag auch für mich mit gelten und mich verteidigen, daß ich Petrons Gedanken in unsere keusche, deutsche Sprache so getreulich übertragen habe. Wer hier die Wahrheit nicht fühlen und ihm und mir verzeihen und unser Gönner und Freund werden will, der muß gewiß ein verstocktes Herz haben.

127 Stephan schreibt davon: Hypäga ist eine Stadt in Lydien und hat ihren Namen von ihrer erhabnen Lage erhalten. In ihr werden durch eine besondere Gunst der Venus die schönsten Weiber geboren.

128 Die Geschichte dieser geplagten Männer kann man in jedem Fabelbuche lesen, ich glaube also nicht nötig zu haben, weitläufige Erzählungen davon zu machen.

129 Protesilas wurde so sehr von der Laodamia geliebt, daß sie in seiner Abwesenheit sein Ebenbild mit ins Bett nahm und es küßte und umarmte. Als er gestorben war, so bat sie sich von den Göttern nur noch diese einzige Wohltat aus, daß sie ihr den Protesilas nur auf einen Tag oder wenigstens nur auf drei Stunden wieder lebendig geben möchten. Enkolp schließt also hieraus, daß er ein großer Held müsse gewesen sein.

130 Einige von den Skythen und Massageten.

131 Sie schlugen ihre Alten tot und kochten und aßen sie.

Insel taschenbücher
Alphabetisches Verzeichnis